Springers
Angewandte Informatik
Herausgegeben von Helmut Schauer

Expertensysteme

Herausgegeben von

Georg Gottlob, Thomas Frühwirth, Werner Horn

mit Beiträgen von
G. Fleischanderl
G. Friedrich
Th. Frühwirth
G. Gottlob
W. Horn
W. Nejdl
M. Schrefl
Chr. Stary
M. Stumptner

Springer-Verlag Wien New York

Professor Dipl.-Ing. Dr. Georg Gottlob
Dipl.-Ing. Dr. Thomas Frühwirth
Institut für Angewandte Informatik und Systemanalyse, Technische Universität Wien

Doz. Dipl.-Ing. Dr. Werner Horn
Institut für Medizinische Kybernetik und Artificial Intelligence, Universität Wien

Mit 41 Abbildungen

Gedruckt auf säurefreiem Papier

CIP-Titelaufnahme der Deutschen Bibliothek

Expertensysteme / hrsg. von Georg Gottlob ... Mit Beitr.
von G. Fleischanderl ... – Wien ; New York :
Springer, 1990
    (Springers angewandte Informatik)
    ISBN-13:978-3-211-82221-0
NE: Gottlob, Georg [Hrsg.]; Fleischanderl, G.

ISSN 0178-0069
ISBN-13:978-3-211-82221-0   e-ISBN-13:978-3-7091-9094-4
DOI: 10.1007/978-3-7091-9094-4

Vorwort

Expertensysteme zählen heute zu den wesentlichen Exponenten der Artificial Intelligence (Künstlichen Intelligenz) in der Praxis. Sie wenden das Wissen und die Schlußweisen von Experten an – bei der Auffindung von Öllagerstätten genauso wie bei der medizinischen Diagnose, bei der Fehlersuche in technischen Systemen ebenso wie in der Steuerung von Kraftwerken.

Das vorliegende Buch gibt eine methodische Einführung in die Grundlagen der Expertensystemtechnologie. Das erste Kapitel stellt die Artificial Intelligence allgemein und Expertensysteme im besonderen vor. Im zweiten Kapitel wird erläutert, welche Methoden zur Darstellung von Expertenwissen Verwendung finden. Das dritte Kapitel geht auf im praktischen Einsatz stehende, kommerzielle Expertensysteme und ihre Anwendungen ein. Danach wird die Erstellung eines Expertensystems und die damit verbundenen Aufgaben und Probleme beschrieben.

Kapitel 5 stellt die logische Programmiersprache Prolog vor, mit deren Hilfe die wesentlichen Prinzipien von Expertensystemen durch lauffähige Prototypen verdeutlicht werden. Im Kapitel 6 werden Inferenz-Strategien vorgestellt, die es dem Expertensystem ermöglichen, aus dem vorhandenen Wissen neue Schlüsse zu ziehen und Fragen des Benutzers zu beantworten. Eine häufig eingesetzte Variante ist das sogenannte „unsichere Schließen", das in Kapitel 7 erläutert wird. Kapitel 8 beschäftigt sich mit der Interaktion des Benutzers mit dem Expertensystem. Die letzten beiden Kapitel gehen schließlich auf aktuelle Entwicklungen, modellbasierte Diagnose und Experten-Datenbanksysteme, ein.

Bei unseren Co-Autoren möchten wir uns herzlich für das Zustandekommen dieses Buches bedanken. Besonders freut uns, daß dieses Buch auch ein Beispiel für die interuniversitäre Zusammenarbeit darstellt.

Wie kaum ein anderes einsatzreifes Gebiet der Informatik sind Expertensysteme mit grundlegenden Fragen danach behaftet, wieviel Entscheidungskompetenz einem solchen Computersystem übertragen werden kann und soll. Wie auch die Antwort ausfallen mag – die Verantwortung bleibt beim Menschen, beim Benutzer: Ein Computersystem soll Werkzeug sein und als solches verwendet werden.

Wien, im September 1990   Die Herausgeber

Inhalt

1. Einführung

Gerhard Friedrich, Markus Stumptner

> *"The Arithmetical Machine produces effects which are nearer to thought than all the actions of animals. But it does nothing which would enable us to attribute will to it, as to the animals."*
>
> *– Pascal*

> *"The only way to know that a machine is thinking is to be that machine and feel oneself thinking."*
>
> *– Turing*

Die Konstruktion von Expertensystemen hat sich zu einem Hauptanwendungsgebiet der *Artificial Intelligence* (AI) entwickelt. Ausgehend von den Zielen der AI werden im folgenden die Methoden dieser Wissenschaft skizziert. Nach einem kurzen Überblick über die Anwendungsgebiete werden Einsatzgebiete und grundlegende Konstruktionsprinzipien von Expertensystemen vorgestellt.

1.1 Artificial Intelligence

Ziel der AI, die im deutschen Sprachraum auch als Künstliche Intelligenz oder Intellektik bezeichnet wird, ist die Erforschung und Nachbildung von intelligentem Verhalten. Die menschlichen Fähigkeiten dienen dabei als Maß für intelligentes Verhalten. Diese umfassen neben den intellektuellen Aktivitäten auch die Wahrnehmungsfähigkeiten.

Aus den Zielsetzungen können zwei Grundrichtungen der AI abgeleitet werden:

1. Die Erforschung intelligenten Verhaltens von Lebewesen: Entwicklung von Konzepten und Modellen, die es ermöglichen, intelligentes

Verhalten beim Menschen und zum Teil auch in der Tierwelt zu verstehen. Hier ergeben sich starke Überschneidungen mit der Psychologie und Neurologie. Der Unterschied zu den traditionellen empirischen Vorgehensweisen dieser Wissenschaften liegt in der Verwendung von Computermodellen zur Simulation und Verifikation von Intelligenztheorien. Auf dieses Gebiet, das als *Kognitionswissenschaft* (engl. *Cognitive Science*) bezeichnet wird, wird im folgenden nicht näher eingegangen.

2. Die Konstruktion von Systemen, die intelligentes Verhalten aufweisen. Intelligentes Verhalten von Lebewesen wird dann unabhängig von deren tatsächlichen internen Strukturen und Verarbeitungsabläufen nachgeahmt. Diese Vorgehensweise wurde in den Ingenieurswissenschaften wiederholt angewandt. Zum Beispiel fliegen Flugzeuge nach denselben aerodynamischen Prinzipien wie Vögel, ohne durch Flügelschlag angetrieben zu werden.

Aus der Sicht der Informatik liegt der Schwerpunkt, nicht zuletzt aus kommerziellen Interessen, bei der Konstruktion intelligenter Maschinen. Dieser Aufgabenbereich setzt sich, je nachdem, ob er vom Standpunkt der angewandten Methoden oder der grundlegenden Anwendungsgebiete aus betrachtet wird, aus verschiedenen Teilgebieten zusammen.

1.1.1 Methoden

Die Methoden der AI bauen auf Methoden der Informatik auf, insbesondere auf den Methoden der nichtnumerischen Datenverarbeitung. Auch verwandte Wissenschaften wie Formale Logik und Diskrete Mathematik (z. B. Graphentheorie) liegen ihr zugrunde. Wir unterscheiden mehrere methodische Varianten, die jeweils eine unterschiedliche Art des Herangehens an bestimmte Problemkreise symbolisieren:

- Suche
- Planen
- Wissensrepräsentation
- Reasoning, Problemlösen und Schlußfolgern
- Lernen und Wissenserwerb
- Konnektionismus

1.1.2 Anwendungsgebiete

Getreu dem Anspruch der AI, besonders komplexe Probleme der Informationsverarbeitung anzupacken, handelt es sich bei ihren Anwendungsgebieten vorwiegend um Bereiche, bei denen bisher mit den „herkömmlichen" Methoden der Informatik nur wenig Erfolge erzielt wurden.

- Game Playing
- Sprachverstehen
- Wahrnehmung (z. B. Sehen, Hören, Fühlen)
- Robotik
- Theorembeweisen
- Automatisches Programmieren
- Expertensysteme (XPS)

Diese Anwendungsgebiete stehen untereinander in enger Verbindung. Zum Beispiel kann ein „idealer" Roboter sehen, hören und Sprache verstehen, und er wird von einem Expertensystem gelenkt.

1.2 Methoden der AI

1.2.1 Suchen

Suchen (engl. *search*) beschäftigt sich mit der Erforschung von Verfahren zur effizienten Auffindung von Lösungen in einem gegebenen Problemraum. Je nach Vorgabe kann das Problem darin bestehen, eine beliebige einzelne Lösung oder alle Lösungen zu einem Problem zu finden, oder von möglichen Lösungen die beste zu finden.

Dabei müssen Zeit- und Resourcenbeschränkungen berücksichtigt werden, die besonders die Bearbeitung von großen eventuell unbeschränkten Suchräumen beeinflussen. In diesen für AI-Probleme typischen Fällen ist die Verwendung heuristischer Suchmethoden, die auf optimale oder vollständige Lösung von Problemen verzichten, notwendig. Folgendes Beispiel soll dies verdeutlichen.

8-Puzzle

Eine schematische Darstellung des 8-Puzzles wird in Abb. 1.1 gegeben. Die Aufgabe besteht darin, die Zahlen in die richtige Reihenfolge zu bringen.

Die Zustände, die vom Anfangszustand aus erreicht werden, können in einem Zustandsbaum dargestellt werden. Durch Verwendung heuristischer Verfahren mit geeigneten Bewertungsfunktionen kann die Größe dieses Suchbaums gegenüber vollständigen, aber primitiven Verfahren (z. B. Breitensuche, Abb. 1.2) beträchtlich reduziert werden (Abb. 1.3). Eine Bewertungsfunktion dient dazu, aus einer Menge

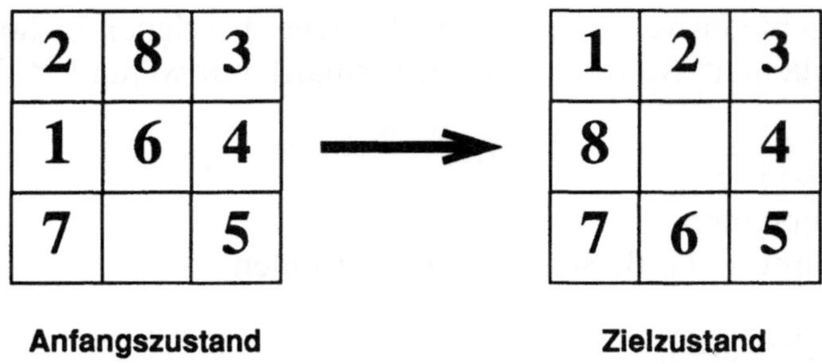

Abb. 1.1. 8-Puzzle

möglicher Zustände diejenigen herauszufinden, die *möglicherweise* am wenigsten weit von einer Lösung entfernt sind. Als Bewertungsfunktion eines Knotens wurde in Abb. 1.3 die Summe aus der Knotentiefe und der Anzahl der falschen Plazierungen verwendet. Knoten mit kleiner Bewertung wurden bevorzugt.

Ein Suchbaum kann auch mehrere Knoten enthalten, die die Eigenschaften eines Endzustands aufweisen.

1.2.2 Planen

Unter Planen (engl. *planning*) versteht man die Generierung von Aktionsfolgen mit dem Ziel, ein System in einen gewünschten Zustand zu versetzen. Notwendig ist die Darstellung von Zuständen dieses Systems, sowie Wissen über die zur Verfügung stehenden Aktionen, ihre Vorbedingungen und Auswirkungen auf diese Zustände.

Im Gegensatz zur Suche, bei der die Qualität des Endzustandes im Vordergrund steht, ist beim Planen das vorrangige Interesse der Frage gewidmet, wie ein bestimmter Endzustand erreicht werden kann. Dieser Endzustand kann entweder explizit beschrieben werden oder durch eine Reihe von Bedingungen charakterisiert werden. Eine klare Unterscheidung von Planen und Suche ist aber oft nicht möglich.

Das gewünschte Ergebnis des Planens ist ein optimaler Weg bzw. Plan, mit dem der Zielzustand erreicht wird, sofern ein solcher Weg „überhaupt" existiert. Die Komplexität eines Planes sowie seiner Generierung wird von mehreren Faktoren beeinflußt:

- Auftreten externer Ereignisse, d.h. Zustandsänderungen, die nicht durch Aktionen ausgelöst werden.
- Scheitern von Aktionen, d.h. Zustandsänderungen wurden nicht oder nur teilweise bewerkstelligt.
- Unvollständiges Wissen über Ausgangssituation und kausale Zusammenhänge

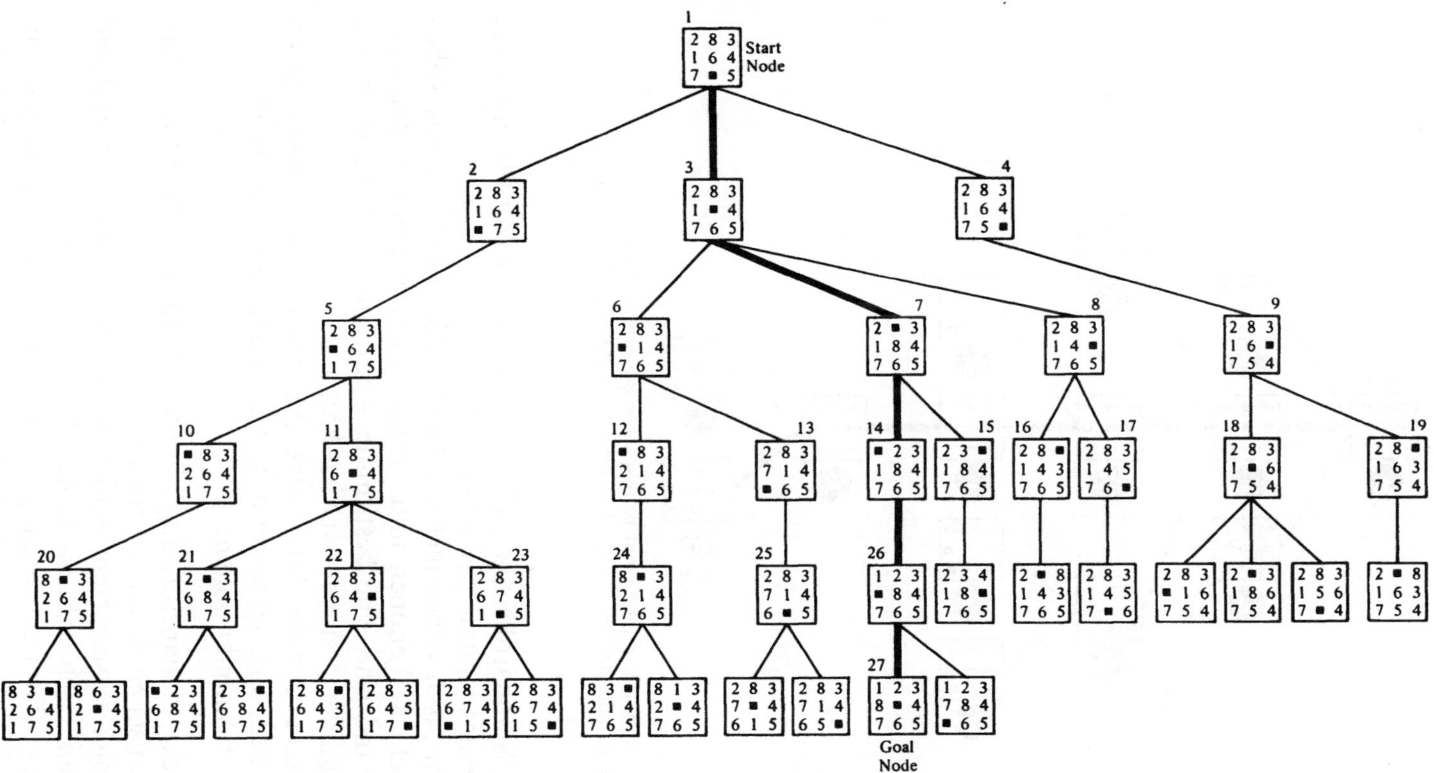

Abb. 1.2. 8-Puzzle mit Breadth-first Suche
(aus Nilsson "Principles of Artificial Intelligence", Springer)

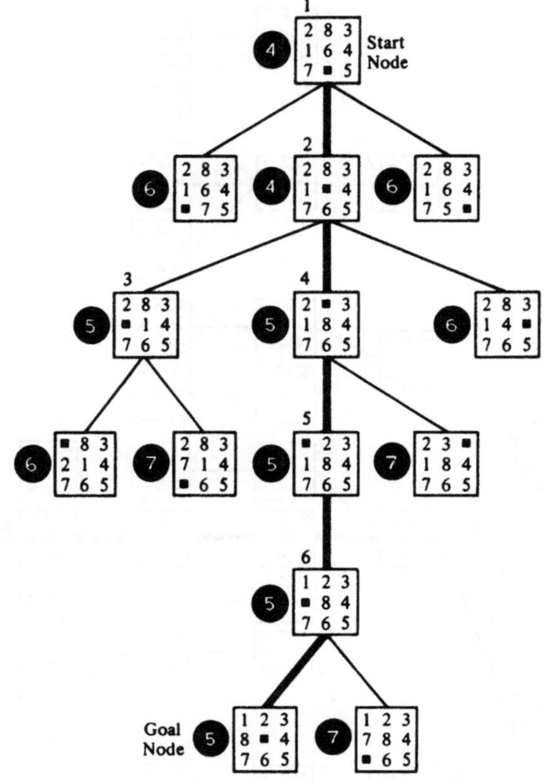

Abb. 1.3. 8-Puzzle mit heuristischer Bewertungsfunktion
(aus Nilsson "Principles of Artificial Intelligence", Springer)

Eines der Standardbeispiele für die Anwendung von Planungsverfahren ist die sogenannte „Blocksworld":

Auf einem Tisch stehen mehrere Blöcke, die mit Hilfe eines Roboterarms einzeln aufgehoben und plaziert werden können. Anfangs- und Endzustand sind eine bestimmte Anordnung von Blöcken, die auch übereinander gestapelt werden können.

Die Aufgabe besteht darin, eine Aktionsfolge zu finden, deren Ausführung den Anfangszustand in den Endzustand überführt.

Mögliche Komplikationen:

- Während der Planausführung könnte jemand die Blöcke auf dem Tisch vertauschen (externe Ereignisse)
- Dem Roboter rutscht beim Aufheben ein Block aus der Hand und fällt auf den Tisch (Aktion nicht erfolgreich ausgeführt)
- Während des Planungsvorgangs ist die Anordnung der Blöcke zum Zeitpunkt der Planungsausführung noch nicht vollständig bekannt (unvollständige Informationen).

1.2.3 Wissensrepräsentation

Eine Grundhypothese der AI besagt, daß Wissen über die Umgebung eine notwendige Voraussetzung für intelligentes Verhalten ist.

Nilsson-Genesereth (1987): "Intelligent entities seem to anticipate their environments and the consequences of their actions. They act as if they know, in some sense, what the results would be."

Zu beachten ist, daß intelligente Systeme selbst ein Teil der Umgebung sind, so daß sie für bestimmte Aufgaben Wissen über sich selbst benötigen.

Pragmatisch gesehen, kann die Wissensrepräsentation (engl. *knowledge representation*) eine Abbildung von Ausschnitten einer Welt in eine verarbeitbare Form aufgefaßt werden. Die Gesamtheit der Daten- und Programmstrukturen, die aus dem Abbildungsvorgang resultieren, wird als Wissen bezeichnet.

Je nachdem, ob dieses Wissen im Programmcode versteckt und verteilt ist, oder ob es in bestimmten Teilen des Systems lokalisierbar ist, spricht man von *implizitem* oder *explizitem* Wissen. Die Grenzen zwischen explizitem und implizitem Wissen sind fließend.

Implizites Wissen

Implizites Wissen steckt z. B. im Code eines Programms, das eine bestimmte mathematische Funktion berechnet, z. B. das Produkt zweier Matrizen. Der entsprechende Algorithmus wird nicht aufgerufen, weil das Programm nach diesem Algorithmus gesucht hat, sondern weil der Programmierer wußte, daß er ihn im Programmablauf an dieser Stelle anwenden muß. Das Wissen, daß dieser Algorithmus an einer bestimmten Stelle (d. h. bei Erreichen einer bestimmten Anweisung) ausgeführt werden muß, ist also im Programmcode versteckt:

```
(* Anweisungen vor der Matrixmultiplikation *)
...
for i :=1 to n do (* aeussere Schleife der
                Multiplikation *)
  for j :=1 to m do (* innere Schleife *)
    ... (* Multiplikationsanweisungen *)
  end for;
end for;
...
(* Anweisungen nach der Matrixmultiplikation *)
```

Ein Prozeduraufruf ändert daran nichts. Das Wissen ist zwar abstrahiert im Unterprogramm versteckt, aber die Information, welches Unterprogramm aufgerufen werden soll, ist wieder fix im Programmcode enthalten:

```
(* Anweisungen vor der Matrixmultiplikation *)
...
Resultat :=Matrix_Mult (A, B);
...
(* Anweisungen nach der Matrixmultiplikation *)
```

Explizites Wissen

Im expliziten Fall sind dem System seine Problemlösungsmöglichkeiten für eine bestimmte Aufgabe bekannt (z. B. die verschiedenen Möglichkeiten, die Inverse einer Matrix zu bestimmen), also an einer bestimmten Stelle im System explizit vermerkt, und werden den Bedürfnissen entsprechend angewendet. In diesem Sinne werden die Aktionen beim Tennisspielen durch explizites prozedurales Wissen gesteuert, der Kniereflex dagegen durch implizites Wissen.

Wir unterscheiden zwischen deklarativem und prozeduralem explizitem Wissen:

deklarativ: Es wird beschrieben, was getan werden muß, d.h. in welchem Verhältnis (Relation) Einheiten der betrachteten Welt zueinander stehen. Im obigen Beispiel können ursprüngliche und invertierte Matrix in der Form

$$M \times M^{-1} = E$$

in Beziehung gesetzt werden, wobei E die Einheitsmatrix ist.

Eine getrennte, aktive Komponente muß dann dieses Wissen verwenden, um die Lösung zu finden. Der Vorteil dieser Darstellung liegt darin, daß deklaratives Wissen vom Verarbeitungsteil unabhängig, flexibler und oft besser verständlich ist als prozedurales Wissen (siehe auch Kap. 2).

prozedural: Es wird angegeben, wie eine Aufgabe gelöst werden muß, d. h. welche Schritte auszuführen sind (Aktionsfolge), um einen Endzustand (Ziel) ausgehend von einem Anfangszustand zu erreichen. Ein Beispiel dafür wäre die Angabe eines Programmstücks, das den Verarbeitungsalgorithmus ausführt, der eine inverse Matrix erzeugt. Der Unterschied zwischen explizitem und implizitem prozeduralen Wissen liegt darin, daß die Beschreibung der Auswahl eines bestimmten Algorithmus' nicht prozedural, sondern deklarativ erfolgt. Die prozedurale Darstellungsart ist i. a. effizienter als die deklarative und zeigt die Vorgangsweise beim Lösen des Problems auf, ist aber dafür weniger flexibel und schwerer verständlich.

Systeme, die Wissen in expliziter Form enthalten, werden als *wissensbasierte Systeme* bezeichnet. Bezüglich der Zuordnung von explizitem/implizitem Wissen versus deklarativem/prozeduralem Wissen wird „deklarativ" meist mit „explizit" assoziiert. Besonders schwierig wird die Unterscheidung zwischen explizitem und implizitem prozeduralen Wissen.

1.2.4 Reasoning

"The object of reasoning is to find out, from the consideration of what we already know, something else which we do not know."

– Charles Sanders Peirce, Fixation of Belief

Als Reasoning [1] bezeichnet man die Suche nach Lösungen für eine konkrete Aufgabe, unter Zuhilfenahme des zur Verfügung stehenden Wissens. Ausgehend von einer Problemstellung wird Wissen kombiniert und angewendet, um eine Lösung zu erreichen.

Beispiele für die Anwendung von Reasoning sind: Ziehen von Schlußfolgerungen aus Fakten, Diagnose von Ursachen ausgehend von Beobachtungen, Analyse von Daten und Problemlösungsstrategien für eine bestimmte Aufgabe, Lösung eines Puzzles oder das geschickte Treffen und Rücknehmen von vereinfachenden Annahmen.

Die Grundlage des Reasoning bildet die Formale Logik, auch wenn das Wissen selbst nicht notwendigerweise in der Sprache der Formalen Logik dargestellt wird (siehe Kap. 2). Neben der klassischen Aussagenlogik und Prädikatenlogik werden auch nichtklassische Logiken herangezogen.

Der verwandte Begriff der *Inferenz* wird entweder gleichbedeutend mit Reasoning verwendet oder wird benutzt, um die spezielle Tätigkeit des logischen Schlußfolgerns zu bezeichnen.

Beispiele für nichtklassische Logiken:

Fuzzy Logic, um ungenaues und unsicheres Schließen zu ermöglichen

Modallogik, um Möglichkeiten und Notwendigkeiten auszudrükken

---

[1] Für diesen Begriff gibt es keine adäquate Übersetzung ins Deutsche. Gelegentlich werden Ausdrücke wie Problemlösen, Schließen, Schlußfolgern verwendet, die aber eine abweichende Bedeutung besitzen.

Temporallogik, um Zeitabläufe und zeitliche Abhängigkeiten beschreiben zu können

Nichtmonotone Logiken, um auftretende Widersprüche behandeln zu können (Belief Revision)

Prädikatenlogik zweiter Stufe, um über Prädikate Aussagen machen zu können, z. B.:

$$\forall X, Y \, ([\text{produkt}\_\text{der}\_\text{firma}\_\text{A}(X) \; \wedge$$
$$\text{produkt}\_\text{der}\_\text{firma}\_\text{B}(Y)] \rightarrow$$
$$\forall P \, [\text{positive}\_\text{eigenschaft}(P) \rightarrow$$
$$(P(X) \rightarrow P(Y))]).$$

Diese Formel sagt aus: Jedes Produkt der Firma B ist mindestens so gut wie jedes Produkt der Firma A.

1.2.5 Lernen und Wissenserwerb

Maschinelles Lernen untersucht Methoden zur Aufnahme neuen Wissens, neuer Fertigkeiten und zur selbständigen Reorganisation bereits vorhandenen Wissens. Ziel ist es, den Erwerb und die Aktualisierung des Wissens möglichst weit zu automatisieren.

Innerhalb des maschinellen Lernens können folgende Ansätze unterschieden werden:

- Lernen durch Unterweisung
- Lernen durch positive und negative Beispiele
- Lernen durch Beobachtungen und Entdeckungen

Das maschinelle Lernen nimmt eine besondere Stellung innerhalb der AI ein, da intelligentes Verhalten sehr oft von der Lernfähigkeit abhängig ist. Diesem Gebiet wird demnach große Aufmerksamkeit geschenkt und es ist stürmischen Entwicklungen unterworfen.

1.2.6 Konnektionismus

Einen völlig anderen Ansatz verfolgen die sogenannten *Neuralen Netze,* die mit ihrem Verarbeitungs- und Repräsentationskonzept im Gegensatz zu den sogenannten symbolisch basierten Ansätzen stehen. Ihre Grundidee ist die Nachbildung der Funktionsweise der vernetzten Neuronen im menschlichen Großhirn. Neurale Netze basieren auf der Annahme, daß intelligentes Verhalten durch die Kooperation einer großen Anzahl von sehr einfachen informationsverarbeitenden Einheiten erzielt werden kann. Diese Einheiten sind untereinander hochgradig vernetzt, daher stammt die alternative Bezeichnung *Konnektionismus* für dieses Forschungsgebiet.

1.3 Anwendungsgebiete

1.3.1 Game-Playing

Brettspiele wie Schach und Dame gehörten zu den ersten Anwendungsgebieten der AI und lieferten entscheidende Anstöße zur Entwicklung heuristischer Suchverfahren. Wie das folgende Beispiel zeigt, existieren aber Fälle, wo eine Aufgabe nicht oder nicht in vertretbarer Zeit durch Suche innerhalb einer vorgegebenen Repräsentation gelöst werden kann.

Mutilated Chessboard Problem

Ist es möglich, die 31 Dominosteine aus Abb. 1.4 so auf dem Brett anzuordnen, so daß alle Felder bis auf die äußersten einer Diagonalen (also 62 Felder) bedeckt sind?

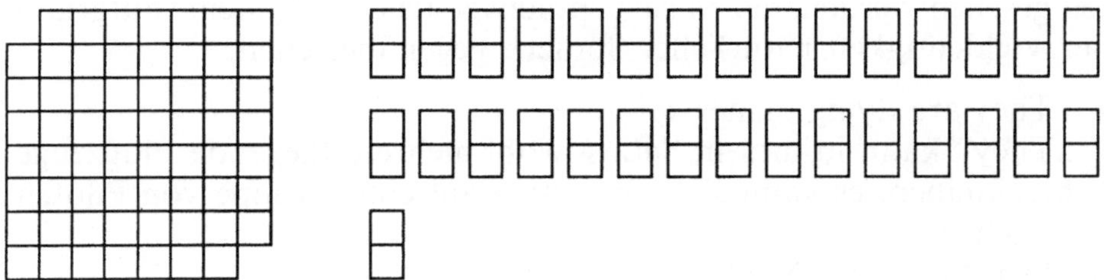

Abb. 1.4. Darstellung des Problems

Der Suchraum bei diesem Problem ist extrem groß. Durch eine einfache Änderung der Repräsentation (Abb. 1.5) läßt sich aber zeigen, daß das Problem nicht lösbar ist:
Die Dominosteine haben 31 schwarze und 31 weiße Felder, die zu bedeckenden Felder des Schachbretts setzen sich jedoch aus 30 weißen und 32 schwarzen zusammen. Da jeder Stein zwei verschiedenfarbige Felder bedeckt, ist die Aufgabe nicht lösbar. Es kommt also nicht darauf an, schnell die möglichen Lösungen zu durchsuchen, sondern die Wissensdarstellung muß das Problem in geeigneter Form darstellen. Das Programm muß gegebenenfalls selbst die Transformation in eine solche Form vornehmen.

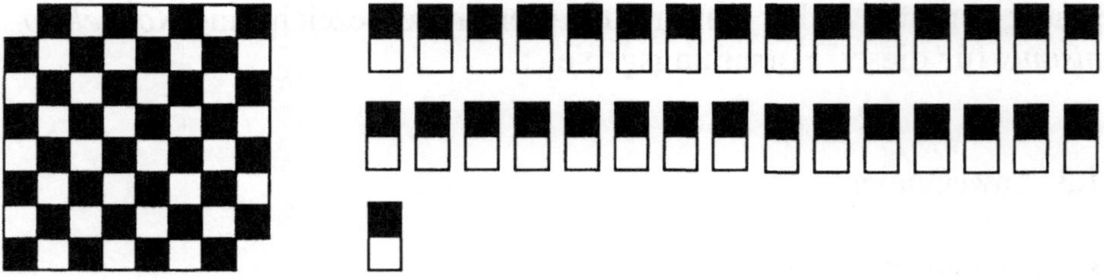

Abb. 1.5. Darstellung der Problemstruktur

1.3.2 Sprachverstehen

Die Konstruktion von sprachverstehenden Computersystemen soll es dem Benutzer ermöglichen, in seiner natürlichen Sprache (in Wort und Schrift) mit dem Computer zu kommunizieren, ohne auf speziell für den künstlichen Partner entworfene Schnittstellen zurückgreifen zu müssen. Die Probleme liegen hier nicht nur im Verstehen der Syntax (Satzaufbau) und Wortsemantik (Bedeutung der Worte), sondern auch im Erfassen der Textpragmatik, d. h. des Zusammenhanges über mehrere Sätze hinweg.

Die folgenden zwei Sätze können als Beispiel für die Schwierigkeiten gesehen werden, denen sich sprachverstehende Systeme aufgrund der Vieldeutigkeit natürlicher Sprache gegenübersehen:

- "They are flying planes":
  „They" kann in diesem Satz sowohl mehrere fliegende Flugzeuge beschreiben, es kann sich aber auch auf eine Gruppe von Piloten beziehen.
- „Der Abfall der Niederlande":
  Hier überlassen wir die Suche nach den verschiedenen Interpretationen dem Leser.

Sprachverstehende Systeme finden ihre Anwendung auch bei der Unterstützung von Sprachübersetzungen.

1.3.3 Wahrnehmung

Die Forschung auf dem Gebiet der Wahrnehmung beschäftigt sich mit dem Problem, die Funktion der menschlichen Sinne nachzuahmen. Die Schwerpunkte liegen hier vor allem auf den Gebieten des

Sehens (engl. *Vision*), d. h. die Erkennung von Objekten in Bildszenen und ihre Verfolgung über eine Sequenz von Bildern hinweg.

Hörens (engl. *Speech Understanding*), d.h. das Verstehen gesprochener Sätze.

Fühlens (engl. *Tactile Sensing*), d.h. die Feststellung der Oberflächenbeschaffenheit und Härte von Objekten.

Die grundlegende Disziplin, die sich mit der Automatisierung von Wahrnehmungen beschäftigt, ist das Gebiet der Pattern Recognition (Mustererkennung). Hier sind aber zwei grundlegend verschiedene Ansätze zu unterscheiden, nämlich einerseits die Statistische Mustererkennung und andererseits die Wissensbasierte Mustererkennung.

Die Anwendungen der maschinellen Wahrnehmung liegen im Gebiet der Robotik, deren Ziel es ist, intelligente Maschinen zu bauen, die physische Arbeiten verrichten. Der hohe Schwierigkeitsgrad dieses Gebiets spiegelt sich in der Tatsache wider, daß zur Zeit zwar Schachprogramme existieren, die geübte menschliche Spieler besiegen können. Andererseits ist es aber immer noch unmöglich, einen Roboter zu bauen, der auf einen gesprochenen Befehl hin ein Schachbrett vom Tisch nimmt, um es im Nebenraum auf einem anderen Tisch wieder abzusetzen, ohne speziell für diese Aufgabe programmiert zu sein, und ohne das Terrain im voraus zu kennen. Dies steht im krassen Gegensatz zu den (vor allem aufgrund der militärischen Anwendbarkeit) enormen finanziellen Aufwendungen.

1.3.4 Theorembeweiser

Die Aufgabe von Theorembeweisern liegt in der automatischen Herleitung und Verifikation logischer Formeln.

Allgemeine Beweiser basieren üblicherweise auf dem Resolutionsprinzip von Robinson (1965) und verwenden die Klausendarstellung logischer Formeln. Dabei wird z.B. zum Beweis von

$$(\text{Axiom}_1 \;\wedge\; \text{Axiom}_2 \;\wedge\; \ldots \;\wedge\; \text{Axiom}_n) \rightarrow \text{Satz}$$

die Formel

$$(\text{Axiom}_1 \;\wedge\; \text{Axiom}_2 \;\wedge\; \ldots \;\wedge\; \text{Axiom}_n) \;\wedge\; \neg\, \text{Satz}$$

durch Herleitung eines Widerspruchs widerlegt. Nähere Erläuterungen hierzu finden sich in Kap. 3.

Spezielle Beweiser sind für bestimmte Theorien konzipiert (z.B. Gruppentheorie, Geometrie) und verwenden andere Techniken.

Eine Anwendung des automatischen Beweisens ist die *Automatische Programmverifikation,* d.h. die Überprüfung von Programmen ausgehend von einer Programmspezifikation.

1.3.5 Automatisches Programmieren

Im Mittelpunkt dieses Gebietes steht die automatische Generierung von Programmen ausgehend von einer formalen Spezifikation, Beispielen oder einem natürlichsprachlichen Dialog.

Eine interessante Anwendung findet sich in der Kooperation von Mensch und Computer bei der Programmierung. Der Programmierer erstellt eine formale Spezifikation der Aufgabe und verfeinert diese mittels eines Dialogs mit der Maschine. Grundsätzliche Entscheidungen werden vom Menschen getroffen. Die Konsistenzprüfung, Auswahl und Einbindung von Prozeduren aus Programmbibliotheken, Entwicklung von geeigneten Datenstrukturen, usw. übernimmt der Computer.

Bei den derzeit verwendeten Spezifikationssprachen ist es leider noch oft der Fall, daß die formale Spezifikation sehr schwierig zu verstehen ist.

1.4 Expertensysteme

Expertensysteme (XPS) stellen die kommerziell erfolgreichste Teildisziplin der Artificial Intelligence dar. Derzeit stehen weltweit mehrere hundert Systeme im praktischen Einsatz.

Ziel der Expertensysteme ist es, dem Anwender Wissen und Fertigkeiten zur Verfügung zu stellen, über die normalerweise nur speziell ausgebildete oder erfahrene Personen (Experten) verfügen.

1.4.1 Eigenschaften von Experten

Für die Konstruktion von Expertensystemen stellt sich die Frage, wo die Stärke und Schwächen menschlicher Experten liegen:

Experten

- besitzen überdurchschnittliche Fähigkeiten, Probleme in einem speziellen Gebiet zufriedenstellend zu lösen, selbst wenn diese Probleme keine eindeutige Lösung besitzen oder neu auftreten
- verwenden heuristisches Wissen, um spezielle Probleme zu lösen Erfahrungen werden verwertet
- haben Allgemeinwissen
- handeln oft intuitiv richtig, können dann aber ihre Entscheidung nicht begründen
- können Probleme unter Verwendung unvollständigen oder unsicheren Wissens lösen

- sind selten und teuer
- Leistungsfähigkeit schwankt je nach Tagesverfassung
- Ein Experte allein ist oft nicht ausreichend (z. B. medizinisches Consilium)
- Expertenwissen kann verloren gehen

1.4.2 Erwünschte Eigenschaften bei Expertensystemen

Folgende Eigenschaften können von den derzeitigen Systemen nur teilweise erfüllt werden. Der Grad ihrer Erfüllung dient jedoch als Maß für die Güte dieser Systeme.

- Anwendung des Wissens eines oder mehrerer Experten zur Lösung von Problemen in einem bestimmten Anwendungsbereich
- Explizite, möglichst deklarative Darstellung des Expertenwissens
- Unterstützung des Wissenstransfers vom Experten zum System
- Leichte Wartbarkeit und Erweiterbarkeit des im System enthaltenen Wissens
- Darstellung des Wissens in einer leicht lesbaren Form
- Verwendung unsicheren Wissens
- Möglichst natürliche und anschauliche Benutzerschnittstelle
- Begründung und Erklärung der Ergebnisse
- Klare Trennung von Faktenwissen und Problemlösungsheuristiken
- Wiederverwendbarkeit von einmal erworbenem Wissen in verwandten Problembereichen

1.4.3 Entwicklung eines Expertensystems

Während man bei der konventionellen Software-Entwicklung davon ausgeht, daß die Systementwicklung aus der Zusammenarbeit von Entwicklungsteam und Benutzern hervorgeht, sind an der Entwicklung eines Expertensystems drei Personengruppen beteiligt:

Benutzer: üblicherweise Laien oder zumindest keine Spezialisten im vorgesehenen Problemgebiet.

Experten: Ihr Wissen wird in das System eingebracht. Sie besitzen aber im allgemeinen kein EDV- oder expertensystem-spezifisches Wissen.

Wissensingenieure (engl. *Knowledge Engineers*): Sie haben die Aufgabe, das Wissen der Experten zu erfassen und im Rechner darzustellen.

Die Aufgabe des Wissensingenieurs liegt nicht nur im reinen Erfassen und Übertragen des Wissens. Er muß die Aufgabe des zu entwickelnden Systems genau definieren, und feststellen, ob sie überhaupt zur Lösung durch ein Expertensystem geeignet ist. Danach muß er einen geeigneten Repräsentationsformalismus auswählen und das Wissen des Experten in diesen Formalismus übertragen. Die Aufgabe des Wissensingenieurs entspricht also, grob gesehen, der des Entwicklers eines konventionellen Softwaresystems.

Im Gegensatz zu jenem wird der Wissensingenieur jedoch als Laie nicht das ganze, meist unstrukturierte Wissen des Experten überblicken und verstehen können. Auf der anderen Seite kann der Formalismus der Wissensbasis sehr komplex sein, so daß man den Experten nicht zumuten kann, ihn zu erlernen, und selbst wenn dem so wäre, arbeiten die Experten, wie bereits erwähnt, oft intuitiv. Das bedeutet, daß sie durch eigenes Studium der Wissensbasis keineswegs alle Fehleinschätzungen oder Auslassungen des Wissensingenieurs feststellen könnten. Daraus ergibt sich die Notwendigkeit, die Experten mit dem Problemlösungsverhalten des Systems zu konfrontieren, wenn dieses konkrete Aufgaben bearbeitet. Erst dann können sie das Verhalten des Systems wirksam kritisieren.

Den Auswirkungen des Einsatzes von Expertensystemen und entscheidungsunterstützenden Systemen sollte besondere Aufmerksamkeit geschenkt werden. Der Benutzer solcher Systeme neigt dazu, vorgeschlagene Problemlösungen oder Expertisen nicht mehr kritisch zu hinterfragen. Bei einem Fehlverhalten stellt sich die Frage nach einer Schuldzuweisung zwischen Experte, Wissensingenieur und Benutzer. Dies um so mehr, da Expertensysteme aufgrund ihrer gegenüber herkömmlicher Software hohen Kompetenz auch für besonders kritische Aufgaben eingesetzt werden.

Bei manchen entscheidungsunterstützenden Systemen wird daher die Rolle zwischen Entscheidungsträger und Expertensystem vertauscht. Der Benutzer muß dem Expertensystem eine Lösung präsentieren, und das System übernimmt die Rolle des „ungläubigen Thomas".

1.4.4 Komponenten eines Expertensystems

Aus der Sicht des Entwicklers kann ein Expertensystem in verschiedene funktionale Komponenten (Abb. 1.6) aufgegliedert werden. Die Hauptaufgabe eines Expertensystems ist die Verarbeitung von Wissen. Daher nehmen Wissensbasis und Inferenzmotor eine zentrale Rolle ein. Weiters müssen während der Konsultation oft zusätzliche

Informationen eingeholt werden und nach erfolgreicher Problemlösung die Resultate präsentiert werden. Das System sollte fähig sein,
seine Lösungswege zu analysieren, um Entscheidungen zu begründen,
und es sollte fähig sein, die Wissensbasis zu untersuchen, um den
Wissenserwerb zu unterstützen.

Daraus ergibt sich folgende Systemstruktur:

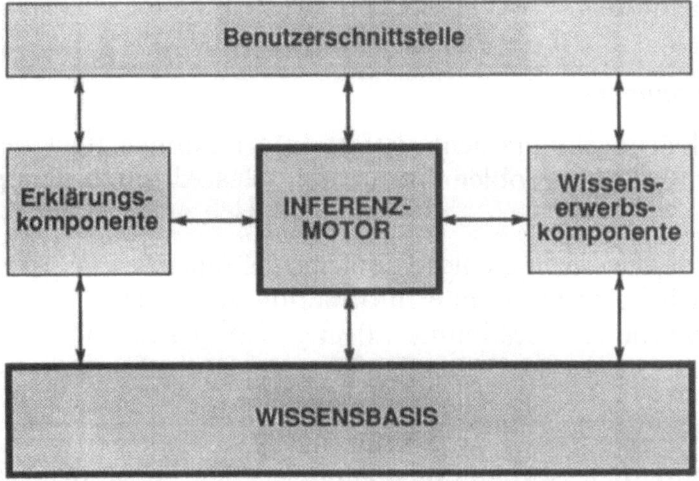

Abb. 1.6. Expertensystem-Architektur

Wissensbasis

Die Wissensbasis enthält das problembezogene Wissen des Systems. Idealerweise sollte das gesamte problemspezifische Wissen in
dieser Komponente enthalten sein, um die Vorteile der expliziten Wissensdarstellung zu nützen. Im besonderen sollte kein Problemlösungswissen in der Abarbeitungsstrategie der Inferenzkomponente versteckt sein.

Der Inhalt der Wissensbasis kann grob unterteilt werden in *generi-
sches Wissen,* das von einem bestimmten aktuellen Problemfall unabhängig existiert, und in *fallspezifisches Wissen,* das zur Bearbeitung
einer aktuellen Konsultation aufgenommen wird. Lernfähige Systeme
können nach Beendigung einer Konsultation das aktuelle fallspezi-
fische Wissen, wozu auch Resultate gehören, in den generischen Teil
der Wissensbasis aufnehmen. Das generische Wissen umfaßt unter
anderem Fachbereichswissen, Allgemeinwissen und strategisches Wissen, also Problemlösungsheuristiken und Optimierungsregeln.

Inferenzmotor

Der Inferenzmotor stellt die zentrale Problemlösungskomponente dar. Je nach Art des zu lösenden Problems können verschiedene spezialisierte Problemlösungsmechanismen verwendet werden, die kooperativ Lösungen erarbeiten. Spezielle Problemlösungskomponenten existieren z. B. für die naive Physik, das räumliche Reasoning oder das zeitliche Schlußfolgern.

Aufgaben, die mittels der Dialogkomponente dem XPS gestellt werden, werden von der Inferenzkomponente durch Anwendung des Wissens, das in der Wissensbasis enthalten ist, gelöst.

Erklärungskomponente

Die Erklärungskomponente liefert Informationen über den Zustand einer aktuellen Problemlösung. Typisch sind z. B. die Fragestellungen:

- Wie wurde die Lösung eines Problems gefunden?
- Warum wird eine bestimmte Information verlangt?
- Warum wurde eine bestimmte Lösung nicht gefunden?

Wissenserwerbskomponente

Unterstützt den Aufbau und spätere Erweiterungen der Wissensbasis durch den Experten oder Knowledge Engineer. Stellt üblicherweise Funktionen zur Verfügung, die die Konsistenz und Vollständigkeit neuer Informationen prüfen.

Benutzerschnittstelle

Die Benutzerschnittstelle unterstützt zwei Arten der Interaktion mit dem System: Dialog mit dem Benutzer, der eine bestimmte Aufgabe gelöst haben möchte, oder Dialog mit dem Wissensingenieur mit dem Zweck der Wartung bzw. Erweiterung der Wissensbasis. Die interne Darstellung von Objekten und ihren Beziehungen in der Wissensbasis wird in eine graphische oder annähernd natürlichsprachige Darstellung umgesetzt.

Sprachen zur Expertensystem-Implementierung

Der Rückkopplungsprozeß zwischen Wissensingenieur und Experte, der häufig nachträgliche Systemänderungen bedingt, führte zur Ausprägung einer Reihe von Implementierungssprachen mit dem Ziel, den Änderungsaufwand zu reduzieren. Diese Sprachen unterscheiden sich durch ihre Wahlmöglichkeiten in bezug auf Wissensrepräsentation, Inferenzalgorithmen, Kontrollstruktur und Dialogführung. Große Unterschiede ergeben sich bei Laufzeitverhalten und Speicheraufwand.

Zusammenfassung

Das Gebiet der Artificial Intelligence entstand einerseits aus dem Bemühen, intelligentes Verhalten von Lebewesen zu studieren, andererseits aus dem Versuch, solches Verhalten auf technischem Wege nachzuahmen. Hieraus entwickelte sich eine Vielfalt von einzelnen Teilforschungsrichtungen, die sich nach Ansätzen und Anwendungsgebieten unterscheiden. Aus der Erkenntnis heraus, daß Intelligenz in enger Verwandtschaft mit der Speicherung und Verarbeitung von Wissen steht, wurden Versuche unternommen, die Leistungen menschlicher Experten nachzuahmen und ihr Wissen in maschinell verarbeitbare Form zu bringen. Das Ziel der dabei entstehenden „Expertensysteme" ist es, auf begrenztem Gebiet durch die Übertragung des Wissens menschlicher Experten eine jenen vergleichbare Kompetenz zu erreichen, und das mit einem von (relativen) Laien bedienbaren System. Die grundlegende Struktur eines Expertensystems basiert daher auf der Existenz der Wissensbasis, die das Expertenwissen enthält, und der Inferenzkomponente, die Schlußfolgerungen über diesem Wissen durchführt.

Literatur

Barr, A., Feigenbaum, E. A. (1981, 1990): The Handbook of Artificial Intelligence (4 Bände). William Kaufmann, Los Altos, CA.
Jackson, P. (1986): Introduction to Expert Systems. Addison-Wesley, Reading, MA.
Nilsson, N. J. (1981): Principles of Artificial Intelligence. Springer, Berlin Heidelberg New York.
Rich, E. (1983): Artificial Intelligence. McGraw-Hill, Singapore.
Shapiro, S. (1987): Encyclopedia of Artificial Intelligence (2 Bände). John Wiley & Sons, New York.
Waterman, D. A., Hayes-Roth, F., Lenat, D. B. (1986): Building Expert Systems. Addison-Wesley, Reading, MA.

2. Wissensrepräsentation

Gerhard Friedrich, Georg Gottlob, Markus Stumptner

> *"There is no theory of knowledge representation. We don't yet know why some schemes are good for certain tasks and others not. But each scheme has been successfully used in a variety of programs that do exhibit intelligent behaviour."*
>
> – *Handbook of AI*

Die Darstellung von Wissen und der Erkenntnisgewinn standen sehr früh im Interesse der Wissenschaften. Vor allem die Philosophie, Epistemologie, Psychologie und Theologie (Gottesbeweise) können auf eine traditionsreiche Vergangenheit verweisen.

In den folgenden Kapiteln gehen wir weder näher auf theoretische Aspekte von Wissen unter Berücksichtigung des Standpunkts diverser Wissenschaften ein noch geben wir eine Definition von Wissen. Obwohl eine genaue Definition von Wissen aus theoretischer Sicht wünschenswert erscheint, ist sie für die Konstruktion von Systemen, die intelligentes Verhalten aufweisen, nicht notwendig. Ein Konsens über eine Definition von Wissen konnte bis jetzt in der AI auch nicht erzielt werden, ja es gibt namhafte Wissenschaftler, die behaupten, Wissen könne nicht durch einen formalen Mechanismus „simuliert" werden. Folgendes Beispiel führt immer wieder zu heftigen Diskussionen, ohne daß sich wesentliche Annäherungen der Standpunkte ergaben.

In einem abgeschlossenen Raum befindet sich eine Person, die kein Chinesisch versteht. An diese Person werden Anfragen mittels chinesischer Schriftzeichen gerichtet. Die Person beantwortet diese Anfragen unter Zuhilfenahme eines Karteikastensystems, das genaue Anweisungen zur Beantwortung der Anfragen enthält. Die Person „weiß" den Inhalt des Karteikastens nicht, sie bedient sich seiner nur. Das System Raum/Person/Karteikasten „weiß" aber wiederum nichts, da es sich seines Wissens nicht bewußt ist – oder doch? Diese Diskussion führt unweigerlich auf derzeit ungelöste philosophische Probleme in bezug auf „Denken" und „Verstehen" zurück.

Unserem pragmatischen Ansatz entsprechend gehen wir im folgenden auf Anforderungen, Verwendungszweck und übliche Wissensrepräsentationsformalismen näher ein. Die verschiedenen Erscheinungsformen von Wissen wurden bereits im Einführungskapitel näher untersucht, da die Unterscheidung zwischen impliziter und expliziter Darstellung von Wissen von grundlegender Bedeutung für die Abgrenzung des Gebiets der wissensbasierten Systeme von der konventionellen Programmiertechnik ist.

2.1 Anforderungen an die Wissensrepräsentation

Die Anforderungen, die in der AI an die Wissensrepräsentation gestellt werden, ergeben sich teilweise aus dem Anspruch, durch automatische Verarbeitung von Wissen intelligentes Verhalten zu erzielen. Dies führt zu hohen Zielsetzungen betreffend Mächtigkeit und Flexibilität der Verfahren. Weitere Anforderungen ergeben sich auch aus der Verwandtschaft der AI mit der „herkömmlichen" Informatik, wo z. B. auf dem Gebiet des Software Engineering Methoden entwickelt wurden, die die Wartung und das Verständnis von Programmen durch die Programmierer fördern sollen. In gleicher Weise ist beim Wissen zu beachten, daß seine Verarbeitung und Verwaltung möglichst einfach, schnell und übersichtlich vor sich gehen sollen, egal ob diese nun vom Menschen (z. B. einem Knowledge Engineer) oder einem Programm (eben einem wissensverarbeitenden System) durchgeführt werden.

Grob gegliedert lassen sich aus diesen Überlegungen fünf wesentliche Kriterien ableiten:

Verarbeitbarkeit

Es muß die Möglichkeit gegeben sein, aus bestehendem Wissen auf neues Wissen zu schließen. Die Schlußfolgerungen können einerseits mittels Ableitungsregeln der klassischen formalen Logik durchgeführt werden, andererseits werden aber in der AI häufig speziell entwickelte Logiken und Schlußfolgerungsverfahren wie z. B. analogiebasiertes Schließen verwendet. Ein wissensbasiertes System soll sein Wissen über den ursprünglichen Verwendungszweck universal einsetzen können.

Flexibilität

Ein und derselbe Repräsentationsansatz soll einerseits geeignet sein, Wissen aus möglichst verschiedenen Anwendungsbereichen

(Domains) wie z. B. Medizin und Geologie, darzustellen, andererseits sollen auch, unabhängig vom Anwendungsgebiet, die für unterschiedliche Aufgabenstellungen (z. B. Diagnose, Systementwurf) benötigten Informationen effizient darstellbar sein.

Modularität

Die Wissensbasis soll leicht veränderbar und modular aufgebaut sein, das heißt, spezielle Bereiche des Wissens, wie etwa spezielles Wissen über die Lösung eines bestimmten Teilproblems, sollen möglichst unabhängig vom Rest der Wissensbasis hinzugefügt oder abgeändert werden können.

Im Einführungskapitel wurde bereits auf den Unterschied zwischen deklarativem und prozeduralem Wissen eingegangen. Da bei deklarativem Wissen Informationen über die Zusammenhänge zwischen einzelnen Wissenselementen, vor allem darüber, wann und wo bestimmte Informationen eingesetzt werden, nicht Bestandteil des Wissens selbst sind, geht Modularität normalerweise mit deklarativen Eigenschaften des Wissens Hand in Hand.

Eine der Modularität verwandte Forderung ist das Streben nach Unabhängigkeit zwischen der formalen Repräsentation des Wissens und den wissensverarbeitenden Mechanismen mit dem Ziel einer klaren Trennung in einen passiven „Erkenntnisteil" (Wissensbasis) und einen aktiven Verarbeitungsteil (Inferenzmotor), dessen Konstruktion unabhängig von der jeweiligen Wissensbasis ist.

Verständlichkeit

Der Inhalt der Wissensbasis muß gegenüber Knowledge Engineer und Benutzer gleichermaßen leichtverständlich darstellbar sein. Das heißt allerdings nicht, daß die Darstellung für beide zwangsläufig in derselben Form erfolgen muß, da sie im Umgang mit der Wissensbasis unterschiedliche Ziele verfolgen.

Darstellbarkeit unsicheren Wissens

"Logic does not apply to the real world." Diese Aussage des amerikanischen AI-Wissenschaftlers Marvin Minsky muß nicht so interpretiert werden, daß die Wirklichkeit unlogisch aufgebaut ist, sie drückt aber die Tatsache aus, daß ein in einem Rechner dargestelltes formales System, wie es z. B. durch eine Wissensbasis gegeben ist, die Wirklichkeit nicht vollständig und gleichzeitig garantiert korrekt beschreiben kann. Im Gegenteil, intelligentes Verhalten besteht gerade auch darin, aus einer Situation das Beste zu machen, in der das richtige Verhalten nicht eindeutig vorgeschrieben ist. Die Schlußfolgerung daraus ist, daß ein intelligentes System befähigt sein muß, mehrdeutige Aussagen zu bearbeiten, die auf die verschiedenste Weise entstanden sein können. Solche Aussagen können entstehen durch:

- Inhärente Unsicherheit der Information
- Unvollständigkeit der Information
- Unsicherheit von Schlußfolgerungen
- Zusammenfassung von Informationen, die aus mehreren, eventuell einander widersprechenden, Quellen stammen

Bei vielen Expertensystemanwendungen kann jedoch auf eine Repräsentation von unsicherem Wissen verzichtet werden, so daß dadurch Wissensrepräsentation und Verarbeitung vereinfacht werden.

2.2 Ontologische Gliederung der Wissensbasis

Auch wenn im allgemeinen versucht wird, die Wissensbasis nach einem einheitlichen Formalismus zu gestalten, bedeutet das nicht, daß nicht verschiedene Teile des gespeicherten Wissens verschiedene Funktionen erfüllen. Bestimmte Teile der Wissensbasis stellen also bestimmte Arten von Wissen dar, d. h. bestimmte Teilausschnitte aus dem insgesamt repräsentierten Bereich. Als Beispiel für eine solche Unterscheidung kann die im Handbook of AI vorgeschlagene Gliederung verwendet werden, wo unterschieden wird zwischen Wissen über:

Objekte: Dieses Wissen umfaßt die Beschreibungen von Objekten und Konzepten des Anwendungsgebiets. Eine solche Beschreibung kann unter anderem Aussagen über Struktur, Eigenschaften, Funktionen, Zustände und Beziehungen zwischen den Objekten beinhalten.

Ereignisse: Über die im vorangegangenen Punkt verwendete statistische Betrachtungsweise hinaus ist in vielen Fällen auch die Darstellung von zeitlichen und kausalen Zusammenhängen, also von Aktionen und Zustandsänderungen, und die Repräsentation von Abläufen bestimmter Ereignisse, deren Ursachen, Auslöser und Wirkungen, notwendig.

Methodik: Um komplexe Aufgaben, wie z. B. Theorembeweisen, Fehlersuchen, aber auch Tennisspielen, bewältigen zu können, ist neben dem Objekt- und Ereigniswissen auch Wissen darüber notwendig, *wie* eine Aufgabe effizient gelöst werden kann. Darunter kann z. B. eine Prozedur (im Sinne von Vorgehensweise) verstanden werden, die blind befolgt wird, sobald einmal das zu lösende Problem erkannt ist, z. B. beim Ausführen eines Topspin-Schlags beim Tennisspiel. Es kann sich aber auch um Wissen über die Art handeln, wie das Problem strukturiert, also in Teilprobleme zerlegt werden kann, z. B. beim Gauß-Seidel-Eliminationsverfahren zur Gleichungslösung.

Metawissen: Metawissen stellt Wissen über die Wissensbasis selbst dar, also über Struktur, Aufbau und Verwendbarkeit des Wissens. Dies ist besonders wichtig, wenn erreicht werden soll, daß das System selbst seine Möglichkeiten im Umgang mit bestimmten Problemen erkennen soll, also z. B. in der Lage sein soll, selbst zu erkennen, ob es ein Problem lösen kann oder nicht.

Während Wissen, wie wir es bisher beschrieben haben, der Beschreibung eines bestimmten Anwendungsproblems dient, also einer Aufgabenstellung außerhalb des Problemlösungssystems selbst, entspricht dem „Anwendungsproblem" beim Metawissen die Steuerung der Suche nach der Lösung des Anwendungsproblems. Das Problem, dem man durch Metawissen beikommen möchte, liegt also innerhalb des Systems. Mit Hilfe von Metawissen wird nur eine Strategie festgelegt, die für die Lösung des eigentlichen Anwendungsproblems verwendet wird.

Wie auch das „normale" Problemwissen, läßt sich Metawissen je nach Art des dargestellten Wissens in mehrere Kategorien einteilen. Dem „Wissen über Objekte" entspricht hierbei Wissen des Systems über seinen Aufbau, über die verwendeten Formalismen und die Wissensbasis an sich. Dies umfaßt Wissen über Entstehung und Ausmaß des Inhalts der Wissensbasis, die Verläßlichkeit der darin enthaltenen Informationen und ihre relative Bedeutung (Gewichtung) oder Zuverlässigkeit. Dem Wissen über zeitlich/kausale Zusammenhänge entspricht Wissen über die Arbeitsweise des Systems und den aktuellen Zustand des Problemlösungsprozesses. Ist dieses Wissen verständlich darstellbar, so kann das System seine Vorgangsweise und seine Lösungen erklären.

Die methodische Komponente des Metawissens schließlich beschreibt die Eignung des vorhandenen Wissens für das Lösen von Problemen. Sie bildet z. B. die Grundlage für die Auswahl jener Teile des anwendbaren Wissens, die am ehesten bei der Lösung eines gegebenen Problems helfen, und für das Finden der Vorgangsweise, die bei einem gegebenen Problem am ehesten zur Lösung führt.

Metawissen bietet also die Möglichkeit, die Auswahl von Strategien und die Auswahl von Daten, die eine bestimmte Strategie verwenden soll, zu steuern (Kontrollwissen). Den Vorgang, bei dem das System eigenes Wissen (Metawissen) benutzt, um die Wissensverarbeitung zu beeinflussen, nennt man Meta-Reasoning.

2.3 Konzeptualisierung

Der Vorgang der Konzeptualisierung (Versinnbildlichung, Begriffsbildung) liegt immer am Beginn des Wissenserwerbs. Wissensrepräsentation ist die Formalisierung eines Ausschnitts der realen Welt [1]. Aufgrund der Komplexität der Aufgabenstellungen in der AI (diese Komplexität stellte ja erst den Anlaß für die Entwicklung wissensbasierter Systeme dar), muß darauf geachtet werden, daß die gewählte Repräsentation sowohl darauf ausgerichtet ist, die für den Problemlösungsprozeß wesentlichsten Zusammenhänge auch am klarsten und einfachsten darzustellen, als auch darauf, die effiziente Durchführung der Aufgaben zu ermöglichen. Es muß daher darauf geachtet werden, daß einerseits die Darstellung exakt und fein genug ist, um die wesentlichen Details und Detailzusammenhänge des Problems darstellen zu können, andererseits aber unwesentliche Bereiche so weit wie möglich ausschließt. Die benötigten Objekte und ihre Beziehungen und Fähigkeiten müssen erkannt und im jeweils verwendeten Formalismus definiert werden. Je nach Aufgabe und Abstraktionsniveau wird ein mehr oder weniger großer und detaillierter Ausschnitt aus der realen Welt dargestellt. Es sei noch einmal darauf hingewiesen, daß der Ausdruck „reale Welt" hier extrem weit gefaßt zu verstehen ist.

2.3.1 Methoden zur Wissensrepräsentation

Es erhebt sich die Frage, wie denn nun die verschiedenen Wissensarten letztendlich im Rechner zu modellieren sind, d. h. welcher Formalismus zu ihrer Darstellung verwendet werden soll. Zu diesem Zweck ist eine Vielzahl von Methoden entwickelt worden, die sich zum Großteil nur mühsam in ein bestimmtes Schema pressen lassen, da man bei ihrer Entwicklung meistens nicht von grundlegenden Prinzipien der Wissensdarstellung ausging (über die es in der AI-Forschung sowieso keine Einigkeit gibt), sondern Methoden entwickelte, die für das jeweils untersuchte Teilproblem geeignet erscheinen. In den letzten Jahren macht sich allerdings ein Trend von hochkomplexen Wissensrepräsentations-Formalismen zu mehr „grundlegenden" Methoden bemerkbar.

---

[1] Der Ausdruck, „real" bezieht sich hier nicht nur auf physisch vorhandene Dinge, sondern auch auf alle Ideen, Vorstellungen und Abstraktionen, die für die Lösung des Problems sinnvoll oder notwendig sind.

Trotz der großen Vielfalt lassen sich im Bereich der Wissensrepräsentationsformalismen drei große Familien unterscheiden:

- Logikorientierte Methoden
- Prozedurale Methoden
- Objektorientierte Methoden

Im folgenden werden wir etwas näher auf diese Ansätze eingehen.
Wie sich dabei zeigen wird, sind „reine" Vertreter der drei Familien in
der Praxis ziemlich rar, statt dessen kommen häufig Mischformen zur
Anwendung.

2.4 Logikorientierte Methoden

Der bekannteste Kalkül zur Darstellung von logischen Sachverhalten ist die Prädikatenlogik erster Stufe mit Geichheit (Identität)
und Funktionssymbolen (PIF).

Betrachten wir zum Beispiel die folgende PIF-Formel:

$$\forall X \, ((person\,(X) \; \wedge \; \neg \, (X = adam) \; \wedge \; \neg \, (X = eva)) \Rightarrow$$
$$\exists Y \, (person\,(Y) \; \wedge \; mutter\_von\,(X) = Y)).$$

Diese Formel kann folgendermaßen interpretiert werden: Jede Person
außer Adam und Eva hat (mindestens) eine Mutter.

Formeln der PIF-Logik werden aus folgenden Grundzeichen gebildet:

- *Konstantensymbole,* die hier durch mit Kleinbuchstaben oder
  Ziffern beginnende Zeichenfolgen dargestellt werden z. B.: *adam,
  eva,* 10.
- *Variablensymbole,* hier durch mit Großbuchstaben beginnende Zei-
  chenfolgen dargestellt; z. B.: $X, Y, X1 \ldots$
- *Funktionssymbole,* zur Darstellung n-ärer Funktionen, hier durch
  mit Kleinbuchstaben beginnende Zeichenfolgen dargestellt; z. B.,
  das einstellige Funktionssymbol *mutter_von.*
- *Prädikatensymbole,* zur Darstellung n-ärer Prädikate, hier durch
  mit Kleinbuchstaben beginnende Zeichenfolgen dargestellt; z. B.:
  person.
- *Junktoren* $\neg, \wedge, \vee, \Rightarrow, \Leftrightarrow$
- *Quantoren* $\forall, \exists$
- *Das Gleichheitszeichen* $=$
- *Klammern* und *Kommas* als Hilfssymbole (für die Darstellung von
  Argumenten von Funktionen und Prädikaten und zur Festlegung
  der Bindungsbereiche von Junktoren und Quantoren.)

Die Menge aller gültigen Sätze der PIF-Logik kann modelltheoretisch (durch Interpretationen) oder beweistheoretisch (durch Axiome und Schlußregeln) definiert werden. Die Übereinstimmung dieser beiden Definitionen ist als Vollständigkeitssatz von Kurt Gödel bekannt. Wir setzen hier die Syntax und die (informelle) Semantik der PIF-Logik als bekannt voraus.

Durch Hinzunahme von speziellen anwendungsbezogenen Axiomen zu PIF erhält man Spezialtheorien für bestimmte Anwendungen. Solche zusätzlichen Axiome werden auch *nichtlogische Axiome* oder *Eigenaxiome* der betreffenden Theorie genannt. Auf diese Weise lassen sich z. B. die Arithmetik (durch Hinzunahme der Peano-Axiome), die Gruppentheorie (durch Hinzunahme der Gruppenaxiome) und andere mathematische Theorien darstellen. Ebenso kann das Expertenwissen der meisten Expertensysteme als Erweiterung von PIF um entsprechende Eigenaxiome dargestellt werden.

PIF ist zwar sehr ausdrucksstark, eignet sich aber nicht zur Implementation. Erstens ist PIF unentscheidbar, d. h., es gibt keinen Algorithmus, der entscheidet, ob eine beliebig vorgegebene prädikatenlogische Formel allgemeingültig ist (Satz von Alonzo Church). Zweitens nehmen schon einfache Formelmanipulationen in PIF sehr viel Rechenzeit in Anspruch.

Aus diesen Gründen werden meist stark reduzierte Teilsysteme von PIF verwendet. Diese Teilsysteme sind allerdings oft um Ausdrucksmittel erweitert, die in PIF selbst nicht vorhanden sind, z. B. um die Möglichkeit, eine Implikation mit einem Wahrscheinlichkeitswert zu versehen. Solche zusätzlichen Ausdrucksmittel, die wir *nichtklassische Erweiterungen* nennen, weil sie in den klassischen Logiksystemen nicht ausdrückbar sind, werden in späteren Kapiteln behandelt.

2.4.1 Einfache Fakten-Regel-Systeme (EFRS)

Im folgenden wird eine sehr einfache Klasse von Systemen erläutert. Diese Systeme werden hier *Einfache Fakten-Regel-Systeme* (kurz *EFRS*) genannt. Sie eignen sich besonders gut zur Implementierung.

Ein EFRS S ist eine endliche Menge von *Regeln* und *Fakten*. Die Menge aller Regeln von S wird mit $R(S)$ bezeichnet und die Menge aller Fakten von S mit $F(S)$. Es gilt somit: $S = R(S) \cup F(S)$.

Fakten haben die Form $\psi(c_1, \ldots, c_n)$ mit einem Prädikatensymbol ψ und Konstantensymbolen $c_1, \ldots, c_n$.

Beispiele für Fakten: *mensch(hans)*, *vater(hans, maria)*, *gerade(2)*, *teiler(2,4)*, *kater(tom)*. Die Prädikatensymbole *mensch*, *gerade* und *kater* sind einstellig; die Prädikatensymbole *vater* und *teiler* sind zweistellig.

Regeln sind Implikationen der folgenden Form:

$$\mathbf{Q}(\psi_1(t_1^1,\dots,t_{\alpha 1}^1) \;\wedge\; \psi_2(t_1^2,\dots,t_{\alpha 2}^2)$$
$$\wedge\;\dots\psi_n(t_1^n,\dots,t_{\alpha n}^n) \Rightarrow \psi_0(t_1^0,\dots,t_{\alpha 0}^0))$$

wobei die ψ_i Prädikatensymbole darstellen, die t_j^i entweder Variablensymbole oder Konstantensymbole sind und $\mathbf{Q}$ ein Quantorenpräfix ist, der genau für jedes in der Formel vorkommende Variablensymbol X einen Allquantor der Form „$\forall X$" enthält.

Außerdem verlangen wir, daß jede Variable, die im Succedens (d. h. rechts vom Implikationszeichen) der Regel vorkommt auch im Antecedens (links vom Implikationszeichen) vorkommt. Dadurch verhindern wir, daß Fakten mit universell quantifizierten Variablen abgeleitet werden können.

Zur Vermeidung von überflüssigen Klammernzeichen nehmen wir an, daß der Junktor „$\wedge$" stärker bindet als der Junktor „$\Rightarrow$".

Beispiel für eine Regel:

$$\forall X\,\forall Y\,\forall Z\,(vater\,(X,Y)\;\wedge\;vater\,(Y,Z)\Rightarrow grossvater\,(X,Z)).$$

Beispiel für ein EFRS:

$$S_1 = \{\forall X\,(mensch(X)\Rightarrow sterblich(X)),$$
$$\forall X\,\forall Y\,(kind(X,Y)\;\wedge\;mensch(X)\Rightarrow mensch(Y)),$$
$$mensch\,(hans),$$
$$kind\,(hans,\,ernst),$$
$$kind\,(ernst,\,olga)\}.$$

Die Elemente eines EFRS sind eingeschränkte *Hornklausen*. Hornklausen in allgemeinerer Form, wie sie in der Logischen Programmierung (z. B. in Prolog) verwendet werden, können auch Funktionssymbole enthalten, und ihre Variablen unterliegen keinen Einschränkungen. Die Syntax von EFRS entspricht jener der Datenbank-Abfragesprache *Datalog*.

Jedes EFRS S entspricht einer PIF-Formel, in der die Elemente von S konjunktiv (also durch $\wedge$) verbunden sind. Es kann aber nicht jede PIF-Formel durch ein EFRS repräsentiert werden. Es folgen einige Beispiel für PIF-Formeln, die sich *nicht* durch ein EFRS darstellen lassen:

- $p(a)\;\vee\;p(b)$ (Disjunktion).
- $\exists X\,p(X)$ (Existentiell quantifizierte Aussagen).
- $\neg\,p(a)$ (Negierte Aussagen).
- $\forall X\,p(X)$ (Generalisierte Fakten).

Wenn ein Fakt F aus einem EFRS *logisch folgt*, dann schreiben wir

$$S \vDash F.$$

Die Menge aller Fakten die aus einem EFRS S logisch folgen, bezeichnnen wir mit *Cons(S)*.

Beispiel: Für das weiter oben angegebene EFRS S_1 gilt *Cons(S_1)* $= \{$*mensch (hans), kind (hans, ernst), kind (ernst, olga), mensch (ernst), mensch (olga), sterblich (hans), sterblich (ernst), sterblich (olga)*$\}$.

2.4.2 Modelltheoretische Semantik von EFRS

Im weiteren wollen wir die Menge *Cons(S)* aller Fakten, die logisch aus einem EFRS S folgen, modelltheoretisch definieren. Hierzu werden wir zuerst den Begriff der *Interpretation* informell einführen und dann das Konzept der Herbrand-Interpretation für EFRS exakt definieren.

Interpretationen

Konstantensymbole und Prädikatensymbole und damit Fakten und Regeln können auf verschiedene Weisen *interpretiert* werden.
Beispiel: Man betrachte die Regel

$$R: \forall X (g(X, f, t) \Rightarrow l(t, X))$$

Die in R vorkommenden Symbole werden von einer Person A wie folgt interpretiert:

$$\text{Interpretation A:} \begin{cases} t: & \text{der Kater Tom} \\ f: & \text{Futter} \\ l(\alpha, \beta): & \alpha \text{ liebt } \beta \\ g(\alpha, \beta, \gamma): & \alpha \text{ gibt das } \beta \text{ dem } \gamma. \end{cases}$$

Insgesamt wird die Regel R also von A folgendermaßen interpretiert: „Der Kater Tom liebt jeden, der ihm Futter gibt". Wer den Kater Tom kennt, kann bestätigen, daß diese Regel gültig ist.
Für eine andere Person B haben die in R vorkommenden Symbole eine ganz andere Bedeutung. Konstanten und Variable bezeichnen Elemente aus dem Wertebereich der Ganzen Zahlen:

$$\text{Interpretation B:} \begin{cases} t: & \text{die Zahl 10 (ten)} \\ f: & \text{die Zahl 5} \\ l(\alpha, \beta): & \alpha < \beta \\ g(\alpha, \beta, \gamma): & \alpha + \beta > y. \end{cases}$$

Die Formel R wird von B also wie folgt interpretiert: „10 ist kleiner als jede ganze Zahl X, für die gilt $X + 5 > 10$". Wie man leicht sehen kann, ist die Regel R in der Interpretation B falsch (man betrachte z. B. $X = 6$).

Wie wir sehen, können Regeln und Fakten in bestimmten Interpretationen wahr (gültig) und in anderen Interpretationen falsch (ungültig) sein. Eine Regel heißt *allgemeingültig* (Tautologie) genau dann, wenn sie in *jeder* Interpretation gültig ist. Ein Beispiel für eine solche Regel ist „$\forall X (p(X) \Rightarrow p(X))$". Es ist leicht zu sehen, daß es keine allgemeingültigen Fakten gibt: Zu jedem Fakt kann man sich eine Interpretation ausdenken, in der dieser Fakt falsch ist.

Wir sind hier allerdings weniger an der Allgemeingültigkeit von Regeln und Fakten interessiert, als vielmehr an dem logischen Folgebegriff $S \vDash G$. Ein Fakt G folgt logisch aus einem EFRS S, wenn in jeder Interpretation, in der alle Elemente (Fakten und Regeln) aus S wahr sind, auch G wahr ist. Mit anderen Worten, wenn in jeder denkbaren Situation, in der die Fakten und Regeln von S gültig sind, notwendigerweise auch G gültig ist.

Diese Definition ist intuitiv recht einleuchtend; Interpretationen sind aber ziemlich unhandliche Objekte. Anstatt den Begriff der allgemeinen Interpretation nun weiter zu präzisieren, wollen wir uns daher auf eine bestimmte Art von Interpretationen beschränken, die sogenannten *Herbrand-Interpretationen*, kurz *H-Interpretationen*. Die Erkenntnis, daß man sich (für unsere Zwecke) auf solche Interpretationen beschränken kann, verdanken wir den berühmten Mathematikern und Logikern Löwenheim, Skolem und Herbrand.

Herbrand-Interpretationen

In einer H-Interpretation kann ein Konstantensymbol nicht durch ein beliebiges Objekt interpretiert werden, sondern nur durch sich selbst, d. h., durch die Buchstabenfolge, die das Konstantensymbol darstellt. Prädikatensymbole werden dann als Aussagen über Konstantensymbole interpretiert, die entweder wahr oder falsch sein können. In einer H-Interpretation ist z. B. der Fakt $p(a)$ wahr, in einer anderen H-Interpretation ist derselbe Fakt falsch. Eine H-Interpretation I erhält man daher, indem man jedem Fakt der Form $\psi(c_1, \ldots, c_n)$ entweder den Wahrheitswert „wahr" oder den Wahrheitswert „falsch" zuordnet.

Es bezeichne *H-Basis* (Herbrand Basis) die Menge aller Fakten der Form $\psi(c_1, \ldots, c_n)$, wobei ψ ein beliebiges Prädikatensymbol darstellt und $c_1, \ldots, c_n$ beliebige Konstantensymbole. Jede H-Interpretation I kann genau durch eine bestimmte Teilmenge von *H-Basis* dargestellt werden, nämlich durch die Teilmenge jener Fakten aus *H-Basis*, die in I den Wahrheitswert „wahr" haben. In diesem Sinne kann also jede H-Interpretation mit einer Teilmenge von *H-Basis identifiziert* werden. Im weiteren werden wir daher immer die folgende alternative Definition des Begriffs der H-Interpretation verwenden:

Eine H-Interpretation I ist eine Teilmenge von *H-Basis*, $I \subseteq H\text{-}Basis$. Ein Fakt G ist in einer H-Interpretation I *erfüllt* (d. h. *wahr in I*) g.d.w. $G \in I$.

Auch Regeln können durch bestimmte H-Interpretationen erfüllt oder nicht erfüllt werden. Bevor wir definieren, wann eine Regel durch eine H-Interpretation erfüllt wird, führen wir den Begriff der Variablensubstitution ein.

Eine *Variablensubstitution* (kurz *Substitution*) ist eine Ersetzung von Variablen durch Variablen oder Konstanten. Formal wird eine Substitution θ als endliche Menge $\{X_1 \leftarrow t_1, \ldots, X_n \leftarrow t_n\}$ von Einzelersetzungen definiert. Jede Einzelersetzung ordnet einer Variable X_i ein Symbol t_i zu; dieses Symbol ist entweder eine Variable oder eine Konstante. Alle Variablen X_i einer Substitution θ sind voneinander verschieden.

Es seien L eine logische Formel oder der Teil einer solchen und θ eine Substitution. Wir bezeichnen durch $L\theta$ das Ergebnis der Anwendung von θ auf L: $L\theta$ entsteht durch gleichzeitige Anwendung aller Einzelersetzungen von θ auf L. Die Anwendung einer Einzelersetzung $X_i \leftarrow t_i$ auf L besteht in der Ersetzung aller Vorkommen von X_i in L durch t_i.

Betrachten wir z. B. die Substitution $\theta = \{X \leftarrow Y,\ Y \leftarrow a,\ Z \leftarrow b,\ V \leftarrow c\}$ und den Formelteil $L = p(X, a, Y, Y, Z)$. Die Anwendung von θ auf L ergibt $L\theta = p(Y, a, a, a, b)$.

Eine Regel R der Form $\forall X_1 \ldots \forall X_k (L_1 \wedge \ldots \wedge L_n \Rightarrow L_0)$ ist in einer H-Interpretation K *erfüllt* (*wahr*) g.d.w. für jede Substitution θ, für die gilt $L_1\theta \in I$ und $\ldots$ und $L_n\theta \in I$, auch gilt: $L_0\theta \in I$.

Beispiel: Man betrachte die folgenden H-Interpretationen I_1 und I_2, sowie die Regel R:

$I_1 = \{liebt(herbert, maria),\ liebt(maria, herbert)\}$

$I_2 = \{liebt(herbert, maria),\ liebt(maria, herbert),\ liebt(thomas, maria)\}$

$R: \forall X\, \forall Y\, (liebt(X, Y) \Rightarrow liebt(Y, X))$

R ist in I_1, aber nicht in I_2 erfüllt. Um zu sehen, daß R in I_2 falsch ist, genügt es, die Ersetzung $\theta: \{X \leftarrow thomas,\ Y \leftarrow maria\}$ auf R anzuwenden.

Eine H-Interpretation, in der ein Fakt F bzw. eine Regel R erfüllt ist, wird auch ein *Herbrand-Modell* (kurz *H-Modell*) von F bzw. von R genannt.

Sei S ein ERFS und I eine H-Interpretation. I ist ein *H-Modell* von S g.d.w. I ein *H-Modell* für jeden Fakt und für jede Regel von S ist.

Wir können nun den Begriff der logischen Folgerung von Fakten aus Einfachen Fakten-Regel-Systemen exakt definieren:

Sei S ein EFRS und F ein Fakt, dann gilt $S \vDash F$ g.d.w. jede H-Interpretation, die jedes Element von S erfüllt, auch den Fakt F erfüllt.

Mit anderen Worten: $S \vDash F$ g.d.w. jedes H-Modell von S auch ein H-Modell von F ist.

Dadurch ist auch die Menge $Cons(S)$ der Folgefakten aus S exakt definiert:

$$Cons(S) = \{F \mid F \text{ ist ein Fakt und } S \vDash F\}.$$

Es folgen einige interessante Sätze zur Charakterisierung von $Cons(S)$.

SATZ 1. Für jedes EFRS S gilt $F(S) \subseteq Cons(S)$.

Beweis (trivial): sei $G \in F(S)$; dann erfüllt jede H-Interpretation, die alle Elemente von S erfüllt, per definitionem auch G, d. h., $G \in Cons(S)$ Q.E.D.

SATZ 2. $Cons(S) = \cap \{H \mid H \text{ ist ein H-Modell von } S\}$, in Worten: $Cons(S)$ ist der Durchschnitt aller H-Modelle von S.

Beweis:

$G \in Cons(S)$

$\leftrightarrow S \vDash G$

$\leftrightarrow G$ ist in jedem H-Modell von S erfüllt

$\leftrightarrow G \in H$ für jedes H-Modell H von S

$\leftrightarrow G \in \cap \{H \mid H \text{ ist ein H-Modell von } S\}$

Q.E.D.

SATZ 3. $Cons(S)$ ist selbst ein H-Modell von S.

Beweis: Zunächst bemerken wir, daß $Cons(S)$ als Teilmenge von *H-Basis* eine H-Interpretation ist. Wir müssen nun zeigen, daß alle Fakten und Regeln von S in $Cons(S)$ erfüllt sind. Aus Satz 1 folgt unmittelbar, daß alle Fakten von S in $Cons(S)$ erfüllt sind. Sei nun $R \in R(S)$ eine Regel der Form $\forall X_1 \dots \forall X_k (L_1 \wedge \dots \wedge L_n \Rightarrow L_0)$. Sei θ eine Substitution für die gilt: $\forall 1 \leq i \leq n\; L_i \theta \in Cons(S)$. Wir müssen zeigen, daß $L_0\,\theta \in Cons(S)$. Zunächst folgt aus unseren Annahmen, daß für jedes H-Modell H von S, $\forall 1 \le i \le n\colon L_i\,\theta \in H$. Da jedes H-Modell H von S insbesondere die Regel R erfüllt, gilt für jedes solche Modell $L_0\,\theta \in H$. $L_0\,\theta$ ist also ein Element jedes H-Modells von S und somit ein Element des Durchschnitts $Cons(S)$ aller H-Modelle von S. Q.E.D.

Im Hinblick auf die Sätze 2 und 3 nennt man $Cons(S)$ auch *das kleinste Herbrand-Modell von S*. Hier bezieht sich das Wort „klein" auf die Teilmengenhalbordnung „$\subseteq$".

Unsere Definition von $Cons(S)$ ist zwar exakt, sie ist aber nicht *konstruktiv*, da sie nicht unmittelbar zu einem Algorithmus führt, mit dem $Cons(S)$ für dieses EFRS S berechnet werden kann. Sie liefert auch kein Entscheidungsverfahren, ob für vorgegebenes S und G die Beziehung $S \vDash G$ gilt, also ob ein Fakt aus einem EFRS folgt. Algorithmen zur Lösung dieser Probleme werden wir in einem späteren Abschnitt dieses Buches kennenlernen. Wir wollen aber bereits jetzt erwähnen, daß die Frage, ob ein Fakt F aus einem EFRS S folgt, *algorithmisch entscheidbar* ist. Dies ist ein großer Vorteil von EFRS gegenüber der PIF-Logik. Wir wollen auch vorwegnehmen, daß die Menge $Cons(S)$ für jedes ERFS S immer *endlich* ist.

Beispiel: Mitarbeiterhierarchie

Man betrachte die folgenden Prädikate, die die Personalhierarchie in einer Firma beschreiben:

angestellter (X): X ist ein Angestellter der Firma

vorgesetzter (X, Y): X ist der unmittelbare Vorgesetzte von Y

gleiche_ebene (X, Y): X und Y sind Kollegen der gleichen Ebene in der Personalhierarchie.

Die folgende Abbildung zeigt eine Mitarbeiterhierarchie in einem Betrieb:

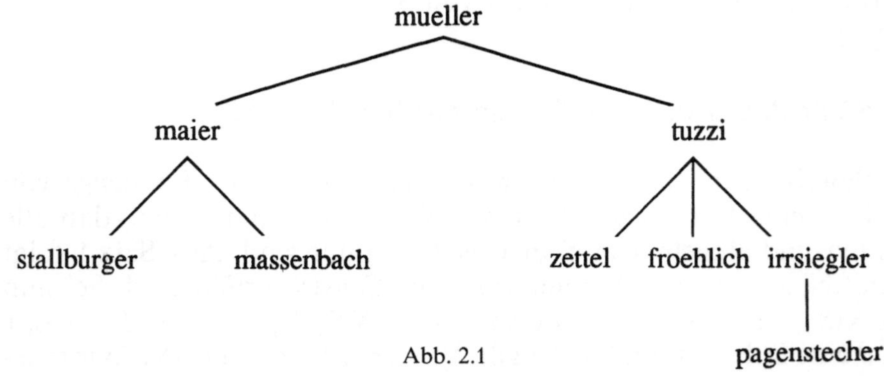

Abb. 2.1

Wir können die in der Abbildung enthaltene Information als EFRS S_2 darstellen, wobei das Prädikat *gleiche_ebene* nicht unmittelbar durch eine Faktenmenge, sondern durch zwei Regeln definiert wird:

$S_2 =$
{*angestellter*(*mueller*),
angestellter(*maier*),
angestellter(*stallburger*),
angestellter(*massenbach*),
angestellter(*tuzzi*),
angestellter(*zettel*),
angestellter(*froehlich*),
angestellter(*irrsiegler*),
angestellter(*pagenstecher*),

vorgesetzter(*mueller, maier*),
vorgesetzter(*mueller, tuzzi*),
vorgesetzter(*maier, stallburger*),
vorgesetzter(*maier, massenbach*),
vorgesetzter(*tuzzi, zettel*),
vorgesetzter(*tuzzi, froehlich*),
vorgesetzter(*tuzzi, irrsiegler*),
vorgesetzter(*irrsiegler, pagenstecher*),

$\forall X\,(angestellter\,(X) \Rightarrow gleiche\_ebene\,(X, X))$,

$\forall X\,\forall Y\,\forall X1\,\forall Y1\,(gleiche\_ebene\,(X, Y) \;\wedge\; vorgesetzter\,(X, X1)$
$\qquad\qquad \wedge\;\; vorgesetzter\,(Y, Y1) \Rightarrow gleiche\_ebene\,(X1, Y1))$}

Obwohl wir noch kein Verfahren beschrieben haben, um $Cons(S)$ von einem EFRS S ausgehend zu berechnen, ist leicht zu sehen, daß $Cons(S_2)$ außer den Fakten von S_2 nur aus Fakten der Form $gleiche\_ebene(\alpha, \beta)$ besteht, wobei α und β Angestellte der gleichen Hierarchieebene darstellen. Z.B.: $S_2 \vDash gleiche\_ebene$(*stallburger, irrsiegler*), daher ist $gleiche\_ebene$(*stallburger, irrsiegler*) $\in Cons(S_2)$.

Erweiterungen

Einfache Regel-Fakten-Systeme sind die einfachsten Syteme, die zur logischen Wissensdarstellung verwendet werden können. EFRS können auf verschiedene Weise erweitert werden. Neben der bereits erwähnten Möglichkeit nichtklassischer Erweiterungen, kann man auch „klassische" Erweiterungen in Richtung der PIF-Logik ins Auge fassen. Wir zählen nun einige dieser klassischen Erweiterungsmöglichkeiten auf, ohne sie formal zu behandeln.

- **Funktionssymbole.** Das Verwenden von Funktionssymbolen bringt keine konzeptuellen Probleme mit sich; die Menge $Cons(S)$ kann dann ähnlich charakterisiert werden, wie im Falle normaler EFRS (siehe Sätze 2 und 3). Allerdings ist die Endlichkeit von $Cons(S)$ nicht mehr gewährleistet. Man betrachte z. B. das System: $\{integer(0), \forall X (integer(X) \Rightarrow integer(s(X)))\}$.

- **Systemprädikate.** Vordefinierte Prädikate wie $X = Y$, $X \neq Y$, $X \leq Y$ usw. können problemlos in Implikanden (d. h. in der linken Seite einer Implikation) verwendet werden, sofern die Variablen, die als Argumente solcher Prädikate vorkommen, im selben Implikand auch als Argumente von Nicht-Systemprädikaten vorkommen. Beispiel einer korrekten Regel: $\forall X (p(X) \wedge X \neq a \Rightarrow q(X))$. Beispiel einer unzulässigen Regel: $\forall X \forall Y (X < Y \Rightarrow p(Y))$.

- **Negation in Implikanden.** Unter bestimmten Bedingungen kann die Verwendung von Negationen im Implikand einer Regel zugelassen werden, ohne daß dadurch Berechenbarkeitsprobleme entstehen. Negation im Implikand kann insbesondere dann erlaubt werden, wenn die zwei folgenden Bedingungen erfüllt sind: 1.) jede Variable, die als Argument eines negierten Prädikats vorkommt, kommt im Antecedens derselben Regel auch als Argument eines nicht negierten Prädikats vor; 2.) Negation erstreckt sich nicht über Rekursionsschleifen, d. h., es darf keine Implikationskette der Form $\neg\, p(...) \wedge ... \Rightarrow ... \Rightarrow p(...)$ aus den Regeln des Systems ableitbar sein. Mit anderen Worten: Kein Prädikat darf auf Grund seiner eigenen Negation definiert werden. Beispiel einer Regel mit „erlaubter Negation":

$\forall X \forall Y (angestellter(\dot{X}) \wedge angestellter(Y) \wedge \neg\, gleiche\_ebene(X, Y)$
$\Rightarrow gehaltsunterschied(X, Y))$.

- **Allgemeine Negation und Disjunktion.** Wenn allgemeine Negation, bzw. Disjunktionen zugelassen sind, dann kann $Cons(S)$ nicht mehr als Menge einfacher Fakten definiert werden, sondern nur mehr als Menge von Disjunktionen von positiven oder negativen Fakten. Solche Modelle wurden insbesondere in der Theorie der Deduktiven Datenbanken betrachtet.

Bevor wir dieses Kapitel mit einem ausführlichen Beispiel abschließen sei bemerkt, daß mehrere der hier eingeführten Begriffe (z. B. Interpretation, Modell, H-Interpretation, H-Modell, ...) in der Theorie der Logischen Programmierung sowie in der logischen Modelltheorie in allgemeinerer Form Verwendung finden.

Beispiel: Schaltkreis

Wir bringen nun ein Beispiel, in dem das Verhalten von elektronischen Schaltkreisen durch ein ERFS beschrieben wird.

Man betrachte den in der folgenden Abbildung dargestellten Schaltkreis:

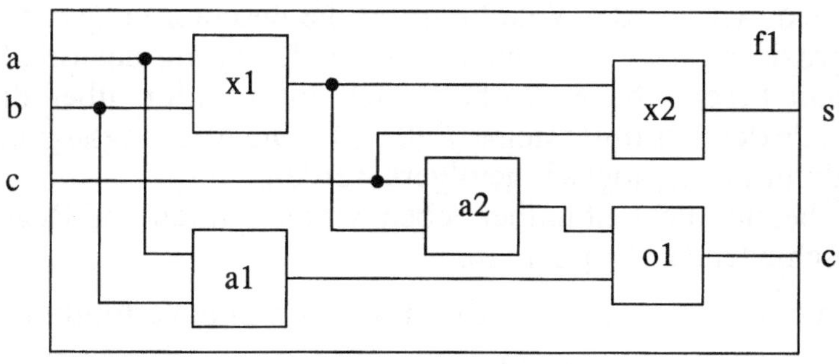

Abb. 2.2

Der gesamte Schaltkreis (ein Addierwerk) wird mit f_1 bezeichnet.

Die x-Komponenten (x_1 und x_2) sind XOR Gatter, die a-Komponenten (a_1 und a_2) sind AND Gatter und die o-Komponente (o_1) ist ein OR Gatter.

Die einzelnen Anschlüsse (Eingänge und Ausgänge) der verschiedenen Komponenten werden durch den Namen der Komponente in Verbindung mit einer der folgenden Bezeichnungen identifiziert:

in_1 (erster Eingang)

in_2 (zweiter Eingang)

in_3 (dritter Eingang, falls existiert)

out_1 (erster Ausgang)

out_2 (zweiter Ausgang, falls existiert)

Insgesamt werden wir die folgenden Konstantensymbole verwenden: $f_1, x_1, x_2, a_1, a_2, o_1$ zur Bezeichnung von elektronischen Schaltkomponenten, $in_1, in_2, in_3, out_1, out_2$ zur Bezeichnung der Anschlüsse der einzelnen Komponenten, 0 und 1 zur Bezeichnung von elektrischen Signalen.

Wir betrachten die folgenden Prädikatensymbole:

- *adder* (α): α ist ein Addierwerk
- *xor_gate* (α): α ist ein XOR Gatter
- *and_gate* (α): α ist ein AND Gatter

- $or\_gate(\alpha)$: α ist ein OR Gatter
- $input(\alpha)$: zur Typisierung von Eingangsbezeichnungen
- $output(\alpha)$: zur Typisierung von Ausgangsbezeichnungen
- $conn(\alpha, \beta, \gamma, \delta)$: Anschluß α von Bauelement β ist mit Anschluß γ von Bauelement δ verbunden
- $val(\alpha, \beta, \gamma)$: Am Anschluß α der Komponente β liegt das Signal γ (0 oder 1) an.

Nachdem wir nun das Vokabular für die Beschreibung von Schaltkreisen präzisiert haben, geben wir ein EFRS S_3 an, das den Schaltkreis genau beschreibt. S_3 enthält auch Information über die Eingangssignale des Gesamtsystems $f_1(0, 1, 1)$. Die Ausgangssignale $(0, 1)$ können dann aus S_3 logisch gefolgert werden.

Der Übersichtlichkeit halber geben wir die Fakten und Regeln von S_3 in verschiedenen Gruppen an.

1.) Fakten zur Festlegung von Komponenten und Verbindungen:

$$adder(f_1)$$
$$xor\_gate(x_1)$$
$$xor\_gate(x_2)$$
$$and\_gate(a_1)$$
$$and\_gate(a_2)$$
$$or\_gate(o_1)$$
$$input(in_1)$$
$$input(in_2)$$
$$input(in_3)$$
$$output(out_1)$$
$$output(out_2)$$
$$conn(in_1, f_1, in_1, x_1)$$
$$conn(in_2, f_1, in_2, x_1)$$
$$conn(in_1, f_1, in_1, a_1)$$
$$conn(in_2, f_1, in_2, a_1)$$
$$conn(in_3, f_1, in_2, x_2)$$
$$conn(in_3, f_1, in_1, a_2)$$
$$conn(out_1, x_1, in_1, x_2)$$
$$conn(out_1, x_1, in_2, a_2)$$
$$conn(out_1, a_2, in_1, o_1)$$
$$conn(out_1, a_1, in_2, o_1)$$
$$conn(out_1, x_2, out_1, f_1)$$
$$conn(out_1, o_1, out_2, f_1)$$

2.) Allgemeine Regeln zur funktionalen Beschreibung von Bauelementtypen und Verbindungen

$$\forall X\ and\_gate(X)\ \wedge\ val(in_1, X, 1)\ \wedge\ val(in_2, X, 1) \Rightarrow val(out_1, X, 1)$$

$$\forall X\ \forall E(and\_gate(X)\ \wedge\ input(E)\ \wedge\ val(E, X, 0) \Rightarrow val(out_1, X, 0))$$

$$\forall X\ (or\_gate(X)\ \wedge\ val(in_1, X, 0)\ \wedge\ val(in_2, X, 0) \Rightarrow val(out_1, X, 0))$$

$$\forall X\ \forall E(or\_gate(X)\ \wedge\ input(E)\ \wedge\ val(E, X, 1) \Rightarrow val(out_1, X, 1))$$

$$\forall X\ \forall Z\ (xor\_gate(X)\ \wedge\ val(in_1, X, Z)\ \wedge\ val(in_2, X, Z)$$
$$\Rightarrow val(out_1, X, 0))$$

$$\forall X\ \forall Y\ \forall Z\ (xor\_gate(X)\ \wedge\ val(in_1, X, Y)\ \wedge\ val(in_2, X, Z)\ \wedge\ Y \neq Z$$
$$\Rightarrow val(out_1, X, 1))$$

$$\forall X\ \forall Y\ \forall Z\ \forall E_1\ \forall E_2 (conn(E_1, X, E_2, Y)\ \wedge\ val(E_1, X, Z)$$
$$\Rightarrow val(E_2, Y, Z))$$

3.) Fakten zur Beschreibung von an f_1 anliegenden Eingangssignalen:

$$val(in_1, f_1, 0)$$
$$val(in_2, f_1, 1)$$
$$val(in_3, f_1, 1)$$

Die Fakten zur Beschreibung der Ausgangssignale von f_1 folgen nun logisch aus S_3:

$$S_3 \vDash val(out_1, f_1, 0)$$
$$S_3 \vDash val(out_2, f_1, 1)$$

2.5 Prozedurale Methoden

Beim prozeduralen Ansatz wird, wie im Einführungskapitel erwähnt, Wissen in Form von Prozeduren dargestellt, die jeweils bestimmte Aufgaben erfüllen. Im Unterschied zu nicht wissensbasierten Programmen muß der Aufruf einer Prozedur aber der expliziten Kontrolle des Programms unterliegen. D. h., das Programm besitzt Wissen über die Problemlösungsmöglichkeiten und wendet diese entsprechend der Aufgabenstellung an.

Stellen wir z. B. den Sachverhalt, daß alle Personen sterblich sind, daß alle Hunde sterblich sind, und daß Sokrates und Helena Personen sind, in logischen Formeln dar:

$$\forall X\ (person(X) \Rightarrow sterblich(X)).$$
$$\forall X\ (hund(X) \Rightarrow sterblich(X)).$$
$$person(sokrates).$$
$$person(helena).$$

In einer prozeduralen Repräsentation könnte diese Beschreibung ansatzweise so aussehen:

```
function person (X) returns boolean
  if X = sokrates then return true
  else
    if X = helena then return true
    else return false

function sterblich (X) returns boolean
  if person (X) then return true
  else
    if hund (X) then return true
    else return false
```

2.5.1 Effizienz

Wenn durch den Aufruf *sterblich (sokrates)* versucht wird, festzustellen, daß Sokrates sterblich ist, wird also zuerst untersucht, ob er eine Person ist. Geht man davon aus, daß Objekte, deren Sterblichkeit zu überprüfen ist, öfters Personen sind, dann ist das die effizientere Vorgangsweise.

In solchen Prozeduren wird eine Suche durchgeführt, die auf eine spezielle Problemlösung zugeschnitten ist. Aufgrund dieser Spezialisierung können optimierte Algorithmen zur Anwendung kommen, die in vielen Fällen nur eine eingeschränkte Menge von Fakten berücksichtigen müssen und daher im Vergleich zu allgemeineren Inferenzmethoden sehr effizient sind. Da jedoch alle Lösungsmöglichkeiten explizit berücksichtigt werden müssen, kann es bei komplexen Wissensbasen zum Übersehen von Lösungen kommen.

2.5.2 Flexibilität

Das obige Programmstück wird zwar für alle Personen, die ihm als Argumente übergeben werden, bestätigen, daß sie sterblich sind, kann aber nicht aufgerufen werden, um die Frage „Sind alle Personen sterblich?" zu bejahen.

Soll diese Frage beantwortet werden, so muß die Prozedur *sterblich* dies explizit berücksichtigen, z. B. durch Definition eines bestimmten Eingabewertes:

```
. . . if X = alle_personen then return true . . .
```

Die logikorientierte Darstellung erlaubt dagegen unter Verwendung geeigneter Inferenzverfahren einerseits die automatische Herleitung von *sterblich(X)* aus *person(X)* ausgehend von dem oben angegebenen EFRS. Andererseits besteht aber auch noch die Möglichkeit, bei der Abfrage *sterblich(X)* als Antwort die Menge aller sterblichen Objekte zurückzuliefern, was bei der prozeduralen Darstellung eine völlige Umarbeitung der Prozedur *sterblich* notwendig machen würde. Die logikorientierte Darstellung ist also aufgrund der Trennung von Inferenzverfahren und Problemdarstellung flexibler.

2.5.3 Modularität

Die Erweiterung des Wissens um den Satz

$$\forall X (tier(X) \to sterblich(X)).$$

macht in der prozeduralen Wissenrepräsentation eine Veränderung von bereits bestehenden Prozeduren notwendig.

Bei der logikorientierten Darstellung kann diese Formel hinzugefügt werden, ohne daß bestehende Aussagen verändert werden müssen. Sie bietet daher eine erhöhte Modularität gegenüber der prozeduralen Repräsentation.

2.5.4 Mustergesteuerter Aufruf

Durch Verwendung deklarativen Wissens beim Aufruf von Prozeduren gelangt man von impliziter zu expliziter prozeduraler Repräsentation. Lösungen werden weiterhin durch Prozedurausführung gefunden, aber die Auswahl der Prozeduren geschieht durch ein primitives Suchverfahren, z. B. kann *goal(person(X))* bedeuten: Suche eine Prozedur, deren Beschreibung aussagt, daß sie die Frage, ob X eine Person ist, beantworten kann und führe sie aus. Versagt diese Prozedur, so wiederholt sich dieser Vorgang solange, bis eine Prozedur erfolgreich ist oder keine passende Prozedur mehr gefunden werden kann.

2.6 Objektorientierte Methoden

Wissensbasen können eine große Anzahl von Informationen enthalten. Wir erwarten von einer Wissensdarstellungsform, daß sie nicht nur effizienten Zugriff und effektives Schließen unterstützt, sondern auch das Verständnis und damit die Wartbarkeit der Wissensbasis gewährleistet.

Die Grundannahme der objektorientierten Darstellungsformen ist, daß diese Anforderungen miteinander vereinbar sind, wenn die syntaktische Struktur des repräsentierten Wissens der Struktur des dargestellten Ausschnitts der realen Welt entspricht. Die Welt wird als Menge von Objekten mit gewissen Eigenschaften und Beziehungen untereinander verstanden.

Objektorientierte Darstellungsmethoden sind charakterisiert durch:

- **zentrale Beschreibung der Objektstruktur,** d. h., daß diese Beschreibung lokalisierbar ist. Die Attributwerte eines repräsentierten Objekts sind also auch in der internen Darstellung direkt im Zusammenhang mit diesem Objekt abgelegt und daher effizient bestimmbar, wenn das Objekt bekannt ist.
- **deklarative Beschreibung der Objektstruktur,** d. h., daß die Eigenschaften eines Objekts explizit durch Attributwerte beschrieben werden.
- **deklarative Beschreibung der strukturellen Verwandtschaft** von Objekten. Gleichartige Objekte sollten dieselbe Beschreibung haben, und sind Objekte einander ähnlich, dann sollte das aus ihrer Beschreibung hervorgehen. Den Objekten werden also Typen zugeordnet.

Eine Menge gleichartiger Objekte wird also durch ihren Typ beschrieben. Dieser Typ entspricht einem Konzept der realen Welt. Er muß selbst wieder als Objekt darstellbar sein, denn er muß Bestandteil der Wissensbasis sein, damit Objekte dieses Typs erzeugt und manipuliert werden können. Dieses Typobjekt kann dann entweder als Prototyp gesehen werden (siehe Frames) oder als Definition der vorhandenen Eigenschaften aller Objekte (Instanzen) einer Klasse.

Es sei hier darauf hingewiesen, daß im Teilkapitel „Konzeptualisierung" ebenfalls von „Objekten" der realen Welt die Rede ist. Dies ist kein sprachlicher Zufall, sondern soll vielmehr zeigen, daß die objektorientierte Wissensrepräsentation dem menschlichen Vorstellungsrahmen möglichst nahe kommen möchte.

2.6.1 Vererbung

Eine grundlegende Eigenschaft der Objektdarstellung ist, daß die Objektstruktur deklarativ beschrieben wird. Daraus ergibt sich aber unmittelbar die Möglichkeit, auch Unterschiede zwischen den Strukturen verschiedener, aber ähnlicher Objekte deklarativ zu beschreiben. In bestimmten Fällen ist es dann möglich, ein neues Objekt zu definieren, indem man angibt, in welchen Eigenschaften es sich von einem bereits bestehenden Objekt unterscheidet. Die Beschreibung des neuen Objekts besteht also aus der Beschreibung des bestehenden Objekts und einer Beschreibung der notwendigen Modifikationen, wobei die nicht modifizierten Eigenschaften des bestehenden Objekts an das neu zu definierende „vererbt" werden.

Diese Vorgehensweise hat zwei Vorteile: die strukturelle Verwandtschaft von Objekten wird explizit dargestellt, und der Beschreibungsaufwand wird reduziert, falls die Unterschiede zwischen beiden Objekten gering sind.

In prozedural orientierten Programmiersprachen gibt es verschiedene syntaktische Konstrukte, um Vererbungsbeziehungen auszudrücken. In der Prädikatenlogik genügt dafür unter gewissen Einschränkungen, auf die später noch eingegangen wird, eine Implikation:

$$\forall X \, (student(X) \rightarrow person(X)).$$

Studenten sind Personen.

$$\forall X \, (person(X) \rightarrow \exists Y \, (mutter(X) = Y)).$$

Alle Personen haben eine Mutter.

Schlußfolgerung:

$$\forall X \, (student(X) \rightarrow \exists Y \, (mutter(X) = Y)).$$

Auch alle Studenten haben eine Mutter.

Das Abändern von Eigenschaften des ursprünglichen Objekts kann auf mehrere Arten erfolgen. Neue Eigenschaften können hinzukommen, bestehende Eigenschaften können überdeckt werden.

Beispiel: Hinzufügen von neuen Eigenschaften

Studenten haben weiterhin dieselben Eigenschaften wie alle anderen Personen, aber zusätzlich noch eine Matrikelnummer.

$$\forall X \, (student(X) \rightarrow \exists Y \, (mnr(X) = Y)).$$

Beispiel: Überdecken von bestehenden Eigenschaften

Elefanten sind scheu.

$$\forall X \, (elefant(X) \rightarrow scheu(X)).$$

Zirkuselefanten sind auch Elefanten, aber nicht scheu.

$$\forall X \, (zirkuselefant(X) \rightarrow elefant(X)).$$

$$\forall X \, (zirkuselefant(X) \rightarrow \neg \, scheu(X)).$$

$$zirkuselefant(clyde).$$

Die gewünschte Schlußfolgerung lautet: Clyde ist nicht scheu.

In der klassischen Logik ergibt sich hier aber ein Widerspruch. Bei einer logikorientierten Darstellung solcher Vorgänge greift man daher auf nichtklassische Logiken zurück (nichtmonotone Logik, Defaultlogik).

2.6.2 Frames

Frame-Idee von Minsky (1975):
"When one encounters a new situation (or makes a substantial change in one's view of the present problem) one selects from memory a substantial structure called a frame. This is a remembered framework to be adapted to fit reality by changing details as necessary. . . ."

Das Konzept der Frames wurde im Zusammenhang mit Arbeiten der Bilderkennung entwickelt: Ein Frame (Gerüst, Rahmen) beschreibt eine stereotype Situation mit ihren möglichen Eigenschaften und gibt damit einen Rahmen für die genaue Festlegung dieser Eigenschaften vor. Ein solcher generischer Frame stellt also einen Prototyp für alle möglichen realen Einzelsituationen dieser Art dar. Tritt eine solche spezifische Situation nun tatsächlich auf, wird sie durch einen sogenannten individuellen Frame beschrieben. Dieser Frame stellt eine Instanz des Prototyps dar, d.h. seine Struktur ist der des generischen Frames gleich, er enthält aber die dem jeweils aktuell darzustellenden Sachverhalt entsprechenden individuellen Werte der im Prototyp festgelegten Eigenschaften. Wie bereits erwähnt, entspricht ein solcher Prototyp also einem Konzept der realen Welt, seine Instanzen entsprechen Objekten oder Sachverhalten der realen Welt.

Frames wurden unter dem Gesichtspunkt einer Vereinigung der Vorteile von prozeduraler und deklarativer Repräsentation entworfen: Die Objektstruktur der Frames bildet ein deklaratives Gerüst, in das an bestimmten Stellen Prozedurdefinitionen bzw. -aufrufe, also prozedurale Wissenskomponenten, eingehängt sind (Procedural Attachment).

Im folgenden werden die wesentlichen Eigenschaften eines Frame-Systems anhand einer vereinfachten Untermenge der 1977 am MIT entwickelten Sprache FRL erklärt.

Struktur von Frames

Jeder Frame hat einen eindeutigen Namen. In den folgenden Beispielen tragen Instanzen eines generischen Frames dessen Namen, versehen mit einem zusätzlichen Index.

Ein Frame besteht aus einer Menge von *Slots* (Attributen), die durch ihre Namen eindeutig gekennzeichnet sind.

Slots werden ihrerseits wieder durch eine Menge benannter Eigenschaften, die sogenannten *Facets,* beschrieben. Die Menge der möglichen Facets ist für jeden Slot in jedem Frame gleich. Ein Slot muß aber nicht immer alle Facets enthalten, selbst ein Slot ohne Facets ist denkbar (wenn auch nicht sinnvoll). Eine Facet kann auch eine Liste von Werten enthalten.

- $VALUE: enthält den eigentlichen Slotwert.
- $DEFAULT: Enthält einen Defaultwert, der geliefert wird, wenn beim Zugriff auf den Slotwert festgestellt wird, daß kein Wert existiert.
- $REQUIRE: Enthält eine Liste von Bedingungen, die der Slotwert (also der Inhalt der $VALUE-Facet) erfüllen muß. Jede Bedingung ist ein beliebiger Lisp-Ausdruck.
- $IF-ADDED, $IF-REMOVED: Diese Facets enthalten ausführbaren Code in Form von Lisp-Ausdrücken oder Namen von Funktionen, die bei Eintragen bzw. Löschen eines Wertes ausgeführt werden. Der Aufruf geschieht automatisch und nicht explizit, weshalb diese Funktionen als *Demons* bezeichnet werden.
- $IF-NEEDED: Diese Facet enthält Lisp-Ausdrücke oder Funktionen, die beim Aufruf der FRL-Funktion Fneed ausgeführt werden.

Die letzten drei Facets ermöglichen das Procedural Attachment, d. h. den Eintrag prozeduralen Wissens in die deklarative Framestruktur. Auch die $VALUE-Facet kann als Wert einen Ausdruck enthalten, der beim Zugriff ausgewertet wird und den eigentlichen Wert liefert (eine weitere Art von Procedural Attachment, die als *Evaluation* bezeichnet wird).

Zusätzlich zu primitiven Datenobjekten (Zahlen und Strings) kann die $VALUE-Facet auch einen Pfad zu einem Slot eines anderen Frames enthalten. Man spricht dann von *Indirection*.

Während der Ausführung der verschiedenen Demons können folgende globale Variable verwendet werden, die jeweils den aktuellen Frame, Slot, Facet, und Wert angeben:

```
:frame, :slot, :facet, :value
```

Auf Sonderfälle, die bei der Wertebelegung vor allem der Variable :value auftreten, wird bei der Beschreibung der einzelnen FRL-Funktionen eingegangen.

Vererbung (Inheritance)

Ein Frame kann Informationen von einem anderen, generischen Frame erben, wenn dieser Frame in seinem AKO-Slot eingetragen ist (AKO = A Kind Of). Wird in einem Frame nach einem Slotwert gesucht und keiner gefunden, dann wird der im AKO-Slot eingetragene Frame untersucht. Auf diese Weise wird die Kette der AKO-Einträge durchsucht, bis ein Wert gefunden wird oder keine Möglichkeiten mehr offen sind.

Ebenso wie der Name des übergeordneten Frames im AKO-Slot des untergeordneten Frames eingetragen ist, ist der Name des untergeordneten Frames im INSTANCE-Slot des übergeordneten Frames eingetragen.

Da Beschreibungs- und Instanzenebene (eben generische und individuelle Frames) die gleiche Struktur aufweisen, muß zu ihrer Unterscheidung ein explizites Merkmal eingeführt werden. Dazu wird in FRL der CLASSIFICATION-Slot verwendet. Je nach Art des Frames enthält er die Einträge INDIVIDUAL oder GENERIC. Da diese Zuordnung im allgemeinen aus den Beispielen klar hervorgeht, wird dieser Slot in den Beispielframes nicht gezeigt.

Mehrfachvererbung (Multiple Inheritance)

Ein AKO-Slot kann auch mehrere Einträge enthalten. Wird nach einem vererbten Wert gesucht, dann wird in FRL zuerst im ersten AKO-Slot eingetragenen Frame gesucht (wieder unter Berücksichtigung von dessen AKO-Einträgen), dann im zweiten usw. Es wird also eine Tiefensuche durchgeführt. In der Abbildung sind sowohl ein einfaches als auch ein Mehrfachvererbungsverhältnis dargestellt. Es sei noch einmal darauf hingewiesen, daß der *erbende* Frame sowohl ein individueller als auch ein generischer Frame sein kann.

Funktionen in FRL

```
(Fassert name slot₁ . . . slotₙ)
```

erzeugt im Frame mit der Bezeichnung name die Slots $slot_1$ bis $slot_n$. Wenn es den Frame name noch nicht gibt, wird ein Frame mit der Bezeichnung name und den Slots $slot_1$ bis $slot_n$ erzeugt. Im Unterschied zu Finstantiate besitzt der neu erzeugte Frame nicht unbedingt einen AKO-Slot.

```
(Finstantiate frame {praefix})
```

Facet
Slot
Verweis (Indirection)
Lokomotive $VALUE $REQUIRE
INSTANCE
Gewicht Number
Kilowatt Number
Antrieb elektrisch
Lokomotive-1 $VALUE $REQUIRE
AKO
Gewicht 83
Kilowatt 2800
Baureihe 103-02
Pers.-Wagen $VALUE $REQUIRE
INSTANCE
Plätze Number
S-Bahn $VALUE $REQUIRE
AKO
Plätze 112
Generischer Frame
Instanz

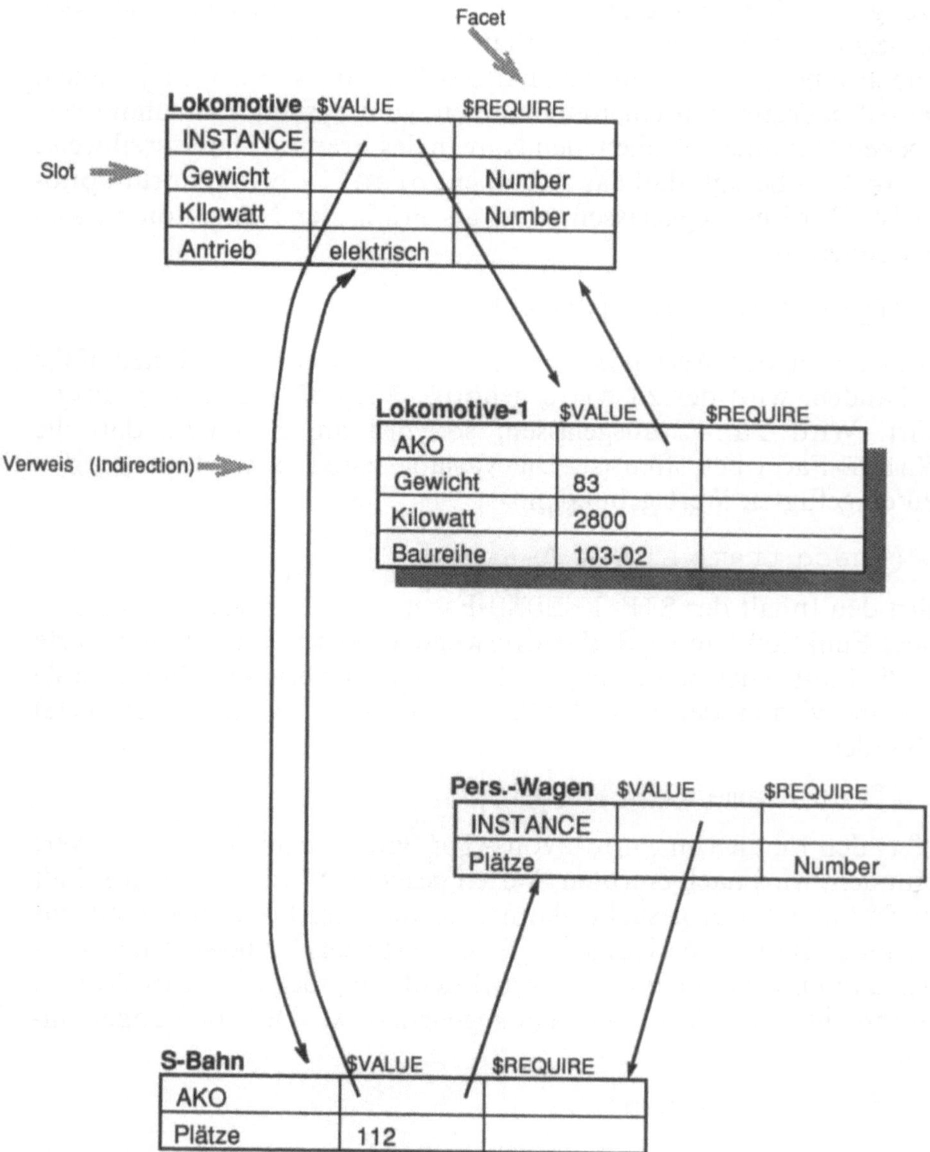

Abb. 2.3

erzeugt und liefert eine Instanz von `frame`, die nur einen Slot, den AKO-Slot, enthält. Der Slot enthält einen Verweis auf `frame`. Der neue Frame wird in den INSTANCE-Slot von `frame` eingetragen. `praefix` ergibt, mit einer eindeutigen, vom System fortlaufend vergebenen Nummer versehen, den Namen des Frames. Die Schreibweise `{praefix}` besagt, daß das Argument `praefix` beim Aufruf optional ist. Wird es weggelassen, wird als Präfix der Name von `frame` verwendet.

    (Fput frame slot {facet} wert)

fügt `wert` zu den Werten in `facet` von `slot` von `frame` hinzu. Falls vorhanden, wird der zu `slot` gehörige $IF-ADDED-demon ausgeführt. Wird `facet` ausgelassen, so wird angenommen, daß die $VALUE-Facet betroffen ist. Die Variable `:value` wird nur an den neu eingefügten Wert gebunden.

    (Fneed frame slot)

führt den Inhalt der $IF-NEEDED-Facet von `slot` von `frame` aus. Diese Funktion kann z. B. dazu verwendet werden, um Anfangswerte für die Slots eines neu erzeugten Frames zu generieren. Die Variable `:value` wird an den Wert des Slots (also die Liste aller Einzelwerte) gebunden.

    (Fget frame slot {facet})

liefert den Inhalt von `facet` von `slot` von `frame`. Wird kein Wert gefunden, wird nach ererbten Werten gesucht. Wird nach dem Inhalt der $VALUE-Facet gesucht, dann wird die Vererbungshierarchie zuerst unter Berücksichtigung der $VALUE-Facet der betroffenen Frames, dann noch einmal unter Berücksichtigung der $DEFAULT-Facet durchsucht. Wird `facet` nicht angegeben, so wird $VALUE angenommen.

    (Fremove frame slot)

entfernt den angegebenen Slot vollständig aus dem Frame. Die Variable `:value` wird an den Wert des Slots (also die Liste der Einzelwerte) gebunden. Möglich ist auch der Aufruf (Fremove frame slot {facet} wert). Bei dieser Form wird nur der angegebene Wert entfernt, und `:value` wird an diesen einzelnen Wert gebunden.

    (Fcheck frame slot {wert})

überprüft, ob alle in der $REQUIRE-Facet enthaltenen (und ererbten) Bedingungen in bezug auf den Slotwert erfüllt sind. Wird der Parameter `wert` angegeben, dann werden die Bedingungen in bezug auf den angegebenen Wert, und nicht in bezug auf den aktuellen Wert ($VALUE) des Slots getestet.

Bei der Auswertung eines $REQUIRE-Ausdrucks wird die zusätzliche Variable :values an die Liste gebunden, die den Wert des Slots darstellt. Nur wenn diese Liste nur ein Element enthält, wird :value an diesen Wert gebunden.

Darstellung von Frames

FRL ist in Lisp implementiert. Frames werden durch geschachtelte Listen dargestellt:

```
(framel
  (slotl (facetl (wertl ... wertn))
    (facet2 (wertl ... wertm)) ...)
  (slot2 (facetA ...))
  ...)
```

Diese Notation wird auch im folgenden Beispiel verwendet.

Beispiel: Lotsenverwaltung

Einem Hochseehafen steht eine Mannschaft von Lotsen zur Verfügung, um Schiffe durch das Fahrwasser bis zum Pier zu leiten. Je nach beruflicher Erfahrung – ausgedrückt durch seine Dienststunden auf begleiteten Schiffen – darf ein Lotse Schiffe übernehmen, deren Ladung einen bestimmten Wert hat bzw. bestimmtes Risiko im Falle eines Unfalls in sich birgt.

Der Wert eines Schiffes wird über die Vesicherungsklassen 1 bis 6 bestimmt, wobei 6 den höchsten Wert bedeutet. Im INSTANCE-Slot sind sowohl generische Tochterframes (Tanker) als auch individuelle Frames (Schiff-1) eingetragen.

```
(Schiff
  (Reederei)
  (Name)
  (BRT          ($REQUIRE ( (Number :value) )))
  (Geschwindigkeit
          ($DEFAULT (20)))
  (Ladung)
  (Versicherungsklasse
          ($REQUIRE ((member :value
                  '(1 2 3 4 5 6)))))
```

50

```
(INSTANCE       ($VALUE
                (Tanker Schiff-1 Schiff-2 . . .)))))
(Tanker
  (AKO          ($VALUE (Schiff)))
  (Ladung       ($REQUIRE
                ((member :value '(Rohoel Erdgas
                Heizoel Kerosin)))))
  (Versicherungsklasse
                ($REQUIRE
                ((member :value '(4 5 6)))))
  (INSTANCE     ($VALUE (Tanker-1 Tanker-2 . . .)))))
```

Ein Tanker ist aufgrund seiner gefährlichen Ladung von vornherein in einer der höheren Versicherungsklassen.

```
(Tanker-1
  (AKO          ($VALUE (Tanker)))
  (Reederei     ($VALUE (Exxon Shipping Co.)))
  (Name         ($VALUE (Esso Ireland)))
  (BRT          ($VALUE (102700)))
  (Ladung       ($VALUE (Rohoel)))
  (Versicherungsklasse
                ($VALUE (6))))
(Lotse
  (Name)
  (Dienststunden)
  (Belegt       ($VALUE nil))
  (INSTANCE     ($VALUE (Lotse-1 Lotse-2 . . .)))))
(Lotse-1
  (AKO          ($VALUE (Lotse)))
  (Name         ($VALUE (Otto Mueller)))
  (Dienststunden ($VALUE (6212))))
(Dokument
  (Uhrzeit      $IF-NEEDED
                ((Fput :frame :slot (Time)))))
  (INSTANCE     ($VALUE (Lotsenschein))))
```

Uhrzeit . . . Ausstellungszeitpunkt des Dokuments

```
(Lotsenschein
  (AKO        ($VALUE (Dokument)))
  (Fahrzeug   ($IF-NEEDED (Get_Schiff)))
  (Beauftragt ($IF-NEEDED (Get_Lotse))
              ($IF-ADDED
               ((Fput :value 'Belegt :frame)))))
  (Anlegezeit ($IF-NEEDED ((Fput :frame :slot
              (Time))))
              ($IF-ADDED (Anlegen)))
  (INSTANCE   ($VALUE (Ls-1 . . . Ls-12377))
              ($IF-NEEDED (Neuer_Schein)))
```

Anlegezeit . . . Zeitpunkt, an dem das Schiff den Hafen erreicht und der Lotse es wieder verläßt

Hilfsfunktionen

Alle diese Funktionen dienen als Demons in verschiedenen Slots des Frame-Beispiels. Sie werden daher bei Bedarf automatisch aufgerufen. Der Kontrollfluß der Aufrufe ergibt sich aus den Beziehungen der Frames zueinander.

Time liefert die Uhrzeit.

```
(defun Get_Schiff ()
  (Fput :frame 'Fahrzeug
  (read "Bitte Schiff angeben:"))
```

Liest den Namen des zum aktuellen Lotsenschein gehörigen Schiff-Frames ein und speichert ihn.

```
(defun Get_Lotse ()
 (let
   ((Klasse(car (Fget(car (Fget :frame 'Fahrzeug))
          'Versicherungsklasse)))
   (Lts(car (mapcan (lambda (X)
       (if(and (> (car (Fget X 'Dienststunden))
               (* Klasse 100))
            (not (Fget X 'Belegt)))
          (list X)
          nil))
       (Fget Lotse 'INSTANCE)) ))
   (Fput :frame 'Beauftragt Lts) ))
```

Liefert den ersten Lotsen, der gleichzeitig genug Erfahrung hat
(`Dienststunden`>`Klasse*100`) und sich nicht gerade auf einem
Schiff befindet (`Belegt = nil`).

```
(defun Anlegen ()
   (let((Lts (car (Fget :frame 'Beauftragt)))
         (Std (car (Fget Lts 'Dienststunden))))
      (Fremove Lts 'Belegt)
      (Fremove Lts 'Dienststunden)
      (Fput Lts 'Dienststunden
         (+ Std
            (- :value(car (Fget :frame 'Uhrzeit)))))) ))
```

Der Lotse wird wieder als frei gemeldet, die aufgewendete Zeit wird
seiner Arbeitszeit gutgerechnet. Der Aufruf von `Fremove` für den
Lotsenframe ist notwendig, um zu vermeiden, daß der neue Dienst-
stundenwert einfach als weiterer Wert zusätzlich zum alten in den Slot
eingetragen wird. Um die Funktion einfach zu halten, wird angenommen, daß Uhrzeiten einfach subtrahiert werden können, um die Diffe-
renz in Stunden zu liefern.

```
(defun Neuer_Schein ()
   (let((Schein (Finstantiate :frame 'Ls)))
      (Fneed Schein 'Uhrzeit)
      (Fneed Schein 'Fahrzeug)
      (Fneed Schein 'Beauftragt)))
```

Diese Funktion erzeugt einen neuen Lotsenschein und sorgt dafür,
daß die (direkten und ererbten) `Fneed`-Prozeduren des `Lotsen-`
`schein`-Frames zur Initialisierung der Slots verwendet werden. Die
`$IF-NEEDED`-Facets werden verwendet, um die benötigten Slots zu
initialisieren.

Zuweisung eines Lotsen:

Im folgenden wird die Abarbeitung des Aufrufs

`(Fneed Lotsenschein 'INSTANCE)`

dargestellt. Dieser Aufruf erzeugt einen neuen `Lotsenschein-`
Frame (`Ls-12378`) und bewirkt über Demons die Berechnung der
passenden Slotwerte für diesen Frame. Nach jedem Aufruf einer FRL-
Funktion werden in eckigen Klammern die entsprechenden Werte der
Variablen `:frame`, `:slot` und `:value` angeführt. Diese Werte sind
jeweils so lange gültig, bis die Funktion wieder verlassen wird.

```
(Neuer_Schein)
‖      [:frame=Lotsenschein, :slot=INSTANCE, :value=(Ls-1 . . . Ls-12377)]
‖  (Finstantiate Lotsenschein 'Ls)
‖  ‖      [Schein=Sl-12378]
‖  (Fneed Schein 'Uhrzeit)
‖  ‖  (Fput :frame :slot (Time))
‖  ‖  ‖  [:frame=Ls-12378, :slot=Uhrzeit, :value=14:15:42,
‖  ‖  ‖  (ererbter $IF-NEEDED-Aufruf)]
‖  (Fneed Schein 'Fahrzeug)
‖  ‖      [:frame=Ls-12378, :slot=Fahrzeug, :value=()]
‖  ‖  (Get_Schiff)
‖  ‖  ‖  (Fput :frame 'Fahrzeug (. . . ))
‖  ‖  ‖  ‖     [Eingabe: Tanker-1,
‖  ‖  ‖  ‖      :frame=Ls-12378, :slot=Fahrzeug, :value=Tanker-1]
‖  (Fneed Schein 'Beauftragt)
‖  ‖      [:frame=Ls-12378, :slot=Beauftragt, :value=()]
‖  ‖  (Get_Lotse)
‖  ‖  ‖  (Fget . . .
‖  ‖  ‖  ‖  (Fget :frame 'Fahrzeug)))
‖  ‖  ‖  ‖     [:frame=Ls-12378, :slot=Fahrzeug,
‖  ‖  ‖  ‖      :value=(Tanker-1), (car :value)=Tanker-1]
‖  ‖  ‖  (Fget Tanker-1 'Versicherungsklasse)
‖  ‖  ‖  ‖     [:frame=Tanker-1, :slot=Versicherungsklasse, :value=(6)]
‖  ‖  ‖  ‖     [Klasse=6, Lts=erster im INSTANCE-Slot
‖  ‖  ‖  ‖      von Lotse eingetragener Lotse, der die
‖  ‖  ‖  ‖      entsprechende Erfahrung besitzt
‖  ‖  ‖  ‖      und nicht belegt ist]
‖  ‖  ‖  (Fput :frame 'Beauftragt Lts)
‖  ‖  ‖  ‖     [:frame=Ls-12378, :slot=Beauftragt, :value=Lotse-1
‖  ‖  ‖  ‖  (Fput :value 'Belegt :frame)
‖  ‖  ‖  ‖  ‖  [$IF-ADDED-Demon: Lotsenschein wird beim
‖  ‖  ‖  ‖  ‖  Lotsen vermerkt, Lotse ist belegt]
```

Beendigung eines Lotsen-Auftrags

Der Anlegezeit-Slot des Lotsenschein-Frames enthält einen $IF-NEEDED-Demon, der die zur Beendigung des Auftrags nötigen Funktionen ausführt:

```
(Fneed Ls-12378 'Anlegezeit)
```

Durch Ausfüllen des Anlegezeit-Slots wird bestätigt, daß der Lotse das Schiff in den Hafen gebracht hat. Der Lotse ist damit nicht mehr belegt, seine „Erfahrung" hat sich um die Zeit erhöht, die er auf dem Schiff zugebracht hat. Die Abarbeitung dieses Aufrufs erfolgt analog zur Erstellung des Lotsenscheins.

54

Übersicht über die Frame-Beziehungen im Lotsen-Beispiel

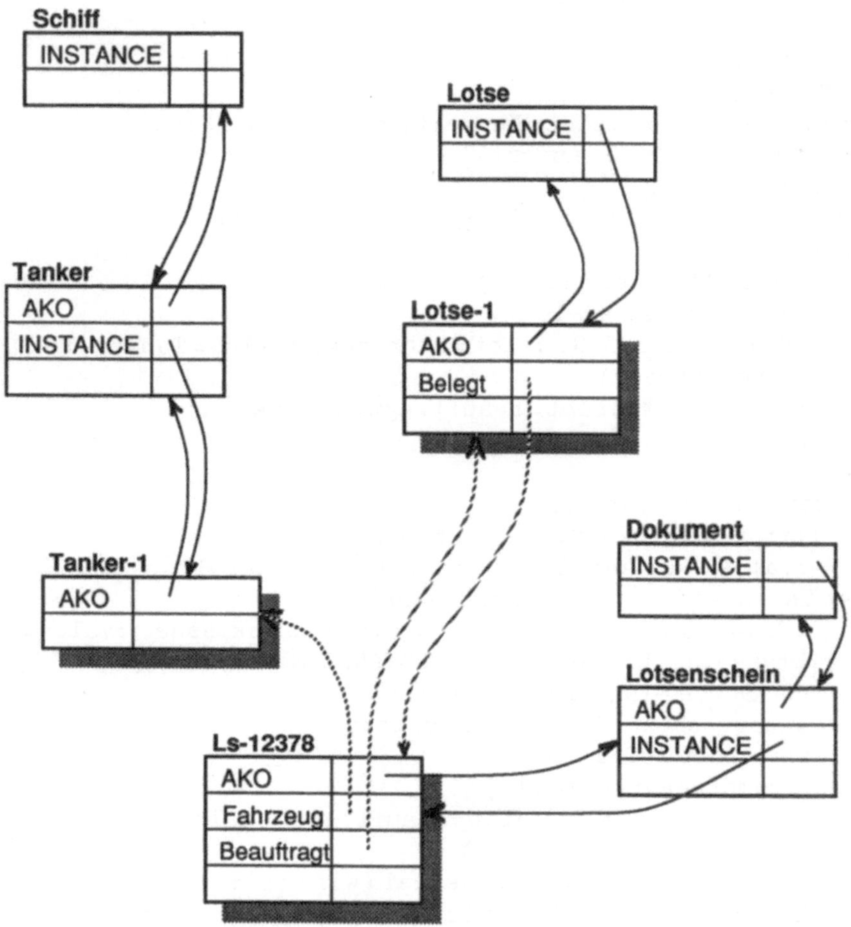

Abb. 2.4

2.6.3 Semantische Netze

Grundlagen

Semantische Netze stellen Wissen in Form von gerichteten Graphen dar. Die Knoten eines solchen Graphen werden als *Konzepte* bezeichnet und repräsentieren Objekte der realen Welt, Abstraktionen, Eigenschaften, Ereignisse und Zustände. Die als *konzeptuelle Relationen* bezeichneten Kanten des Graphen stellen Beziehungen zwischen den Konzeptknoten dar.

Erste Untersuchungen zur Anwendung solcher Netzwerkformalismen zur Beschreibung logischer bzw. psychologischer Sachverhalte wurden bereits um die Jahrhundertwende durchgeführt. Bereits in den fünfziger Jahren wurden vereinzelt derartige Systeme zur Wissensdarstellung verwendet. Beginnend mit den Arbeiten von Quillian (1968) entstanden in den letzten zwanzig Jahren Dutzende von Varianten dieser Darstellungsform.

Da Semantische Netze die Eigenschaften eines Konzepts in direktem Zusammenhang mit diesem Konzept darstellen, kann man sie als Variante der objektorientierten Darstellung ansehen. Diese Zusammenhänge werden durch Kanten hergestellt, die von dem Knoten, der das Konzept repräsentiert, ausgehen. Historisch gesehen waren die Semantischen Netze allerdings der ältere Formalismus, aus dem sich im Lauf der Zeit die als „objektorientiert" bezeichneten Charakteristika (z. B. Vererbungsmechanismen) herauskristallisierten. Der Unterschied zwischen Semantischen Netzen und den „eigentlichen" objektorientierten Methoden liegt darin, daß letztere die Unterordnung von Eigenschaften unter das Objekt betonen (bei Frames z. B. stellt ein Slot kein eigenständiges Objekt dar), während bei Semantischen Netzen das Bestreben überwiegt, die Eigenschaften eines Konzepts unmittelbar durch andere, gleichwertige, Konzepte darzustellen.

Die Vorteile der netzorientierten Darstellungsweise gegenüber einer rein logischen liegen in der leichten Lesbarkeit und Verständlichkeit und, unter bestimmten Voraussetzungen, in der Möglichkeit zur effizienten Verarbeitung. Dies gilt auch dann, wenn man von der rein graphischen Darstellung abgeht und eine lineare (zeichenorientierte) Beschreibungssprache zur Verfügung stellt. Dafür wurde der Ausdruckskraft der Systeme ursprünglich weniger Beachtung geschenkt. Diese Systeme reichen daher in ihrer Ausdrucksfähigkeit großteils nicht an die Mächtigkeit der Prädikatenlogik heran.

Das Hauptanwendungsgebiet Semantischer Netze liegt in der Verarbeitung natürlicher Sprache. Es existieren jedoch auch Anwendungen aus dem Bereich des Maschinellen Lernens und diverse Expertensysteme, deren Wissensbasis nach dem Prinzip der Semantischen Netze organisiert ist. Der Inferenzmechanismus des Expertensystems PROSPECTOR beruht auf der Propagation von Wahrscheinlichkeitswerten durch ein Semantisches Netz.

Wichtige Netzformalismen sind unter anderem

Conceptual Graphs (Sowa 1976)
Logische Grundlage, stark sprachbezogen
SNePS (Shapiro 1979)
KL-ONE (Brachman 1979)
Logische Grundlage, stark vererbungsbezogen
NETL (Fahlman 1979)
Auf Parallelverarbeitung ausgerichtet

Im folgenden werden einige Netzformalismen und ihre Ausdrucksmöglichkeiten kurz skizziert.

Relationale Graphen

In dieser einfachsten Form der Semantischen Netze stellen Knoten nur atomare (unstrukturierte) Konzepte dar. Die Kanten sind mit den Bezeichnungen der Relationen markiert.

Beispiel: „Ein Hund frißt gierig einen Knochen."

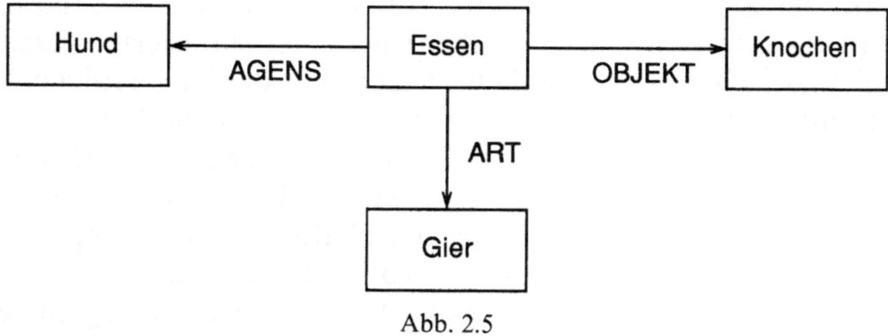

Abb. 2.5

Kantentypen

Die meisten Netzformalismen geben eine Anzahl primitiver Relationen als vorgegeben an und ermöglichen gegebenenfalls die darauf aufbauende Definition weiterer Relationen. Im Zusammenhang mit der natürlichsprachlichen Ausrichtung Semantischer Netze sind häufig Relationen vorgegeben, die zur Beschreibung von Satzstrukturen dienen. Im obigen Beispiel z. B. ist „Hund" der Ausführende (auch AGENS genannt) der Aktion „Essen", der Knochen ist das OBJEKT, auf das die Aktion angewendet wird, und „Gier" beschreibt die ART, auf die die Aktion durchgeführt wird.

Propositionale Netzwerke

Eine Erweiterung von Relationalen Graphen liegt in der Möglichkeit, auch Sachverhalte (Aussagen, Propositions) zueinander in Relation zu setzen, also Netzwerke zu schachteln.

Beispiel:
„Sue denkt, daß Bob glaubt, daß ein Hund einen Knochen frißt."

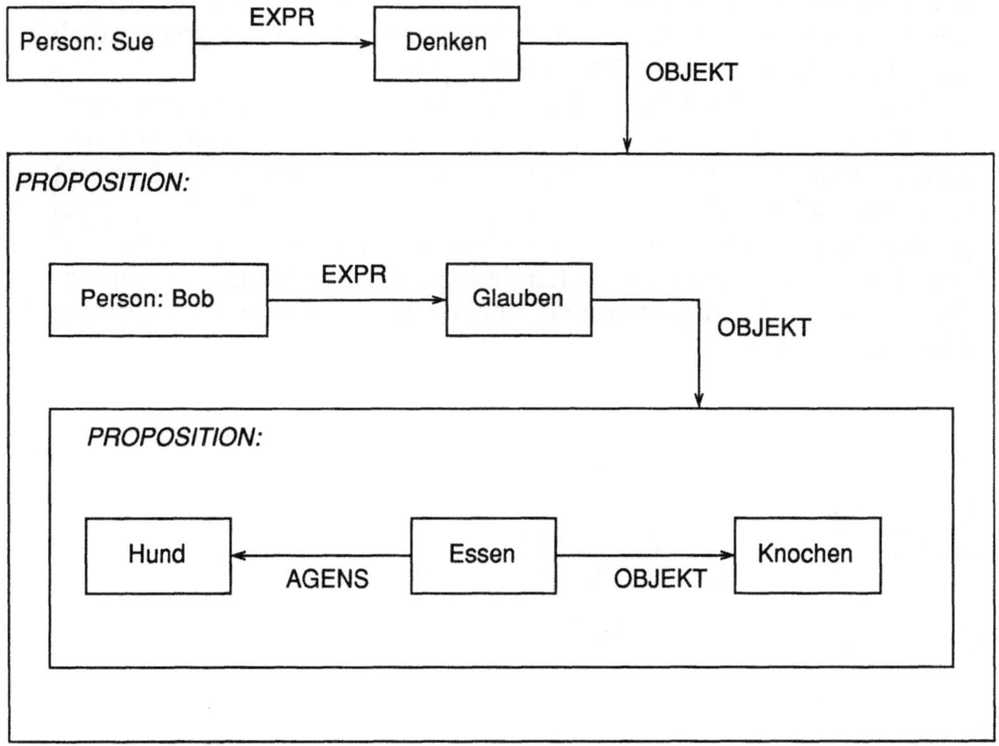

Abb. 2.6

Die EXPR-Kante bedeutet in diesem Beispiel EXPERIENCER, also die Person, die einem bestimmten Gedankengang nachhängt.

Eine Proposition stellt einen abgeschlossenen Sachverhalt („Kontext") dar. In bestimmten Fällen ist es aber notwendig, Objekte aus verschiedenen Kontexten in Relation zu setzen, z. B. im Satz „Wenn ein Hund einen Knochen frißt, ist es dumm, zu versuchen, ihn ihm wegzunehmen". Der letzte Satzteil „ihn ihm wegzunehmen" wird in diesem Fall als eigener Kontext im Rahmen des übergeordneten Satzes dargestellt. Es muß aber darauf hingewiesen werden, daß „ihn" sich auf den Knochen bezieht und „ihm" auf den Hund. Das kann erreicht werden, indem man eine Kantenart einführt, die über Kontextgrenzen hinwegführt (sogenannte „Coreference Links"), oder indem man erlaubt, daß verschiedene Kontexte sich überlappen. Propositionale Netzwerke sind nur mit Mühe in logikorientierten Formalismen darstellbar.

Vererbung

So wie Frames besitzen auch die meisten Semantischen Netze einen Vererbungsmechanismus, im allgemeinen dargestellt über die den AKO-Slots der Frames entsprechenden is-a-Kanten, gelegentlich auch bezeichnet als SUPERCONCEPT-Kanten.

Wie auch in FRL können is-a-Kanten gleichzeitig Instanzierungs- und Vererbungsbeziehungen. Eine Instanzierungsbezeichnung besteht jedoch zwischen einem individuellen und einem generischen Konzept (Knoten), während eine Subkonzept/Superkonzept-Beziehung zwei generische Konzepte betrifft. Der Unterschied zeigt sich deutlich bei der Umsetzung in die entsprechende logische Darstellung, wo Individuen in Objektkonstanten und generische Konzepte in Prädikate übersetzt werden:

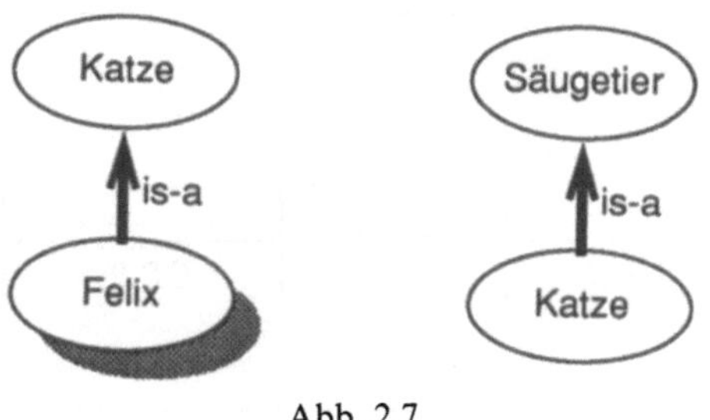

Abb. 2.7

Diese zwei Sachverhalte, in der graphischen Darstellung nahezu identisch, können umgesetzt werden in:

$$katze\,(felix)$$

$$\forall X(katze(X) \rightarrow S\ddot{a}ugetier(X))$$

Die folgende Abbildung stellt ein Beispiel für eine komplexere Vererbungsbeziehung dar. Sie zeigt die Beziehung der Konzepte Haus und Hundehuette, ausgedrückt in KL-ONE-Notation. Jedes Haus hat als Eigenschaft (in KL-ONE als role bezeichnet), beliebig viele, aber mindestens einen Bewohner. Der Wertebereich dieser Eigenschaft wird durch eine v/r-Kante (*value restriction*) festgelegt. Hundehuette ist ein Subkonzept von Haus (dargestellt durch den breiten Pfeil) und erbt mit dessen Eigenschaften auch die Tatsache, daß der Bewohner ein Lebewesen sein muß. Im Fall der Hundehütte wird diese Möglichkeit noch durch eine restricts-Kante eingeschränkt, die festlegt, daß der Bewohner ein Hund sein muß. Damit Hund als Einschränkung von Lebewesen akzeptiert wird, muß Hund als Subkonzept von Lebewesen deklariert sein.

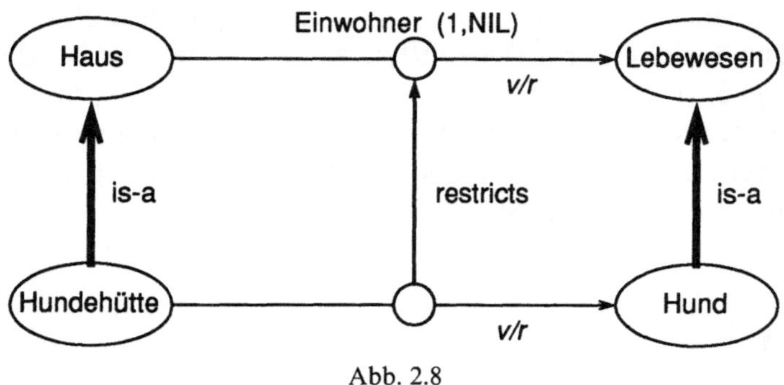

Abb. 2.8

Am Beispiel KL-ONE zeigt sich der Trend, als Kantentypen nur noch jene zuzulassen, die für eine strukturelle Beschreibung des Problems notwendig sind (im obigen Beispiel v/r, restricts, is-a) und problembezogene Relationen (z. B. „liebt" in „Tom liebt Mary" oder auch die AGENS-Relation im Beispiel „Hund frißt Knochen") selbst durch Konzepte, also Knoten im Netzwerk, darzustellen.

Klassifizierung

Anders als z. B. in FRL ist es in KL-ONE unzulässig, ererbte Eigenschaften zu überdecken. Wurde einmal definiert, daß Vögel luftatmende Zweibeiner sind, dann ist es nicht mehr möglich, einen Kiemenatmer oder einen Vierbeiner als Vogel zu deklarieren. Die Einschränkung ererbter Eigenschaften ist dagegen erlaubt, ein einbeiniger Vogel ist also darstellbar. Diese Eigenschaft zusammen mit der Bedingung, daß in KL-ONE nur eine Vererbungshierarchie mit eindeutigem Wurzelknoten erlaubt ist, ermöglicht es, sogenannte *Classifier* zu implementieren, die ein Konzept, dessen einzelne Eigenschaften explizit beschrieben sind, automatisch an der passenden Stelle in einer Vererbungshierarchie einordnen.

Zusammenfassung

Unter Wissensrepräsentation versteht man einerseits die Entwicklung von Formalismen, die die Darstellung des Wissens, das zum

Lösen einer bestimmten Aufgabe nötig ist, ermöglichen, wobei Kriterien wie leichte Verarbeitbarkeit, Modularität und vor allem Flexibilität erfüllt sein müssen. Andererseits umfaßt Wissensrepräsentation auch den Umsetzungsvorgang selbst, aus dem sich eine – dem Problembereich angepaßte – Modellierung eines Ausschnitts der realen Welt ergibt.

Über die dabei zu verwendenden Ansätze herrscht keine Einigkeit. Je nachdem, welche der aufgezählten Kriterien bei der Modellierung im Vordergrund stehen, kommen die existierenden Formalismen in unterschiedlich starker Ausprägung zur Geltung. Die im vorliegenden Kapitel erläuterten Ansätze stellen daher zwangsläufig nur einzelne Punkte aus einem breiten Spektrum vor.

Literatur

Bobrow, D., Collins, A. (eds.) (1975): Representation and Understanding: Studies in Cognitive Science. Academic Press, London.

Brachman, R. J., Levesque, H. J. (eds.) (1985): Readings in Knowledge Representation. Morgan Kaufmann, Los Altos, CA.

Brownston, L., Farrell, R., Kant, E., Martin, N. (1985): Programming Expert Systems in OPS5. Addison-Wesley, Reading, MA.

Findler, N. V. (ed.) (1979): Associative Networks: Representation and Use of Knowledge by Computers. Academic Press, London.

Genesereth, M., Nilsson, N. J. (1987): Logical Foundations of Artificial Intelligence. Morgan Kaufmann, Los Altos, CA.

3. Anwendungen von Expertensystemen

Werner Horn

"Knowledge is Power."
– Francis Bacon

3.1 Entwicklung von Expertensystemen und Expertensystem-Shells

Beginnend mit etwa dem Jahr 1980 kam es zu einer *verstärkten Anwendung* der bis dahin entwickelten Expertensystemtechnologie im Bereich der Wirtschaft. Vier Ursachen sind vordergründig dafür maßgeblich:

- Die zu diesem Zeitpunkt bekanntesten Expertensysteme hatten demonstriert, daß die Expertensystemtechnologie insbesondere in Bereichen mit vagem Wissen erfolgreich eingesetzt werden kann. Sie waren fähig *Leistungen* zu erbringen, die der menschlicher Experten vergleichbar waren. Weiters hatten sie eine *Mächtigkeit* erreicht, die aufzeigte, daß komplexe Realprobleme mit derartigen Systemen bewältigbar sind.
- Es wurden in den USA hauptsächlich von Mitarbeitern in Artificial Intelligence (AI)-Forschungslaboratorien eine Reihe von *AI-Firmen* gegründet, die sich um die kommerzielle Umsetzung der bisher gewonnenen Forschungsergebnisse bemühten.
- Diese Firmen entwickelten eine Reihe von *Werkzeugen* zur Unterstützung des Aufbaues von Expertensystemen (Expertensystem-Shells). Vor allem wurden Werkzeuge, die in Forschungslabors aufgrund des Fehlens umfangreicher Dokumentation nur einer eingeschränkten Personengruppe zugänglich waren, erweitert und kommerziell verfügbar gemacht.
- Die *Hardwareentwicklung* war soweit gediehen, daß eine Anwendung wissensintensiver Systeme mit entsprechend großem Bedarf an Hauptspeicher auch auf kleineren Rechnern möglich wurde.

Betrachtet man die *historische Entwicklung* der Expertensystemtechnologie bis zum Jahr 1980, so zeigen sich folgende in Abb. 3.1 zusam-

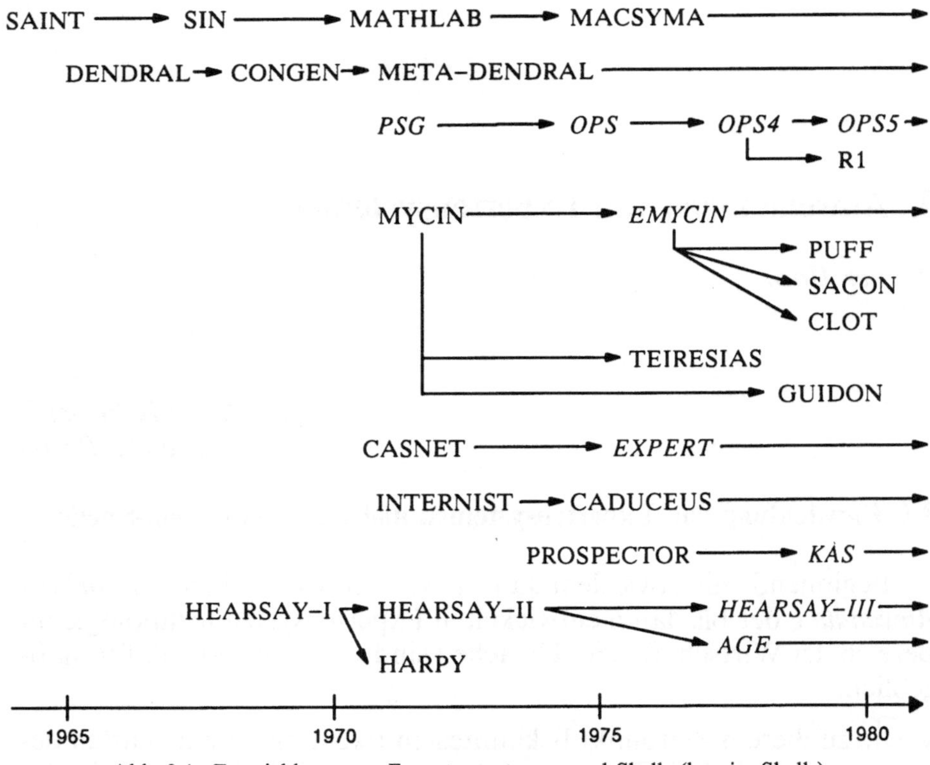

Abb. 3.1. Entwicklung von Expertensystemen und Shells (kursiv: Shells)

mengefaßten Schwerpunkte:

- Eines der ersten Systeme war **DENDRAL** (Stanford University; Lindsay et al., 1980), ein System zur *Strukturanalyse organischer chemischer Substanzen*. Ausgehend von der chemischen Summenformel versucht Heuristic-DENDRAL die Strukturformel der Substanz zu bestimmen. Dazu interpretiert es Daten aus dem Massenspektrogramm. Die Lernkomponente Meta-DENDRAL versucht neues Wissen aus dem Massenspektrogramm bekannter Strukturen zu extrahieren. Das System wurde laufend erweitert, unter anderem mit einem Generator für zyklische Strukturen (CONGEN), mit einer Planungskomponente und mit Wissen um die Spektren der Kernspintomographie.

- Schon sehr früh hat man sich mit der Aufgabe beschäftigt, *mathematische Probleme mit symbolischen Methoden* zu lösen. Die heute unter dem Namen **„Algebrasysteme"** bekannten heuristischen Problemlöser (MACSYMA, REDUCE) versuchen mit algebraischen Methoden bestimmte und unbestimmte Integrale und Differentialgleichungen zu lösen.

- Bei dem heute am stärksten verbreiteten Typ von Expertensystemen – dem *Produktionensystem* – muß man auch historisch nach der Art der Regelverkettung vorwärts- und rückwärtsverkettende Systeme unterscheiden.

- Die Familie der **OPS-Systeme** (Brownston et al., 1985), entwickelt an der Carnegie-Mellon University, bildet die klassischen *Vorwärtsverketter*. Heute am stärksten verbreitet sind OPS5 und OPS83. Eine sehr erfolgreiche Anwendung ist **R1** (auch unter dem heutigen Namen XCON bekannt), ein *Konfigurator für VAX-Rechneranlagen* (McDermott, 1982). R1 wurde an der CMU gemeinsam mit Digital Equipment Corporation entwickelt. Ausgehend von den Spezifikationen einer Bestellung einer Rechneranlage stellt R1 sicher, daß alle erforderlichen Komponenten in der Konfiguration vorhanden sind und sorgt für das korrekte Zusammenspiel der Komponenten inklusive der Verkabelung. R1 hat aufgezeigt, daß Systeme mit mehr als 2000 Regeln erfolgreich eingesetzt werden können.

- Den stärksten Einfluß auf die weitere Entwicklung hatte aber der *Rückwärtsverketter* **MYCIN** (Buchanan und Shortliffe, 1984). MYCIN, ein an der Stanford University entwickeltes *medizinisches Expertensystem,* versucht den Erreger einer bakteriellen Infektionskrankheit zu bestimmen und schlägt entsprechende therapeutische Maßnahmen vor. Der Erfolg von MYCIN lag aber weniger in der spezifischen Anwendung als in der Erkenntnis, daß die dabei entwickelte Technik der Produktionensysteme sehr allgemein verwendbar ist. Man hat daher das medizinische Wissen aus MYCIN entfernt und erhält **EMYCIN** (Essential MYCIN: van Melle, 1981), ein Expertensystem mit leerer Wissensbasis, heute als *Expertensystem-Shell* bezeichnet. In EMYCIN wurden eine Reihe weiterer Anwendungssysteme realisiert (z. B. PUFF, SACON, CLOT). Die MYCIN-Technologie hat zusätzlich zwei interessante Forschungsarbeiten stimuliert: die Nutzung des in einem Produktionssystem steckenden Wissens für ein *Tutorsystem* (GUIDON: Clancey, 1987), und den Versuch, das Wissen von MYCIN halbautomatisch zu erweitern, indem der Experte bei nicht erfolgreicher Problemlösung unter Führung des *Wissenserwerbssystems* TEIRESIAS die Regeln modifiziert oder ergänzt (Davis und Lenat, 1982).

- *Medizinische Anwendungen* standen in den Anfangsjahren sehr stark im Vordergrund: Neben MYCIN haben vor allem **CASNET** (Rutgers University; Weiss et al., 1978), ein „Causal-Associative Network" zur Diagnose und Therapie des Glaukoms (einer Augenerkrankung), und **INTERNIST/CADUCEUS** (University of Pittsburgh; Pople, 1982), ein umfangreiches Diagnosesystem für den Bereich der Inneren Medizin, Bedeutung erlangt. Sie haben vor allem auch aufgezeigt, daß bei vielen Problemen ein reines Oberflächenwissen nicht ausreicht, sondern ein tieferes Verständnis für die inneren Zusammenhänge notwendig ist. Dies hat einen Weg zu heutigen Forschungsarbeiten auf dem Gebiet der Entwicklung *kausaler Modelle* und der *Integration von assoziativem Oberflächenwissen mit kausalem Tiefenwissen* aufgezeigt. Analog der Shell-Entwicklung MYCIN → EMYCIN entstand aus CASNET das Shell **EXPERT** (Kulikowski und Weiss, 1982), das der Implementierung einer Reihe weiterer Anwendungen diente. Auch hier hat man ein System geschaffen, das eine Verfeinerung des Regelwissens ermöglicht: SEEK (Politakis, 1984).

- In Verwandtschaft zu MYCIN steht **PROSPECTOR** (SRI International; Duda et al., 1979), ein *geologisches System* zur Interpretation von Meßdaten aus Probebohrungen. Das Ziel ist herauszufinden, ob ein bestimmtes (wertvolles) Mineral in einer Region vorhanden ist. Für ein ertragreiches Molybdänvorkommen ist dies PROSPECTOR gelungen. Die Wissensdarstellung in PROSPECTOR erfolgt in Form eines *Inferenznetzes*. Dieses entspricht in etwa der Regeldarstellung bei Produktionensystemen. Zur Bewertung der Unsicherheit seiner Aussagen wird das Bayes'sche Theorem angewendet. Die erfolgreiche Anwendung von PROSPECTOR hat die Entwicklung zahlreicher geologischer Systeme angeregt, insbesondere zur Interpretation von Meßdaten bei der Ölsuche. Spektakuläre Erfolge sind aber bislang ausgeblieben.

- Ein wenig erfolgreicher Versuch war die Entwicklung von Systemen zum *Verstehen gesprochener Sprache*. **HEARSAY-II** (Erman et al., 1980) – ein Forschungsprojekt der Carnegie Mellon University – konnte zwar die von der DARPA geforderten Kriterien erfüllen, es war aber klar, daß der Wortschatz von 1000 Worten nicht einfach erweiterbar war, um damit ein in der Praxis anwendbares sprachverstehendes System zu erhalten. Im Rahmen von HEARSAY-II wurde aber die zukunftsweisende *Blackboard-Technologie* (Engelmore und Morgan, 1988) entwickelt, die wieder zu einer Reihe von Shells geführt hat (AGE, HEARSAY-III, GBB, BB*), die jedoch derzeit vorwiegend im Forschungsbereich eingesetzt sind.

3.2 Einsatz und Aufgabenbereich von Expertensystemen

Der Ausgangspunkt und der Schwerpunkt der Expertensystemanwendung liegt in den USA. Ein Ovum-Report verweist im Jahr 1986 auf etwa 500 Projekte in den USA und Kanada (Hewett und Sasson, 1986), und auf etwa 200 Projekte in Europa (Hewett, Timms und d'Aumale, 1986). In einer Übersicht vom Jänner 1988 zählen Mertens, Borkowski und Geis (1988) weltweit 935 experimentelle Anwendungen. Für den deutschen Sprachraum verweisen sie auf 32 im Praxiseinsatz laufende Expertensysteme zu diesem Zeitpunkt. Diese Zusammenstellungen erheben aber keinen Anspruch auf Vollständigkeit.

Klassifiziert man Expertensystemanwendungen nach ihrem *Aufgabenbereich,* so ergibt sich die in Abb. 3.2 dargestellte Gliederung.

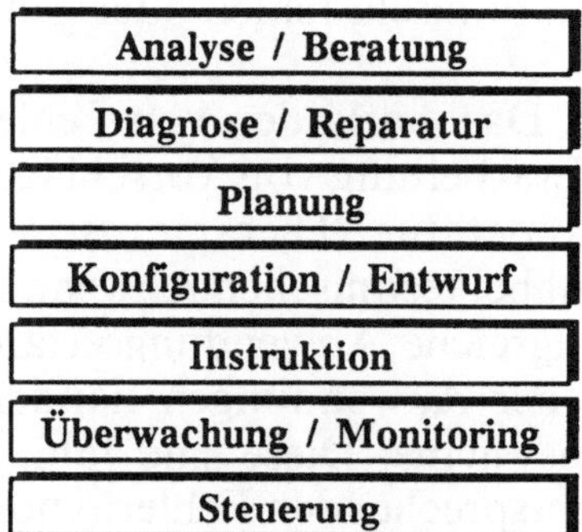

Abb. 3.2. Aufgabenbereiche von Expertensystemen

Zwei Gründe sprechen für eine derartige Charakterisierung: 1) die z. B. in einem Diagnoseprojekt gewonnene Erfahrung ist meist außerordentlich nützlich für andere Diagnoseprojekte, jedoch wenig anwendbar für eine Konfigurationsaufgabe; 2) bei der Entwicklung von Werkzeugen zum Aufbau von Expertensystemen hat sich gezeigt, daß ein bestimmtes Werkzeug meist nur in einem Aufgabenbereich effizient einsetzbar ist. Es ist daher für die Auswahl eines geeigneten Werkzeugs auch von Bedeutung, um welche Aufgabenstellung es sich handelt. Heute geht man verstärkt dazu über, *sektorale Werkzeuge* zu entwickeln, z. B. Portfolio Management Systeme oder Finanzanalysesysteme. Der Finanz- und Bankbereich hat sich dabei als erster Schwerpunktbereich herausgebildet.

Analysiert man die derzeit (1988/89) realisierten Anwendungen, so ergibt sich im einzelnen folgende *Charakterisierung* für die Aufgabenbereiche:

- **Analyse (Interpretation)/Beratung:** Der Anwendungsschwerpunkt liegt heute im Finanz- und Bankwesen (Guilfoyle und Jeffcoate, 1988). Zielsetzungen sind dabei: 1) hochwertige, nur in der Zentrale verfügbare Beratung dezentral zur Verfügung zu stellen, und 2) die Unterstützung bei der Analyse komplexen und umfangreichen Datenmaterials, z. B. zur Bilanzanalyse – um die Kreditwürdigkeit von Firmen bewerten zu können. In den USA haben sich eine Reihe spezieller Softwarefirmen etabliert, die Produktentwicklung in diesem Bereich durchführen. Eine weitere Zielsetzung bildet die Hilfestellung bei der Anwendung komplexer Vorschriften, z. B. um die Einhaltung gesetzlicher Vorgaben und Auflagen sicherzustellen. Im technischen Bereich sind vor allem die geologischen Expertensysteme (vgl. PROSPECTOR) zu nennen, die versuchen, Meßdaten konsistent zu interpretieren. Die Schwierigkeiten ergeben sich aufgrund fehlerhafter oder von ‚Rauschen' überlagerter Daten, d. h. einzelne Meßwerte sind falsch, fehlen oder gehören nicht zur Messung.

- **Diagnose/Reparatur:** Das Auffinden von Fehlern in einem System (Diagnose) und die Erarbeitung von Vorschlägen für geeignete korrektive Aktionen (Reparatur, Therapie) ist ein Aufgabenbereich, wo man heute sowohl bei technischen Anwendungen als auch in der Medizin über umfangreiche Anwendungserfahrung verfügt. Beim überwiegenden Teil der Anwendungen handelt es sich um regelbasierte Oberflächensysteme. Diese sind fähig, häufig auftretende Symptome mit den entsprechenden Fehlerhypothesen in (oberflächliche) Beziehung zu bringen. Berücksichtigen muß man dabei, daß die diagnostischen Instrumente selbst fehlerhaft sein können und daß diagnostische Tests mit Kosten und Risiko verbunden sind. Eine Gegenüberstellung von Kosten und Risiken weiterer Tests mit dem Nutzen einer genaueren Diagnose ist daher oft notwendig. Bei Mehrfachfehlern kann es zusätzlich zu einer Wechselwirkung zwischen den Fehlern kommen, so daß z. B. ein Fehler einen anderen verschleiern kann. Die Diagnose setzt hier eine genaue Kenntnis der Struktur, der Funktion und des Verhaltens eines Systems voraus. Dies führt zur Entwicklung von modellbasierten Diagnosesystemen, sehr oft auch als „Expertensysteme der zweiten Generation" bezeichnet.

- **Planung:** Die Aufgabenstellung beinhaltet die Erstellung einer Abfolge von Aktionen, um ein bestimmtes Ziel zu erreichen, wobei vorhandene Ressourcen optimal genutzt werden sollen und die Einhaltung von Randbedingungen gewährleistet sein muß. Die Einplanung ungewisser Situationen ist dabei oft notwendig. In diesem Aufgabenbereich gibt es bisher wenig Anwendungserfahrung, es haben sich jedoch drei Einsatzgebiete herauskristallisiert: 1) Produktionsplanung, 2) Projektplanung, Personal- und Ressourceneinsatzplanung, und 3) strategische Planung (Wettbewerbsfähigkeit von Produkten, Personalmanagement).

- **Konfiguration/Entwurf:** Reiche Anwendungserfahrung konnte in diesem Aufgabenbereich bereits gewonnen werden. Bei der Entwurfsunterstützung steht heute die Integration mit CAD-Systemen im Vordergrund, insbesondere beim Design hochintegrierter Schaltkreise. Großer Bedarf liegt in Konfigurationssystemen für technische Anlagen. Das klassische Beispiel bildet das schon erwähnte R1/XCON (Digital Equipment Corporation), sowie ähnliche Rechnerkonfiguratoren anderer Hardwarehersteller. Im Anlagenbau erhofft man sich durch integrierte Systeme, die Angebotserstellung, technischen Entwurf und Produktion umfassen, bei nichtstandardisierten Benutzerwünschen und Aufträgen große Nutzeffekte durch Zeitgewinn, Flexibilität bei Änderungswünschen und Kostenersparnis. Die Probleme bei Konfigurations- und Entwurfssystemen liegen sehr oft in der großen Komplexität (z. B. VLSI-Design), so daß die Auswirkungen von Entscheidungen nicht unmittelbar abschätzbar sind. Man muß daher versuchsweise vorgehen und Alternativen durchspielen. Weiters sind oft Entwurfskriterien und auftretende Randbedingungen nur sehr schwer zusammenführbar, insbesondere, wenn aufgrund der Komplexität eine Zergliederung in Subprobleme notwendig ist. Hier ergibt sich dann auch das Problem lokaler Optima von Teilproblemlösungen, die jedoch kein globales Optimum darstellen.

- **Instruktion:** Zielsetzung von Instruktionssystemen ist es, interaktive Bedien- und Wartungshilfen zu entwickeln. Diese sollen gemeinsam mit einer technischen Anlage ausgeliefert werden. Realisationschancen hat ein derartiges System jedoch nur, wenn bereits während der Entwicklung eines technischen Systems die Systembeschreibung in einem wissensbasierten System erfolgt. Derzeit sind noch keine derartigen Systeme realisiert.

- **Überwachung/Monitoring:** Die zusätzliche Problematik im Vergleich zu den bisherigen Aufgabenbereichen ergibt sich hier aus der Notwendigkeit der Berücksichtigung des zeitlichen Ablaufes und der sich mit der Zeit verändernden Situationen. Dies erfordert eine kontinuierliche Interpretation von Signalen und leitet in den Bereich der Echtzeitanwendungen über. Intensive Forschungstätigkeit kennzeichnet diesen Bereich. Für die Zukunft erwartet man sich Nutzeffekte im Bereich der Überwachung technischer Anlagen.

- **Steuerung:** Automatische oder halbautomatische Steuerung von Kraftwerken und Industrieanlagen mit einer dynamischen Anpassung an die jeweilige Betriebssituation stellen einen weiteren Schritt beim Einsatz von Expertensystemen dar, der jedoch ein zufriedenstellendes Funktionieren der Überwachungsaufgabe voraussetzt. Überwachung und Steuerung sind die Bereiche, die in der militärischen Forschung und Entwicklung (in den USA) im Vordergrund stehen.

Die letzten beiden Aufgabenbereiche zeigen eine spezielle Problematik auf, betrachtet man den Aspekt der *Interaktion des Expertensystems mit seiner Umgebung:* die teilweise oder gänzliche Ausschaltung des Menschen. Gliedert man Expertensysteme danach, ob Input bzw. Output direkt mit der *Umwelt* erfolgt oder ob Interaktion mit einem *Benutzer* stattfindet, so ergeben sich die in Abb. 3.3 dargestellten vier Felder.

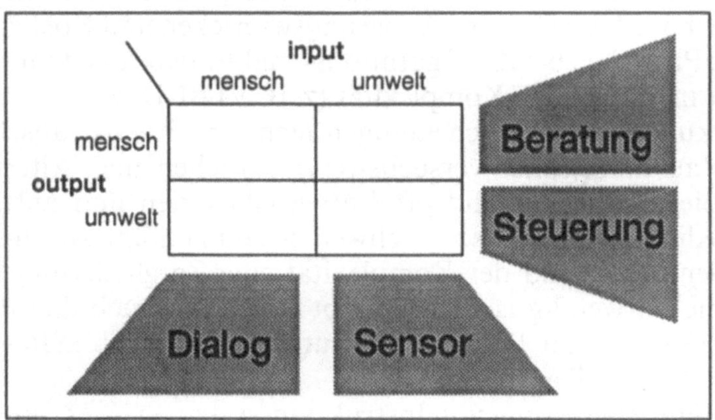

Abb. 3.3. Interaktion des Expertensystems mit der Umgebung

Grundsätzlich gilt, je autonomer das System, desto sicherer müssen seine Entscheidungen sein. *Steuernde Systeme* sind gezwungen, ihre Systemgrenzen zu überprüfen, sie bedürfen jedoch üblicherweise keiner Erklärungskomponente. *Sensorgeführte Systeme* benötigen Wissen, um Datenfehler erkennen und korrigieren zu können. *Dialoggeführte Systeme* sollten über ein Modell der Benutzergruppe verfügen, um damit festzulegen, welche Daten sinnvollerweise vom Benutzer erhoben werden können, bzw. welche Art der Erklärung notwendig ist.

Dialoggeführte Beratungssysteme stellen heute den überwiegenden Anteil der Expertensystemanwendungen dar. Nicht zuletzt ist dies darauf zurückzuführen, daß auf der Inputseite der Mensch für die Vorverarbeitung der Daten sorgen muß, und auf der Outputseite der Expertensystementwickler die Letztentscheidung gerne dem Menschen überläßt. Das Feld „dialoggeführte Steuerung" ist weniger den Expertensystemanwendungen zuzuordnen als vielmehr den natürlichsprachigen Systemen. Es handelt sich dabei um *natürlichsprachige Kommandosysteme,* die in Deutsch oder Englisch formulierte Aufgaben in Maschinensprache übersetzen und ausführen. Ein Beispiel ist Unix Consultant (Wilensky et al., 1984).

3.3 Der Weg zum Expertensystem

Die Analyse erfolgreicher, aber auch erfolgloser Expertensystem-projekte zeigt Bedingungen für die erfolgreiche Realisierung einer Anwendung in einer Firma auf. Ich verweise hier nur auf einige Beispiele derartiger *Projektevaluierungen:* R1 (McDermott, 1981), Dipmeter Advisor (Smith and Baker, 1983), COMPASS (Prerau, 1987).

Zielsetzungen für Expertensystemprojekte sind:
- die Bereitstellung neuer Serviceleistungen, besonders im Dienstleistungsbereich;
- die Entwicklung eines neuen Produktes, entweder als eigenständiges Softwaresystem oder durch Integration eines Expertensystems in ein Analyse- oder Diagnosegerät;
- die Verbesserung von Qualität, Sicherheit, Produktivität und Arbeitsbedingungen – Hauptziele im Rahmen der industriellen Produktion; und
- die Verringerung von Fehleranzahl, Ausschuß und Ressourcenbedarf, d. h. der Versuch, den Produktionsprozeß besser in den Griff zu bekommen.

Die **Motivation** für Anwendungsprojekte ist sowohl expertenbezogen als auch produktbezogen zu sehen. *Expertenbezogen* findet man folgende Gründe:

- der Experte ist mit Aufgaben überlastet, die für ihn Routine sind. Diese Routineaufgaben sollten ihm vom Expertensystem abgenommen werden, damit er sich den schwierigen Problemen widmen kann;
- der Experte kann nicht vor Ort sein, etwa bei mangelndem Servicepersonal, oder bei Weltraum- und militärischen Projekten;
- es gibt nur einen Experten, der in der Zentrale sitzt. Man möchte jedoch sein Wissen auch in den Filialen verfügbar machen;
- die Anzahl und/oder Komplexität der Aufgaben hat so zugenommen, daß der Experte überfordert ist;
- der Experte geht bald in Pension, man möchte aber sein Wissen nicht mit seinem Ausscheiden verlieren.

Produktbezogen zeigt sich folgende Motivation:

- um die Qualität eines Produktes zu erhöhen, liefert man das zugehörige Expertenwissen mit;
- die Problemstellung hat eine Komplexität, die intelligente Unterstützung bei der Problemlösung erfordert;
- die Sicherheit in kritischen Situationen wird erhöht;

- es werden Leistungen an bisher nicht erreichten Orten und/oder nachts oder an Wochenenden ermöglicht.

Die Realisierung eines Anwendungssystems erfolgt üblicherweise in mehreren **Projektphasen:**

- Voraussetzung für eine erste Abschätzung, welche Aufgaben und Problemstellungen einen Einsatz der Expertensystemtechnologie sinnvoll erscheinen lassen, ist ein *Know-How Transfer*, der dem potentiellen Anwender Grundkonzepte und Möglichkeiten von Expertensystemen klar macht. Dies ermöglicht eine erste Abgrenzung, welche Projekte in Frage kommen.
- Im Rahmen einer *Pilotstudie* wird danach die Anwendbarkeit der Expertensystemtechnologie geprüft. Im Rahmen dieser Studie kann ein erstes Modell bzw. Demonstrationssystem entstehen, das für eine Teilaufgabe und einen Teilbereich die Funktionsweise demonstriert. Dies ermöglicht sehr oft Management, Experten und Kollegen von der Anwendbarkeit der Technologie zu überzeugen.
- In der nächsten Phase wird ein *experimentelles System* entwickelt, wobei die Probleme des Anwendungsgebietes und der Problemstellung in voller Breite und Tiefe erfaßt werden. Experte und Benutzer können dabei schrittweise Erweiterungen definieren. Vom Entwickler erfolgt die Wahl einer geeigneten Repräsentationsform und eines passenden Werkzeugs. Hier nutzt man üblicherweise die Vorteile des „Rapid Prototyping" in einer komfortablen Software- und Hardwareumgebung. Diese Entwicklungsumgebung muß nicht unbedingt die Zielumgebung sein. Durch die steigende Mächtigkeit der Zielumgebung wird man heute aber weitgehend in der Zielumgebung entwickeln, um ein anschließendes Redesign zu vermeiden. Das experimentelle System demonstriert den vollen Funktionsumfang des Zielsystems, wobei die Wissensbasis jedoch nur für Teilbereiche gefüllt ist. Die Benutzerschnittstelle ist wenig ausgefeilt und nur vom Entwickler bedienbar.
- Die anschließende Entwicklung des *Anwendungssystems* beschäftigt sich vor allem mit der Implementierung der vollständigen Wissensbasis, der Entwicklung einer vom Anwender komfortabel verwendbaren Benutzerschnittstelle, der Erreichung einer ausreichenden Performanz, sowie der Verfassung von Dokumentation, Schulungs- und Wartungsunterlagen.
- Üblicherweise wird man das Anwendungssystem zuerst als standalone System betreiben. Erst nach dessen erfolgreichem Einsatz wird man mit der *Integration* in die (klassische) EDV-Umgebung beginnen.

Die erfolgreiche Realisierung von Anwendungsprojekten erfordert eine intensive Zusammenarbeit von Experten und Systementwickler (sowie ausreichende Unterstützung durch das Management). Der Schwerpunkt der Tätigkeit liegt dabei in der Aufgabe des Entwicklers, das Wissen des Experten in geeigneter Form in das Expertensystem einzubringen. Diese Aufgabe nennt man *Knowledge Engineering*, den Entwickler, der diese Aufgabe ausführt, *Knowledge Engineer*. Einen Überblick über dieses Gebiet liefert das nächste Kapitel.

Zusammenfassung

In den 70er Jahren konnten in Artificial Intelligence-Laboratorien einige wegweisende Expertensysteme entwickelt werden, die die Grundlage zur kommerziellen Anwendung der Expertensystemtechnologie in den 80er Jahren lieferten. Dabei haben sich bisher folgende drei Anwendungsschwerpunkte herauskristallisiert:

- Analyse- und Beratungssysteme für den Finanz- und Bankbereich,
- Entwurfs- und Konfigurationssysteme in der Industrie, besonders in Verbindung mit CAD-Systemen und
- Diagnosesysteme bei technischen Anlagen.

Die Erfahrung mit der Entwicklung von Expertensystemanwendungen hat gezeigt, daß ein schrittweises Vorgehen bei der Entwicklung empfehlenswert ist. Daher geht die rasche Implementierung eines experimentellen Systems unter Nutzung von „Rapid Prototyping"-Verfahren der Entwicklung des Anwendungssystems fast immer voraus.

Literatur

Brownston, L., Farrell, R., Kant, E., Martin, N. (1985): Programming Expert Systems in OPS5. Addison-Wesley, Reading, MA.

Buchanan, B. G., Shortliffe, E. H. (eds.) (1984): Rule-Based Expert Systems – The MYCIN Experiments of the Stanford Programming Project. Addison-Wesley, Reading, MA.

Clancey, W. (1987): Knowledge-Based Tutoring – The GUIDON System. MIT Press, Cambridge, MA.

Davis, R., Lenat, D. B. (1982): Knowledge-Based Systems in Artificial Intelligence. McGraw-Hill, New York.

Duda, R. O., Gaschnig, J. G., Hart, P. E. (1979): Modell Design in the Prospector Consultant System for Mineral Exploration. In: Michie, D. (ed) Expert Systems in the Micro Electronic Age. Edinburgh University Press, UK.

Engelmore, R., Morgan, T. (eds.) (1988): Blackboard Systems. Addison-Wesley, Reading, MA.

Erman, L. D., Hayes-Roth, F., Lesser, V. R., Reddy, D. R. (1980): The Hearsay-II Speech-Understanding System: Integrating Knowledge to Resolve Uncertainty. Computing Surveys 12(2): 213–253.
Guilfoyle, C., Jeffcoate, J. (1988): Expert Systems in Banking and Securities. Ovum, London.
Hewett, J., Sasson, R. (1986): Expert Systems 1986, Vol. 1: USA and Canada. Ovum, London.
– Timms, S., d'Aumale, G. (1986): Commercial Expert Systems in Europe. Ovum, London.
Kulikowski, C. A., Weiss, S. M. (1982): Representation of Expert Knowledge for Consultation: The CASNET and EXPERT Projects. In: Szolovits, P. (ed.) Artificial Intelligence in Medicine. Westview Press, Boulder, CO.
Lindsay, R. K., Buchanan, B. G., Feigenbaum, E. A., Lederberg, J. (1980): Applications of Artificial Intelligence for Organic Chemistry: The DENDRAL Project. McGraw-Hill, New York.
McDermott, J. (1981): R1: The Formative Years. AI-Magazine 2(2): 21–29.
– (1982): R1: A Rule-Based Configurer of Computer Systems. Artificial Intelligence 19(1): 39–88.
Melle, W. van (1981): System Aids in Constructing Consultation Programs. UMI Research Press, Ann Arbor, MI.
Mertens, P., Borkowski, V., Geis, W. (1988): Betriebliche Expertensystem-Anwendungen – Eine Materialsammlung. Springer, Berlin Heidelberg New York.
Politakis, P. G. (1984): Empirical Analysis for Expert Systems. Pitman, Boston.
Pople, H. E. (1982): Heuristic Methods for Imposing Structure in Ill-Structured Problems: The Structuring of Medical Diagnostics. In: Szolovits, P. (ed) Artificial Intelligence in Medicine. Westview Press, Boulder, CO.
Prerau, D. S. (1987): Knowledge Acquisition in Expert System Development. AI-Magazine 8(2): 43–52.
Smith, R. G., Baker, J. D. (1983): The Dipmeter Advisor System – A Case Study in Commercial Expert System Development. In: Proceedings of the 8th International Joint Conference on Artificial Intelligence. Morgan Kaufmann, Los Altos, CA, pp. 122–129.
Weiss, S. M., Kulikowski, C. A., Amarel, S. (1978): A Model-Based Method for Computer-Aided Medical Decision-Making. Artificial Intelligence 11: 145–172.
Wilensky, R., Arens, Y., Chin, D. (1984): Talking to UNIX in English: An Overview of UC. Communications of the ACM 27(6): 574–593.

4. Knowledge Engineering

Werner Horn

No future?
– Graffiti

4.1 Aufgabenstellung und Problematik

Zielsetzung von Expertensystemen ist die Nutzbarmachung von Expertenwissen, um damit dem weniger erfahrenen Benutzer des Expertensystems bei der Lösung seiner Problemstellungen behilflich sein zu können. Daraus ergibt sich, daß die Hauptaufgabe beim Aufbau eines Expertensystems darin liegt, das Wissen des Experten aus dessen Kopf in die interne Darstellung des Expertensystems überzuführen. Vor allem geht es dabei um jenes Wissen, das der Experte in langjähriger Erfahrung gewonnen hat. Diese Aufgabe bezeichnet man als *Knowledge Engineering (KE)*. Für das Knowledge Engineering wurden bereits einige Methoden entwickelt, im Vordergrund steht aber das Geschick und die Erfahrung des Knowledge Engineers – jener Person, die mit dem Knowledge Engineering betraut ist. Der Knowledge Engineer muß durch geeignete Fragen und Erhebungen dem Experten das Wissen entlocken, erkennen, welche die geeignete Form zur Darstellung dieses Wissens im Computer ist, und danach das Wissen in dieser Darstellungsform repräsentieren. Damit ergibt sich für das Knowledge Engineering der in Abb. 4.1 dargestellte *Zyklus:*

- Problemidentifikation:
  - Untersuchung des Problemgebietes;
  - Selektion abgrenzbarer Teilaufgaben und Wissensbereiche;
  - Festlegung der in diesem Entwicklungszyklus zu lösenden Aufgabenstellung. Die Lösbarkeit des Gesamtproblems soll dabei nicht aus den Augen verloren werden;
  - Entwurf eines (vorläufigen) Lösungsmodells.
- Wahl der geeigneten Repräsentationsform:
  - Identifikation geeigneter Konzepte zur Wissensdarstellung;
  - Erforschung der Problemlösungstechniken und -strategien des Experten

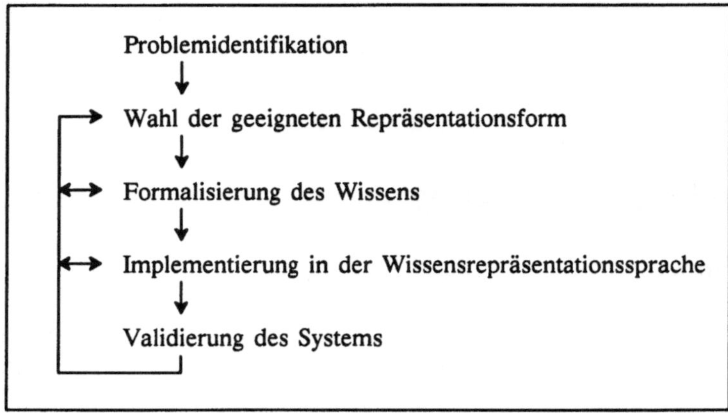

Abb. 4.1. Knowledge Engineering Zyklus

- **Formalisierung des Wissens:**
  - Identifikation von charakteristischen Eigenschaften des Wissens (z. B. unvollständig, unsicher, inkonsistent, zeitabhängig);
  - Darstellung des Expertenwissens im Repräsentationsformalismus;
  - Modellierung der zugrundeliegenden Prozesse.
- **Implementierung:**
  - Auswahl geeigneter Softwarewerkzeuge;
  - Anpassung des formalisierten Wissens an deren Darstellung;
  - Aufbau der Wissensbasis.
- Validierung des Expertensystemverhaltens unter Mithilfe des Experten an Hand von Falldaten.

Dieser Zyklus muß meist öfters durchlaufen werden, wobei man trachtet, die Kreise möglichst klein zu halten. D. h. man versucht eine Änderung der Repräsentationsform zu vermeiden oder deren Notwendigkeit frühzeitig zu erkennen, da dies praktisch ein komplettes Redesign des Expertensystems bedeutet.

Das Knowledge Engineering stellt heute das Haupthindernis für eine rasche und breite Anwendung der Expertensystemtechnologie dar. Der Knowledge Engineer steht zwischen Experten und Expertensystem, alles Wissen muß von ihm bearbeitet werden. Der dadurch entstehende Flaschenhals wird nach Edward Feigenbaum als *„Feigenbaum-Bottleneck"* bezeichnet (Feigenbaum und McCorduck, 1983, S. 80; Cullen und Bryman, 1988). Folgende *Problematik* liegt diesem zugrunde:

- Der Knowledge Engineer muß sowohl eine genaue Kenntnis der Expertensystemtechnologie und -werkzeuge haben, als auch über möglichst weitreichende Kenntnisse aus dem Anwendungsgebiet verfügen. Üblicherweise ist der Knowledge Engineer ein Informatiker mit AI-Ausbildung, der sich erst in das *Anwendungsgebiet einarbeiten* muß, um zumindest die Terminologie des Anwendungsgebietes zu beherrschen, die erst einen Dialog mit dem Experten ermöglicht.

- Die Übersetzung des Expertenwissens in die Wissensrepräsentationssprache des Expertensystems durch den Knowledge Engineer bringt eine *Informationsreduktion* mit sich, die die Qualität des Expertensystems entscheidend beeinträchtigen kann. Meist kann der Experte erst bei der Validierung an Hand ausgewählter Falldaten feststellen, daß prinzipielle Mängel oder Fehler in der Wissensbasis vorhanden sind. Diese Fehler haben ihre Begründung oft nicht in einem fehlerhaften Wissenserwerb, sondern sind Folge einer Wissensdarstellung, die nicht ausreichend ist, um die Vielfältigkeiten, die der Problemstellung innewohnen, entsprechend wiederzugeben. Die während der Validierung gewonnenen neuen Einsichten in die Problemstruktur erzwingen dann eine Restrukturierung der Wissensbasis. Daher versucht man – im Gegensatz zur konventionellen Softwareentwicklung, wo die Implementierung sehr weit ans Ende des Entwicklungszyklus geschoben wird – frühzeitig zu einem testfähigen System zu gelangen. Die Entwicklung eines experimentellen Systems mit Methoden des Rapid Prototyping unter Nutzung hochwertiger KE-Werkzeuge hilft solche prinzipiellen Mängel und Fehler rasch aufzudecken.
- Der derzeitige *Mangel* an gut ausgebildeten, vor allem aber *projekterfahrenen Knowledge Engineers* verhindert oft die erfolgreiche Realisierung eines Anwendungssystems.

Die verstärkte Ausbildung von Knowledge Engineers und die Realisierung von „Einstiegs"-Projekten bei Anwendern, die die notwendige Erfahrung vermitteln sollen, bringen Abhilfe im dritten Punkt. Hauptzielrichtung ist aber die Entwicklung verbesserter Methoden des Wissenserwerbs.

4.2 Methoden des Wissenserwerbs

Nach der Art der Wissenserhebung sind prinzipiell vier Formen des Wissenserwerbs zu unterscheiden:

- der *Knowledge Engineer* erhebt das Wissen vom Experten und baut die Wissensbasis auf (*indirekter* Wissenserwerb);
- der Experte baut selbsttätig die Wissensbasis unter Zuhilfenahme eines *Wissenserwerbsprogramms* auf (*direkter* Wissenserwerb);

- aus vorhandenen Daten wird mit Hilfe eines *Lernprogramms* Wissen extrahiert (*automatischer* Wissenserwerb); und
- ein *Textanalyseprogramm* extrahiert das in Lehrbüchern und Manuals vorhandene Wissen (*automatischer* Wissenserwerb).

Der **indirekte Wissenserwerb** weist die im vorigen Kapitel aufgezeigte Problematik auf. Durch die Nutzung hochwertiger Werkzeuge durch den Knowledge Engineer versucht man möglichst schnell zu einem lauffähigen *experimentellen System* zu gelangen, um damit eine Validierung des Systemverhaltens durch den Experten schon in einer sehr frühen Phase der Entwicklung zumindest für Teilaufgaben zu ermöglichen. Notwendige Strukturänderungen und -erweiterungen können auf diese Weise schon sehr früh erkannt und realisiert werden. Werkzeuge zur Unterstützung des Knowledge Engineers werden in Kapitel 4.3 behandelt.

Untersucht man die Methoden des Wissenserwerbs (Hart, 1986), so ist die vom Knowledge Engineer am häufigsten verwendete Methode das *unstrukturierte Interview,* bei dem der Experte erzählt, wie er ein Problem löst. Der Knowledge Engineer versucht, durch mehr oder weniger spontane Zwischenfragen ein vollständigeres Bild des zur Problemlösung notwendigen Wissens zu erhalten. Diese Form der Wissenserhebung hilft vor allem dem Knowledge Engineer, mit dem Aufgabenbereich vertraut zu werden. Eine *strukturiertere* Form der Wissenserhebung stellt die *Protokollanalyse* dar. Dabei wird auf Ton- oder Videoband aufgezeichnet, wie der Experte ein Problem löst, wobei der Experte 1) laut denkt, oder 2) die Aufgabe bewußt langsam löst und mit Erklärungen anreichert, oder 3) nachher die aufgezeichnete Problemlösung mit Kommentaren und Erklärungen versieht. Es besteht weiters die Möglichkeit, die aufgezeichnete Problemlösung von einem zweiten Experten kommentieren zu lassen. Wichtig ist dabei, zuerst *typische Fälle,* die routinemäßig vom Experten gelöst werden, zu analysieren. Schwierige Fälle sollten erst dann behandelt werden, wenn die leichten Fälle vom Expertensystem zufriedenstellend verarbeitet werden.

Eine allgemeine Methode zum *strukturierten Wissenserwerb* bildet das KADS-System (Hayward et al., 1987), ein Vier-Ebenen-System zur Darstellung von Bereichswissen, inferentiellem Wissen, aufgabenspezifischem Wissen und strategischem Wissen. Das Wissen wird *implementierungsunabhängig* formuliert, wobei dem Knowledge Engineer für einzelne Aufgabenbereiche (z. B. Interpretation) Beschreibungsmodelle zur Verfügung gestellt werden.

Für die Unterstützung des **direkten Wissenserwerbs** wurden zwei Arten von Systemen realisiert: 1) Systeme, die gezielt das Wissen eines *speziellen Expertensystems* erweitern, und 2) einfache Systeme zum *Aufbau der Begriffswelt* und zur *Erarbeitung von Merkmalen,* die eine Klassifikation erlauben. Letztere liefern meist eine Menge einfacher Produktionsregeln.

Der „klassische" Vertreter der ersten Methode ist *TEIRESIAS* (Davis und Lenat, 1982), ein System zur Erweiterung des Wissens von MYCIN. Ausgehend von einem falsch gelösten Fall kann der Experte interaktiv die Regeln von MYCIN erweitern oder modifizieren. Dies ist auf sehr komfortable und weitgehend natürlichsprachliche Weise dadurch möglich, daß das System exakt an die Syntax und Semantik der Produktionsregeln von MYCIN angepaßt ist. Damit kann es auch die bei einem falsch diagnostizierten Fall verwendeten Daten beim Aufbau einer neuen Regel nutzen. Weiters baut TEIRESIAS Regelmodelle auf, die angeben, wie eine typische Regel für eine bestimmte Diagnosekategorie aussieht. Wird eine neue Regel erzeugt, so wird das Regelmodell dieser Diagnosekategorie angewendet. Dem Experten werden Vorschläge unterbreitet, wie die neue Regel aussehen soll, um möglichst ähnlich aufgebaute Regeln zu erhalten. Dadurch soll eine weitgehend konsistente Wissensbasis erzeugt werden. Der Experte kann sich beim Regelaufbau sehr oft auf die Annahme oder Ablehnung von Vorschlägen, die TEIRESIAS macht, beschränken.

Ein weiteres Beispiel für ein Wissenserwerbssystem, das genau an ein spezifisches Expertensystem angepaßt ist, ist *OPAL* (Musen, 1989). Es erlaubt Ärzten, das Wissen von ONCOCIN, einem System zur Erarbeitung von Therapieprotokollen bei Tumoren, zu erweitern. Auch hier wird die komfortable Benutzung für Ärzte dadurch ermöglicht, daß das System exakt an die Aufgabenstellung angepaßt ist.

Bei der zweiten Methode des direkten Wissenserwerbs wird versucht, interaktiv mit dem Experten eine Wissensbasis aufzubauen, wobei als Ergebnis eine Menge von Produktionsregeln entstehen. Die dazu verwendete Methode ist das *Repertory-Grid.* Es ist vorwiegend für Aufgabenstellungen geeignet, die mit Klassifikation zu tun haben. Bei dieser Methode werden im ersten Schritt die verschiedenen zu klassifizierenden Objekte erhoben. Bei einem Beratungssystem für Städtereisen wären dies die Orte (Paris, London, Nizza, etc.). Danach wird nach charakterisierenden Eigenschaften für Dreiergruppen von Objekten gesucht, wobei die Eigenschaft jeweils für zwei und die gegensätzliche Eigenschaft für das dritte Objekt sprechen soll. In unserem Beispiel etwa *viele Museen – wenige Museen.* Anschließend werden alle Objekte nach dieser Eigenschaft auf einer Skala von 1 bis 5 bewertet. Inkrementell werden neue Eigenschaften und auch neue Objekte zum System hinzugefügt. Aus den Bewertungen werden Produktionsregeln erzeugt. Dieses Wissenserwerbssystem erlaubt es, relativ rasch eine Wissensbasis aufzubauen, wobei dies allerdings nur für sehr einfache Problemstellungen möglich ist. Realisiert wurde das Verfahren in ETS (Boose, 1986) und ACQUINAS, einer Erweiterung von ETS, die Hierarchien berücksichtigt. Das Verfahren ist bereits in kommerziell verfügbaren Shells implementiert (AUTOINTELLIGENCE).

Ein weiteres Beispiel eines direkten und aktiven Wissenserwerbssystems ist *MORE/MOLE* (Kahn et al., 1985; Eshelman und McDermott, 1986). Es dient vorwiegend zum Aufbau von Diagnosesystemen. MORE führt eine statische Analyse der Wissensbasis durch, d. h. es untersucht die Wissensbasis nach Schwachstellen, an denen ein genaues Diagnostizieren nicht möglich ist. Dabei versucht es vom Experten Symptome zu bekommen, die eine bessere Unterscheidung von Diagnosen erlauben. MOLE ergänzt das Verfahren durch dynamische Analyse eines spezifischen (falsch gelösten) Falles, indem es Modifikationen der Wissensbasis vorschlägt, die eine Fehlerkorrektur bewirken.

Während beim direkten Wissenserwerb versucht wird den Knowledge Engineer zu umgehen, indem der Experte sein Wissen direkt in die Wissensbasis eingibt, versucht man beim **automatischen Wissenserwerb** auch den Experten zu umgehen. Das für das Expertensystem notwendige Wissen versucht man 1) aus vorhandenen Daten oder 2) aus Texten zu generieren.

Bei Verfügbarkeit einer großen Menge von Datensätzen, die etwa bei einem Diagnosesystem für jede mögliche Diagnose eine Reihe von Fällen mit all ihren Symptomen enthält, kann man aus diesen Datensätzen Wissen extrahieren. Dazu wendet man die Methoden des *maschinellen Lernens* (Michalski et al., 1982) an. Die bei kommerziell verfügbaren Werkzeugen am häufigsten verwendete Methode ist das ID3-Verfahren. Voraussetzung für die erfolgreiche Anwendung des Verfahrens ist das Vorhandensein einer ausreichenden Anzahl von Datensätzen. Es wird sich vor allem dort anbieten, wo laufend Daten erhoben werden und auch Experten mit den Daten nur wenig anzufangen wissen. Es hat sich gezeigt, daß die mit maschinellem Lernen erzeugten Regeln oft sehr stark von den Regeln abweichen, die ein Experte händisch erzeugt, wobei aber die Performanz durchwegs besser sein kann.

Die zweite Methode des automatischen Wissenserwerbs – die *automatische Textanalyse* ist heute aufgrund des Mangels an hinreichend guten textverstehenden Systemen noch nicht möglich. Zielsetzung wäre dabei der Aufbau einer Wissensbasis durch Analyse von Lehrbüchern und Manuals. Zwar ist in vielen Bereichen das Wissen der Experten erfahrungsbezogen und daher meist nicht in den Manuals vorhanden, die Textanalyse eines Manuals würde aber erlauben, ein Grundsystem aufzubauen, das danach mit dem Erfahrungswissen des Experten ergänzt wird. Dies ist sehr oft der Weg, der heute manuell vom Knowledge Engineer beschritten wird. Andererseits ist – vor allem bei technischen Systemen – der umgekehrte Weg zusätzlich wünschenswert, indem man gleichzeitig mit der Entwicklung des technischen Systems anstelle von Manuals ein wissensbasiertes System aufbaut, das das technische System beschreibt.

4.3 Softwarewerkzeuge zur Unterstützung des Knowledge Engineers

Zur Unterstützung des Knowledge Engineers beim Aufbau eines Expertensystems existiert eine Reihe von *Softwarewerkzeugen*. Dabei soll in der Phase des Aufbaues des experimentellen Systems vor allem das Rapid Prototyping unterstützt werden. Es soll sehr schnell ein Expertensystem entstehen, an dessen Performanz der Experte erkennen kann, ob die Strukturierung und Formalisierung des Wissens in richtiger Weise erfolgt ist, oder ob entscheidende strukturelle und/oder funktionelle Mängel bestehen. Für den Aufbau des Zielsystems soll das Softwarewerkzeug den Wissenserwerb und den Aufbau der Benutzerschnittstelle unterstützen. Zum Wissenserwerb ist es besonders bei größeren Wissensbasen notwendig, eine leicht überschaubare Darstellung der Wissensbasis (möglichst aus verschiedenen Blickwinkeln) und ihrer Teile jederzeit zur Verfügung zu haben, sowie eine entsprechende Unterstützung für die laufende Wartung der Wissensbestände. Zum Aufbau der Benutzerschnittstelle sollten vor allem Module zur graphischen Darstellung von Werten einbindbar sein, um ein der Realität möglichst ähnliches Bild am Bildschirm aufbauen zu können. Natürlichsprachige Ausgabe beruht derzeit nur auf der Zusammensetzung vorhandener Textbausteine. Um eine Integration des Expertensystems in die „klassische" EDV des Unternehmens zu ermöglichen, sollte das Werkzeug über Schnittstellen zu Datenbanken verfügen. Damit kann direkt auf notwendige Daten zugegriffen werden, wobei meist aber eine Aggregierung der Basisdaten erfolgen wird.

Softwarewerkzeuge zur Unterstützung des Knowledge Engineers kann man grob in vier Gruppen gliedern (siehe Abb. 4.2), wobei eine exakte Abgrenzung weder möglich noch sinnvoll ist:

- *Expertensystem-Shells:* Expertensysteme mit leerer Wissensbasis. Die Repräsentationsform und die Inferenzkomponente sind fix vorgegeben. Dadurch ist das Expertensystem weigehend ohne Programmierung aufbaubar. Das Expertenwissen wird fast ausschließlich in Form von Regeln dargestellt.

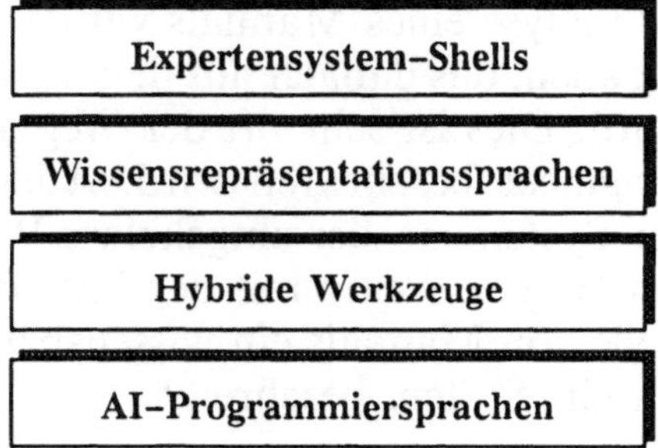

Abb. 4.2. Werkzeuge zur Unterstützung des Knowledge Engineers

- *Wisssensrepräsentationssprachen:* Hier steht die formale Form der Wissensdarstellung mit Hilfe einer spezifischen Sprache im Vordergrund. Zwar verfügt das Werkzeug meist über grundlegende Inferenzmechanismen (Mustervergleich, Regelverkettung, Klassifizierung), der Inferenzablauf muß aber weitgehend programmtechnisch realisiert werden. Beispiele für Wissensrepräsentationssprachen sind die regelorientierte Sprache OPS5 (Brownston et al., 1985) und die Familie der Semantischen Netz Sprachen KL-ONE (Brachman und Schmolze, 1985).
- *Hybride Werkzeuge:* Sie vereinen mehrere Formen der Wissensdarstellung (meist Frames mit Regeln), sowie mehrere Arten der Inferenzbildung (Regelverkettung, Procedural Attachment, Truth-Maintenance). Ferner sind diese Werkzeuge meist mit offenen Programmierschnittstellen ausgestattet, um benutzerspezifische Funktionen einbinden zu können. Einen Überblick über Shells und hybride Werkzeuge bietet Kapitel 4.4.
- *AI-Programmiersprachen:* Programmiersprachen zur Symbolverarbeitung mit Unterstützung des Rapid Prototyping durch Integration von Interpreter, Compiler, Editor, Inspector und Debugger (Lisp, Prolog).

Vergleicht man die in Abb. 4.2 dargestellten Gruppen, so zeigt sich, daß prinzipiell die *Mächtigkeit* des Werkzeugs nach unten zunimmt. Das Expertensystem-Shell mit seiner fest vorgegebenen Repräsentationsform ist nur fähig, ganz bestimmte Aufgabenstellungen zu lösen – eben jene, deren zugehöriges Wissen in dieser Form darstellbar ist. Dagegen ist in einer AI-Sprache eine exakte Anpassung des Expertensystems an die Problemstellung möglich. Natürlich erfordert dies einen entsprechenden Implementierungsaufwand mit der damit verbundenen Fehlerbehaftung. Im Gegensatz dazu ist beim Shell keine oder nur sehr beschränkte Programmierung notwendig, und man kann mit einem bereits ausgetesteten Inferenzsystem arbeiten.

Klassischerweise wird der Fall eintreten, daß zwar der größte Teil des Wissens unter Zuhilfenahme eines Shells repräsentiert werden könnte, an einigen wenigen, aber wichtigen Punkten die Funktionalität des Shells jedoch nicht ausreicht. Hier versucht man Abhilfe durch *offene Shells* zu bieten, die über eine Programmierschnittstelle verfügen, an die der Knowledge Engineer seinen eigenen Code anbinden kann. Die bessere Lösung bilden aber hybride Systeme, die mehrere Arten der Wissendarstellung und anpaßbare Inferenzmodule zusätzlich zu einer offenen Programmierschnittstelle bieten. Abschließend sei noch angemerkt, daß mit zunehmender Mächtigkeit eines Werkzeugs auch dessen Komplexität steigt, wodurch vom Benutzer des Werkzeugs entsprechende Erfahrung gefordert wird.

Betrachtet man die Entwicklung der Shells und Knowledge Engineering Werkzeuge aus historischer Sicht, so zeigt sich, daß praktisch alle Werkzeuge ihren Ursprung in einem konkreten Expertensystem haben, aus dem im ersten Schritt das anwendungsspezifische Wissen entfernt wurde. Danach wurden die Grundkomponenten (Wissensbasis mit ihrer Struktur, Inferenzkomponente, Dialogkomponente) schrittweise verallgemeinert und für einen breiten Anwenderkreis nutzbar gemacht. Abbildung 4.3 faßt diese Entwicklung zusammen.

4.4 Knowledge Engineering Werkzeuge

Werkzeuge zur Unterstützung des Knowledge Engineers beim Aufbau von Expertensystemen werden heute als kommerziell verfügbare Produkte in umfangreicher Weise angeboten. Die angebotenen Produkte reichen dabei vom einfachen, auf Regeln aufbauenden Expertensystem-Shell bis zum hybriden Knowledge Engineering (KE) Werkzeug. Vergleicht man das *Preis-Leistungsverhältnis* der derzeit (1988/89) am Markt angebotenen Werkzeuge, so zeigt sich die in Abb. 4.4 dargestellte Situation. Die *Preissituation* ist charakterisiert durch drei Gruppen in der Größenordnung von 5000, 50 000 und 500 000 österreichischen Schillingen, denen man die Produkte in etwa zuordnen kann. Diese Zuordnung kann nur sehr vage erfolgen, da der Produktpreis von vielen Faktoren abhängt, die hier keine Berücksichtigung finden konnten. Auch ist insgesamt ein schrittweiser Preisverfall festzustellen. Die Zuordnung soll nur ein ungefähres Gefühl vermitteln, welcher Preiskategorie ein Produkt zuzuordnen ist. Betreffend der *Leistung* sind der überwiegende Teil der Produkte *Regelsysteme* mit geringer Mächtigkeit, die vor allem für Personal Computer (PC) angeboten werden. Ihr Preis ist entsprechend niedrig. Die Spitze bei Preis und Leistung liegt bei Regelsystemen in Shells für Main-

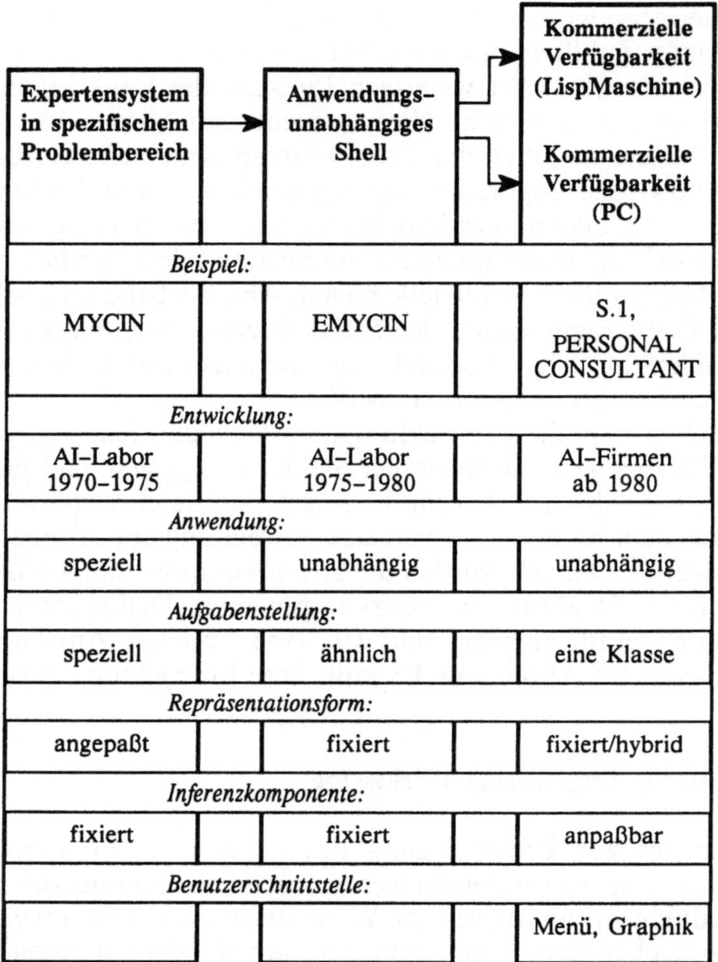

Abb. 4.3. Entstehung von Knowledge Engineering Werkzeugen

frames, deren Mächtigkeit vor allem in der großen Anzahl der verarbeitbaren Regeln liegt. Die zweite, kleinere, aber leistungsfähigere Gruppe bilden *hybride KE-Werkzeuge,* die ihren Ursprung im Bereich der Lisp-Maschinen-Software haben. Sie dringen heute immer stärker in den Bereich der Workstations und hochwertigen PCs vor.

Auf den folgenden Seiten sind die bekanntesten derzeit am Markt befindlichen *Produkte* zusammengestellt. Die Einteilung erfolgt dabei in fünf Gruppen: einfache Regelsysteme, induktive Systeme, komplexe Regelsysteme, große Regelsysteme, und hybride KE-Werkzeuge.

Zu jeder Gruppe ist eine kurze Charakterisierung angegeben und die Marktsituation in einer Abbildung zusammengefaßt. Die Pro-

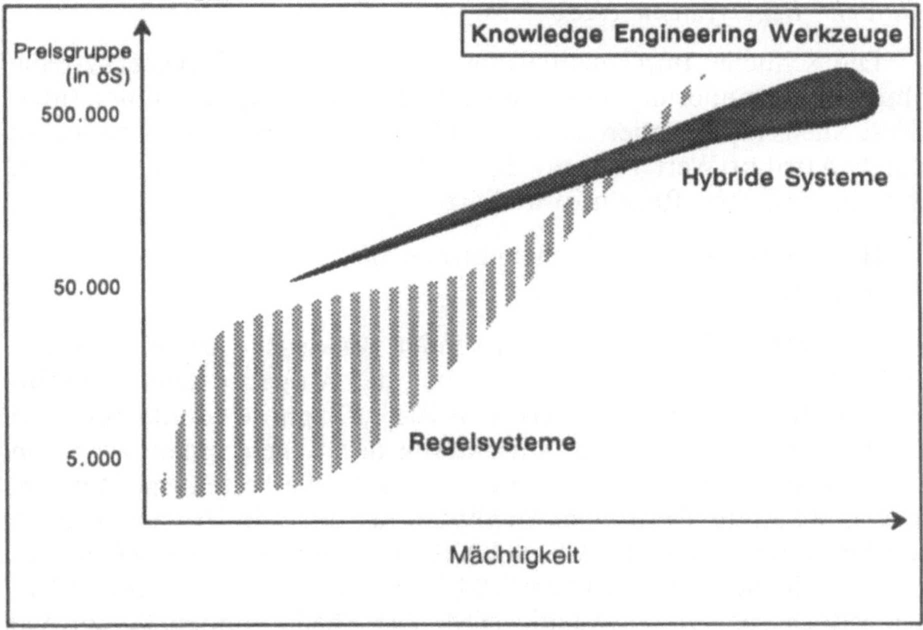

Abb. 4.4. Preis-Leistungsverhältnis von Knowledge Engineering Werkzeugen

dukte sind dabei durch $\boxed{\text{Produkt}}$ gekennzeichnet, wobei die Verfügbarkeit des Produktes auf weiterer Hardware durch —o vermerkt ist. Die Einteilung der *Hardware* erfolgt sehr grob in sechs Gruppen:

- Personal Computer (PC/AT): IBM PC und Kompatible;
- Hochwertige PCs: 386er-Systeme (IBM PS/2, Compaq) und Apple Macintosh;
- Unix-Workstations: Sun, Apollo, HP, IBM RT;
- Vaxstations von DEC;
- Mainframes: IBM; und
- Lisp-Maschinen: Symbolics, Texas Instruments, Xerox.

Eine genauere Beschreibung der einzelnen Produkte ist in Harmon und King (1989) und in Harmon et al. (1988) zu finden. Es ist natürlich zu berücksichtigen, daß eine laufende Weiterentwicklung der Produkte erfolgt. Dies betrifft sowohl die Hardwareverfügbarkeit als auch die Produkteigenschaften. Der Beitrag Österreichs an der Entwicklung von Knowledge Engineering Werkzeugen soll nicht unerwähnt bleiben: VIE-PCX (Widmer und Horn, 1985) und VIE-KET (Holzbaur und Pfahringer, 1987) entsprangen der Forschungs- und Entwicklungsarbeit österreichischer Forschungsinstitute.

Einfache Regelsysteme (Abb. 4.5)

Die schnelle Implementierung sehr einfacher Expertensysteme ohne Programmierung wird vom einfachen Regelsystem unterstützt. Diese Shells repräsentieren die Begriffswelt des Anwendungsbereiches durch Attribut-Wert Paare (z. B. Batterie: ok). Das Expertenwissen wird in einfachen Regeln formuliert:

If Batterie ok **and** Benzinanzeige 0
then Diagnose Tank_leer

Die Inferenzkomponente verwendet vorwiegend die Rückwärtsverkettung von Regeln, um die Lösung der Aufgabenstellung zu finden. Im Beispiel würde man etwa als Ziel „Diagnose" definieren. Das Shell versucht dann unter Anwendung der Regeln einen Wert von „Diagnose" zu finden. Die Benutzerschnittstelle besteht meist darin, daß unbekannte Werte von Attributen mit Ja/Nein-Fragen erhoben werden. Eine zusätzliche Möglichkeit, Attributwerte zu erheben, bieten einfache Schnittstellen zu dBASE und Lotus 1–2–3, wobei Abfragen jedoch sehr zeitaufwendig sind. Die Shells können bis zu 500 Regeln mit vertretbarem Aufwand verarbeiten – nicht zuletzt wegen des mit 640 kB beschränkten Hauptspeichers von DOS-PCs.

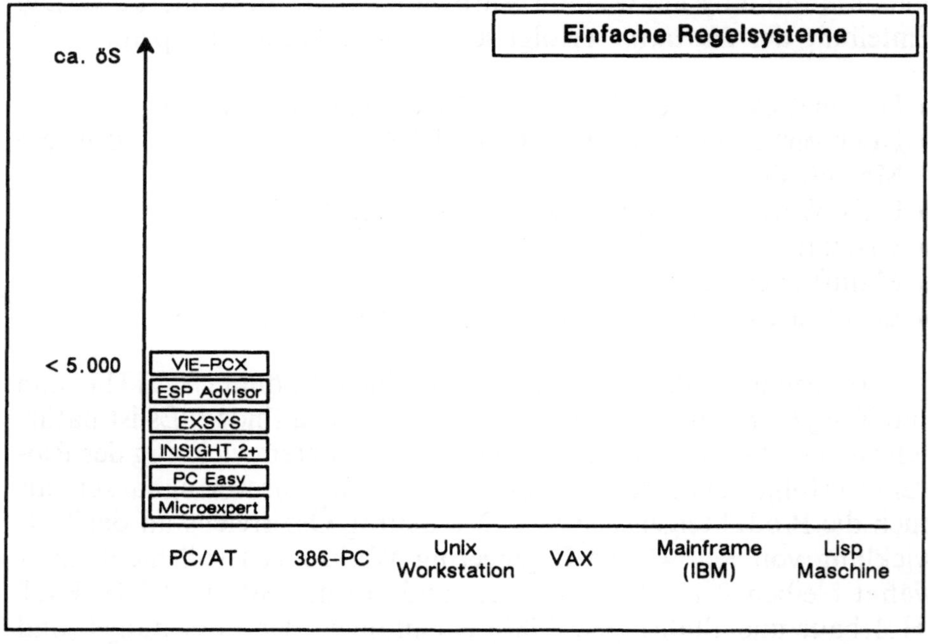

Abb. 4.5

Induktive Systeme (Abb. 4.6)

Induktive Systeme sind Shells, die versuchen, durch induktives Lernen aus einer großen Zahl von richtig gelösten Beispielen Wissen zu extrahieren. Dabei wird nach Regelmäßigkeiten in den Daten gesucht. Das Ergebnis des Lernprozesses sind Entscheidungsbäume oder einfache Regeln. Zum Beispiel generiert ein induktives System aus folgender Tabelle.

Beispielnr.	Lochanzahl	Form	Geeignet
1	2	eckig	nein
2	4	eckig	ja
3	5	rund	nein
4	6	eckig	ja

die Regel

if Lochanzahl $\geq$ 4 **and** Form eckig
then Geeignet ja.

Die Aufgabe des Knowledge Engineers wird insofern vereinfacht, als er nur die Attribute und ihre Werte festlegen muß, das Shell generiert aus den Beispielen die Regeln.

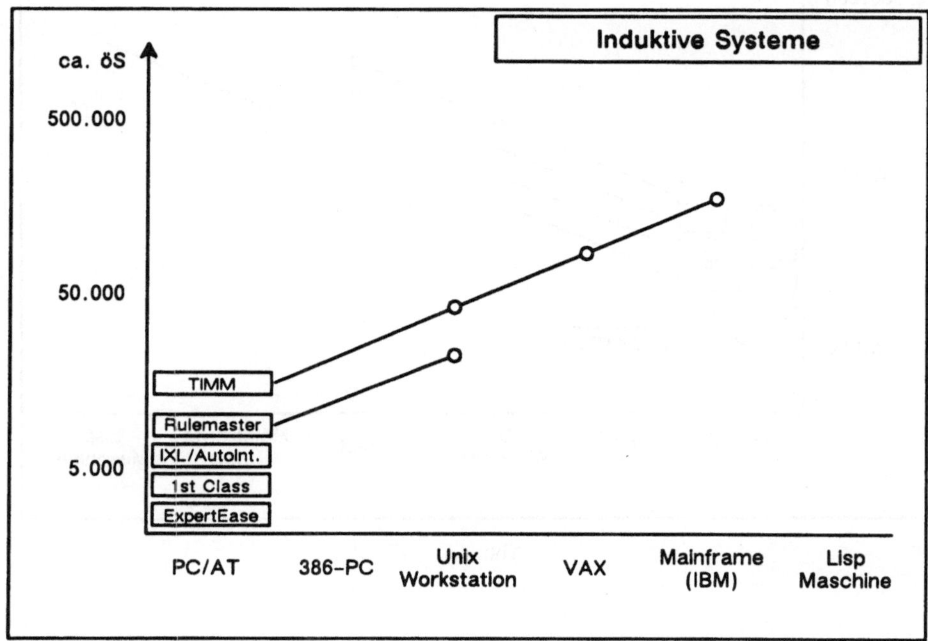

Abb. 4.6

Komplexe Regelsysteme (Abb. 4.7)

Diese Shells repräsentieren das begriffliche Wissen des Anwendungsbereiches in Objekt-Attribut-Wert Tripeln. Damit wird es möglich, mehrere Instanzen eines Objektes zu bilden, wobei jeder Instanz ihre Attributwerte zugeordnet werden können. Dadurch kann man zum Beispiel Objekte vergleichen. Darüber hinaus kann eine Objekthierarchie aufgebaut werden, wobei untergeordnete Objekte Attributwerte von den übergeordneten Objekten erben können. Regeln können mehrfach angewendet werden, da sie sich auf mehrfach instanzierbare Objekte beziehen, die praktisch Variable darstellen. Die Regelsyntax bietet größere Flexibilität und ermöglicht damit die Formulierung komplexer Bedingungen. Eine Bewertung der Sicherheit von Regeln und Aussagen ist durch die Nutzung eines Sicherheitsmaßes möglich. Der Inferenzprozeß kann vorwärtsverkettende und rückwärtsverkettende Regeln mischen. Zusätzlich kann der Inferenzablauf durch Metaregeln gesteuert werden. Die Benutzerschnittstelle ist Menü-orientiert, wobei die Einbindung einfacher Graphik möglich ist.

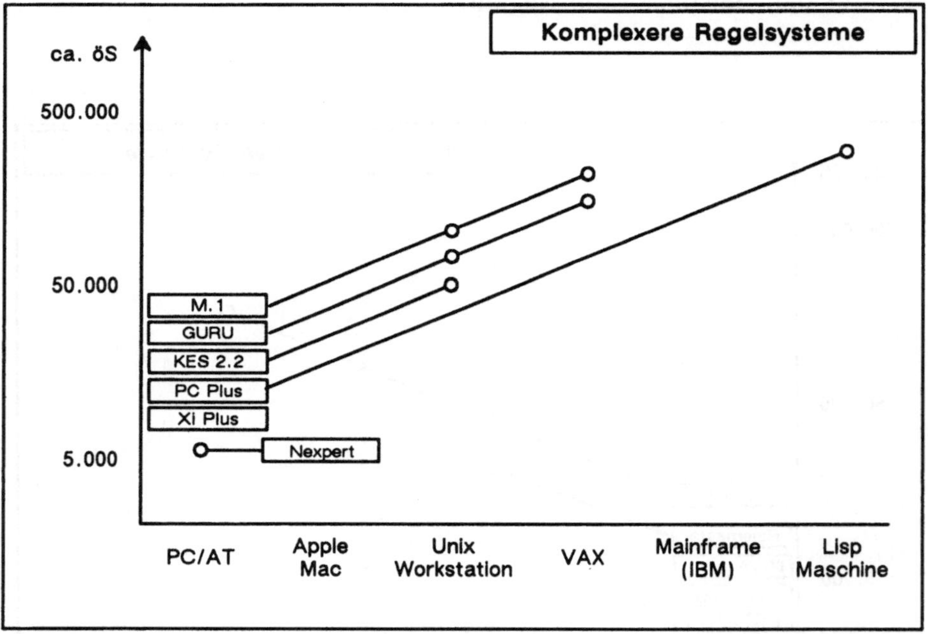

Abb. 4.7

Große Regelsysteme (Abb. 4.8)

Zielsetzung von Shells für große Regelsysteme ist die Unterstützung der Implementierung großer Anwendungssysteme auf Mainframes. Derartige Systeme beinhalten mehr als 1500 Regeln. PC-Versionen der Shells dienen hier hauptsächlich der raschen Entwicklung und dem Test eines experimentellen Systems.

Zusätzlich zur Funktionalität komplexer Regelsysteme besteht hier die Möglichkeit der Bildung von abgrenzbaren Regelmengen. Dadurch wird eine Partitionierung der Wissensbasis möglich, die sowohl eine effiziente Regelexekution als auch eine Erleichterung bei der Wartung der großen Wissensbestände mit sich bringt. Um eine Einbettung oder Anbindung an bestehende Applikationen zu ermöglichen, bieten die Shells Schnittstellen zu Datenbanken, die für eine intensive Interaktion geeignet sind, sowie Programmierschnittstellen.

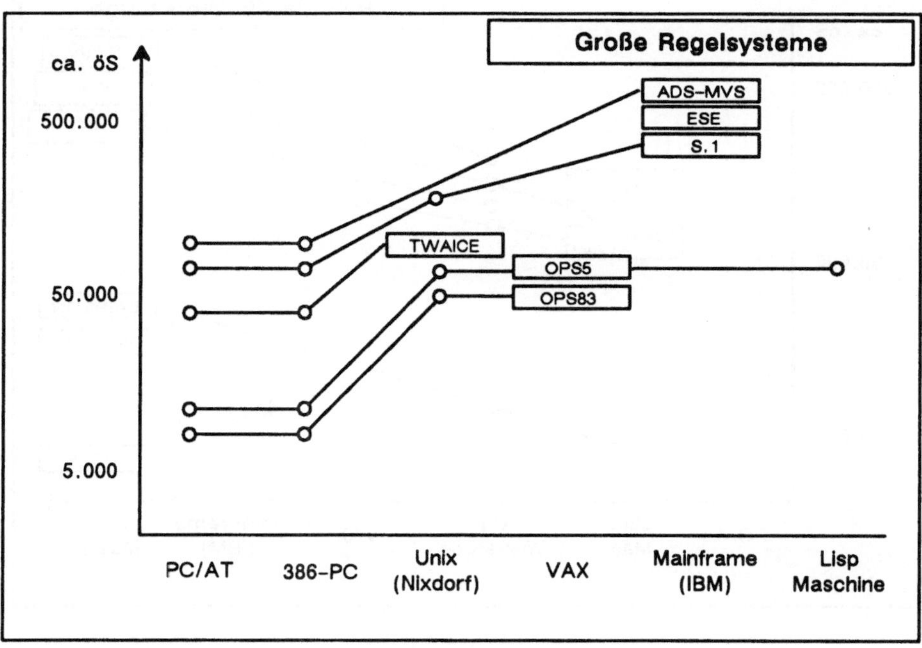

Abb. 4.8

Hybride KE-Werkzeuge (Abb. 4.9)

Die derzeit größte Mächtigkeit bieten hybride KE-Werkzeuge durch die Integration von Frame- und Regelsystemen. Sie waren lange Zeit ausschließlich auf Lisp-Maschinen verfügbar. Neue Produkte und Portierungen haben es ermöglicht, derartige Werkzeuge heute auch an hochwertigen PCs und an Workstations zu nutzen.

Die offene Programmierschnittstelle verleiht dem Werkzeug die Mächtigkeit von Lisp (oder C), die flexible Regelsyntax erweitert diese um die Mächtigkeit von Prolog. Die Inferenzkomponente kombiniert die Frameeigenschaften Vererbung, Defaults und Procedural Attachment mit den Verkettungsmechanismen der Regeln. Darüber hinaus unterstützen die Werkzeuge die Verarbeitung von Constraints und die Nutzung von Truth Maintenance bei dynamisch veränderlichen Situationen. Der Aufbau einer graphikorientierten Benutzerschnittstelle mit maussensitiven Eingabefeldern wird durch diese Werkzeuge unterstützt. Die Komplexität der Werkzeuge erfordert vom Benutzer allerdings entsprechende Erfahrung und Einarbeitung.

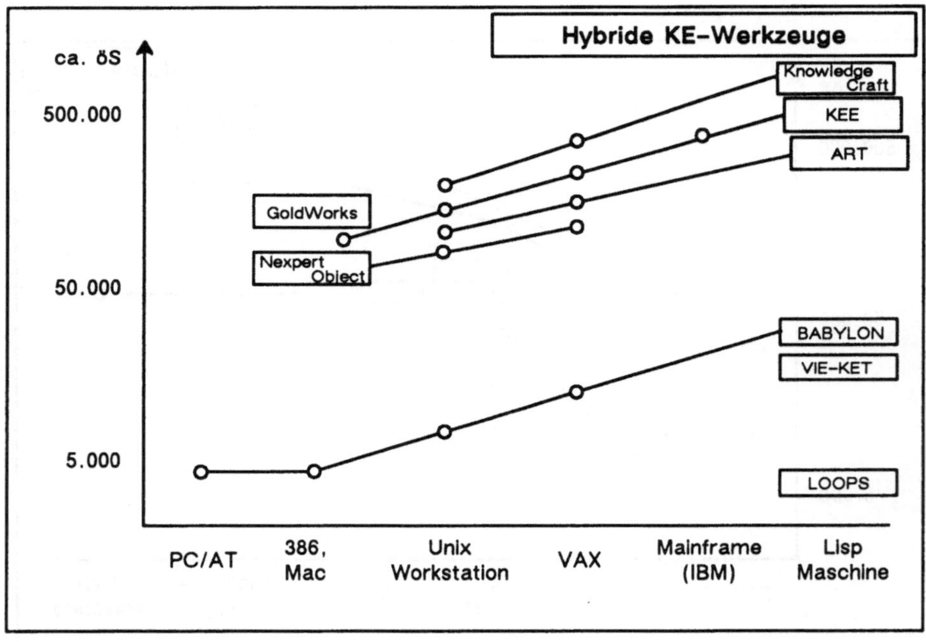

Abb. 4.9

Zusammenfassung

Knowledge Engineering bezeichnet die wichtigste Aufgabe bei der Entwicklung von Expertensystemen: die Identifikation geeigneter Methoden zur Strukturierung, Formalisierung und Repräsentation von Wissen, sowie den Erwerb des notwendigen Wissens. Der indirekte Wissenserwerb, bei dem der Knowledge Engineer das Wissen in unstrukturierter oder strukturierter Form vom Experten zu erhalten versucht, ist die derzeit zumeist angewandte Methode. Weitere Arten des Wissenserwerbs sind der direkte – der Experte baut selbsttätig die Wissensbasis auf – und der automatische – mit Methoden des maschinellen Lernens wird aus umfangreichen Daten Wissen extrahiert.

Zur Unterstützung des Knowledge Engineers beim Aufbau von Expertensystemen existieren eine Reihe von Softwarewerkzeugen, wobei vor allem auf Expertensystem-Shells und hybride Werkzeuge eingegangen wird.

Literatur

Boose, J. H. (1986): Expertise Transfer for Expert System Design. Elsevier, Amsterdam.

Brachman, R. J., Schmolze, J. G. (1985): An Overview of the KL-ONE Knowledge Representation System. Cognitive Science 9(2): 171–216.

Brownston, L., Farrell, R., Kant, E., Martin, N. (1985): Programming Expert Systems in OPS5. Addison-Wesley, Reading, MA.

Cullen, J., Bryman, A. (1988): The Knowledge Acquisition Bottleneck: Time for Reassessment? Expert Systems 5(3): 216–225.

Davis, R., Lenat, D. B. (1982): Knowledge-Based Systems in Artificial Intelligence. McGraw-Hill, New York.

Eshelman, L., McDermott, J. (1986): MOLE: A Knowledge Acquisition Tool that Uses its Head. In: Proceedings of the Fifth National Conference on Artificial Intelligence (AAAI-86). Morgan Kaufmann, Los Altos, CA.

Feigenbaum, E. A., McCorduck, P. (1983): The Fifth Generation. Artificial Intelligence and Japan's Computer Challenge to the World. Addison-Wesley, Reading, MA.

Harmon, P., King, D. (1989): Expertensysteme in der Praxis, 3. Auflage. Oldenbourg, München.

– Maus, R., Morrisey, W. (1988): Expert Systems – Tools and Applications. Wiley, New York.

Hart, A. (1986): Knowledge Acquisition for Expert Systems. Kogan Page, London.

Hayward, S. A., Wielinga, B. J., Breuker, J. A. (1987): Structured Analysis of Knowledge. International Journal of Man-Machine Studies 26: 487–498.

Holzbaur, C., Pfahringer, B. (1987): Synthesis of Hybrid Languages. Applied Artificial Intelligence 1(1): 39–52.

Kahn, G., Nowlan, S., McDermott, J. (1985): MORE: An Intelligent Knowledge Acquisition Tool. In: Proceedings of the 9th International Joint Conference on Artificial Intelligence (IJCAI-85). Morgan Kaufmann, Los Altos, CA.

Michalski, R. S., Carbonell, J. G., Mitchell, T. M. (eds.) (1982): Machine Learning: An Artificial Intelligence Approach. Tioga, Palo Alto, CA.

Musen, M. A. (1989): Automated Generation of Model-based Knowledge-Acquisition Tools. Pitman, London.

Widmer, G., Horn, W. (1985). VIE-PCX – Ein Expert-System-Shell für den PC. In: Trost, H., Retti, J. (eds.) Österreichische Artificial Intelligence-Tagung. Springer, Berlin.

5. Prolog und Meta-Interpreter

Thom Frühwirth

$$
\begin{aligned}
&solve(true).\\
solve((A\&B)) &\leftarrow solve(A) \ \& \ solve(B).\\
solve(A) &\leftarrow clause(A \leftarrow B) \ \& \ solve(B).
\end{aligned}
$$

5.1 Einführung in Prolog

5.1.1 Entwicklung

Seit seiner Entwicklung Anfang der siebziger Jahre hat sich Prolog zu einem der wichtigsten Vertreter einer neuen Generation von Programmiersprachen entwickelt, die auf mathematischer Logik basieren. Prolog wurde erstmals 1973 zur Unterstützung von natürlichsprachigem Verstehen in Marseille durch Alain Colmerauer implementiert. Vor allem ab 1978, als japanische Forschungsinstitute ankündigten, eine Weiterentwicklung von Prolog als die Programmiersprache für ihr großangelegtes „Fifth Generation Computing" Projekt zu verwenden, wurden Wissenschafter aus aller Welt hellhörig.

Prolog ist so in der letzten Dekade zum Mitbewerber der klassischen AI-Sprache Lisp geworden. Prolog wird derzeit standardisiert, noch existiert eine Vielzahl von Dialekten. Laufend kommen neue, leistungsfähigere Versionen auf den Markt. Als relativ junge Programmiersprache beginnt sich Prolog kommerziell erst durchzusetzen. Am weitesten verbreitet sind Prolog-10 kompatible Dialekte (sogenannte Edinburgh-Syntax), beruhend auf der ersten effizienten Prolog-Implementierung von David H. D. Warren 1975 auf einem DEC-10 Computer.

Prolog steht für „PROgramming in LOGic". Die Herkunft des Namens verrät die theoretische Fundierung von Prolog in der klassischen Logik (Prädikatenlogik erster Stufe). Prolog ist aber nur der bedeutendste Vertreter der Familie logischer Programmiersprachen, die alle auf logischen Kalkülen basieren. Die Vorläufer der logischen Programmierung sind im automatischen Beweisen (Automated Theorem Proving) zu orten. Das automatische Erzeugen von Beweisen logischer Aussagen durch Computerprogramme geht bis in die Zeit nach dem zweiten Weltkrieg zurück. Die Hoffnung vieler Forscher in den sechziger Jahren, dadurch neue mathematische Erkenntnisse gewinnen zu können, erwies sich allerdings als überzogen.

5.1.2 Grundlagen

Prolog ist eine *deklarative* Programmiersprache. Das bedeutet, daß in Prolog im Gegensatz zu den herkömmlichen prozeduralen Programmiersprachen wie Fortran, Pascal oder C nicht mehr algorithmisch der Lösungsweg, sondern nur mehr die Bedingungen, die die Lösung des gestellten Problems erfüllen soll, angegeben werden. Funktionale Sprachen (wie ML und das bekanntere Lisp) sind ebenfalls deklarativ. Während aber funktionale Programmiersprachen auf Funktionen und Funktionsapplikationen beruhen, basieren logische Programmiersprachen auf Relationen und Regelanwendung.

Prolog ist eine *deskriptive* Programmiersprache. Die Lösung eines Problemes wird durch Regeln und Fakten beschrieben. Prozedurale Programmiersprachen hingegen sind *preskriptiv (imperativ)*. Die Lösung eines Problems muß in Form von Befehlsfolgen ausprogrammiert werden. Robert A. Kowalski (1977), der wesentliche theoretische Grundlagen für die logische Programmierung erarbeitete, hat mit seiner als Gleichung formulierten Aussage

$$\text{ALGORITHM} = \text{LOGIC} + \text{CONTROL}$$

den Unterschied zwischen dem WAS (Logic) und dem WIE (Control) in der Programmierung (d. h. dem Implementieren eines Algorithmus) betont. Ein Algorithmus besteht also aus einer logischen Komponente, die das Wissen zur Problemlösung enthält und einer Steuerkomponente, die bestimmt, wie das Wissen verwendet wird, um damit Probleme zu lösen.

Gibt man den Programmablauf (Control) aber nicht explizit an, so muß die Programmiersprache einen vorgegebenen, allgemeinen Algorithmus zur Auswertung des Wissens zur Problemlösung haben. Diese Auswertestrategie von Prolog orientiert sich am Resolutionsprinzip von J. A. Robinson (1963). Natürlich bringt eine vorgegebene Auswertestrategie einen prozeduralen Aspekt in Prolog ein. Man spricht in diesem Zusammenhang davon, daß Prolog einerseits eine deklarative, andererseits eine prozedurale Semantik (Interpretation) hat.

Was an Prolog verblüfft, ist die Einfachheit seiner Programme. Dennoch fällt es gerade erfahrenen Programmierern am schwersten, sich mit dieser neuen Sprache anzufreunden, weil sie den Umgang mit herkömmlichen, prozeduralen Sprachen gewohnt sind. Doch Prolog besitzt kein der für die prozeduralen Sprachen typischen Konstrukte, wie

- Zuweisungen von Werten an Variable
- Selektion durch Verzweigungskonstrukte wie *if-then-else* und *case*
- Iteration durch Schleifenkonstrukte wie *for* und *while*

und zwingt damit zu einem Umdenken im Programmieren. Eine Prozedur ist nicht mehr eine Folge von Befehlen, sondern eine Menge von Regeln und Fakten, die durch Prolog interpretiert werden. Anstelle der oben erwähnten Methoden treten in Prolog mächtigere Möglichkeiten, nämlich

- Pattern Matching durch Unifikation zur Bindung von Variablen an Terme
- Unifikation und Backtracking zur Selektion von Regeln und Fakten
- Rekursion statt Iteration.

5.1.3 Prolog und Expertensysteme

Die Programmiersprache Prolog weist konzeptuelle Analogien mit Expertensystemen auf. Die Wissensbasis eines Expertensystems entspricht der Fakten- und Regelbasis, die das Wissen zur Problemlösung enthält. Die Inferenzmaschine eines Expertensystems entspricht der Steuerkomponente, deren Auswertestrategie auf dem Resolutionsprinzip beruht. Das Benutzerinterface in Prolog ermöglicht es schließlich, die Wissensbasis abzufragen. Erst die interaktiven Abfragen des Benutzers setzen eine Auswertung in Gang, liegt keine Abfrage vor, so befindet sich das Prolog-System in Warteposition.

Allerdings geht diese Analogie nicht so weit, Prolog sinnvoll als Expertensystem einsetzen zu können. Durch die mächtige Technik der Meta-Programmierung, des Programmierens von Meta-Interpretern, ist Prolog jedoch gut geeignet, Expertensysteme zu implementieren.

5.2 Prolog

Im folgenden beschreiben wir eine unserem Zweck angepaßte vereinfachte Untermenge von Prolog. Im allgemeinen ist es aber nicht schwierig, die hier vorgestellte Sprache in einen bestimmten, am Markt befindlichen Prolog-Dialekt zu übersetzen. Die grundlegenden Konstrukte von Prolog sind Klausen (engl: clause), die als Fakten, Regeln oder Abfragen auftreten. Die einzige Datenstruktur ist der Term (engl: term).

5.2.1 Prädikate und Fakten

Ein *Prädikat* ist eine Aussage über Objekte. Es drückt Eigenschaften eines Objektes oder eine Relation (Beziehung) zwischen Objekten aus. Ein *Fakt* wird gebildet, indem man ein Prädikatensymbol auf Argumente, die für Objekte stehen, anwendet. Die Objekte sind Terme. Einige Beispiele sollen die Schreibweise von Fakten in Prolog verdeutlichen:

```
gerade(2).
vater(johann, maria).
gibt(johann, buch, susi).
addresse(name(meier, sepp), 'Neuweg 14', '1234 Suelzen').
```

Ein Prädikatensymbol (`gerade`, `vater`, `. . .`) wird durch eine String-Konstante dargestellt. Strings beginnen entweder mit einem kleinen Anfangsbuchstaben oder sind in einfache Hochkommas eingeschlossen. Argumente können
String-Konstanten (`johann`, `buch`, `...`), Zahlen (`2`)
als auch geschachtelte Terme (`name(meier,sepp)`) sein.

Die anderen Formen von Klausen, Regeln und Abfragen, werden wir später behandeln. Eine (endliche) Menge von Klausen bildet ein (Prolog-)*Programm*. Die Fakten sind in der Wissensbasis von Prolog, der sogenannten *Datenbasis* (engl: Database), gespeichert.

Beispiel 5.1 (Familie) Seien darin zum Beispiel folgende Aussagen über eine Familie enthalten:

```
kind(albert, johann).
kind(beate, johann).
kind(albert, georg).
kind(beate, georg).
kind(sepp, maria).
kind(susi, maria).
kind(georg, cindy).
kind(maria, cindy).
kind(georg, viktor).
kind(maria, viktor).
```

```
weiblich(beate).
weiblich(susi).
weiblich(maria).
weiblich(cindy).

maennlich(albert).
maennlich(johann).
maennlich(georg).
maennlich(sepp).
maennlich(viktor).
```

5.2.2 Abfragen

Die Informationen in der Datenbasis können durch eine *Abfrage* (engl: query) ermittelt werden. Die Abfrage erfolgt in Prolog interaktiv. Um abzufragen, ob Georg das Kind von Beate ist, gibt man ein:

```
kind(beate, georg) ?
```
ja

Kursiv gedruckt ist die Antwort des Prolog-Systems, in diesem Fall ‚*ja*‘, weil dieser Fakt in der Datenbasis gefunden wurde. Einige andere Beispiele:

```
weiblich(maria) ?
```
ja
```
weiblich(albert) ?
```
nein
```
maennlich(albert) ?
```
ja

Die Antwort ‚nein‘ bedeutet, daß kein Fakt gefunden werden konnte, das der Abfrage entspricht. Diese Antwort bedeutet nicht, daß das abgefragte Prädikat falsch ist, wie das folgende Beispiel zeigt:

```
maennlich(karl) ?
```
nein

Denn auch hier ist die Antwort ‚*nein*‘, weil in der Datenbasis kein Fakt `maennlich(karl)` gefunden werden konnte.

5.2.3 Terme

Um komplexere Abfragen stellen zu können, benötigen wir Variable. Sie sind Platzhalter für ein nicht näher spezifiziertes einzelnes Objekt. Variable müssen in Prolog, einer interpreter-orientierten Sprache, nicht deklariert werden. Im Gegensatz zu herkömmlichen Programmiersprachen kann eine Variable nur höchstens einmal einen Wert erhalten (engl: single assignment), d. h. nicht überschrieben werden. Die folgende Abfrage kann gelesen werden als „Gibt es ein X, sodaß das Prädikat `kind(sepp, X)` wahr ist?":

```
kind(sepp, X) ?
X = maria
```

Das Ergebnis einer Abfrage mit Variablen ist eine Aufzählung, die angibt, welche Werte die Variablen angenommen haben. Variablennamen beginnen mit großen Anfangsbuchstaben. Durch die Abfrage werden die Variablen an bestimmte Werte gebunden, man sagt auch sie werden mit einem Wert *instantiiert*. Stellen wir die obige Abfrage mit einer Variable als erstem Argument:

```
kind(Person, maria) ?
Person = sepp
Person = susi
```

Wir haben also zwei Antworten erhalten. Maria ist das Kind einer Person, und diese Person kann *entweder* Sepp (der Vater) *oder* Susi (die Mutter) sein. Zur Ermittlung der zweiten Antwort wurde der Wert der Variablen nicht überschrieben, sondern die erste Lösung verworfen, die Bindung der Variable an den Wert aufgehoben, und in der Datenbank nach einer anderen Lösung weitergesucht. Die Reihenfolge der Antworten entspricht der Reihenfolge der gefundenen Fakten in der Datenbasis. Die Abfrage `kind(X, Y)` bindet als Ergebnis die Variablen X und Y der Reihe nach an alle Argumente der Fakten für die kind-Beziehung.

Betrachten wir die folgenden beiden Abfragen:

```
kind(Jemand) ?
nein
kind(A, B, C) ?
nein
```

In beiden Abfragen erhalten wir das Ergebnis ‚nein‘, weil kein Fakt in der Datenbank gefunden werden kann, das mit den Abfragen in Übereinstimmung gebracht werden kann. Denn es gibt zwar ein Prädikat `kind` mit zwei Argumenten, keines aber mit einem oder drei Argumenten.

Wir sind nun in der Lage, die einzige Datenstruktur von Prolog, den *Term*, rekursiv zu definieren. Ein Term ist entweder

– *Variable*
– *Konstante* (String oder Zahl)
– *Zusammengesetzter Term*
bestehend aus *Funktor* (String) und *Argumenten* (beliebige Terme)

Wenn wir von einem Prädikat sprechen, geben wir in Hinkunft zur besseren Unterscheidbarkeit nicht nur den Namen, sondern den Funktor mit *Stelligkeit* (der Anzahl der Argumente) an. Wir sprechen daher etwa von einem Prädikat kind/2, männlich/1 bzw. weiblich/1.

5.2.4 Unifikation

Das Ergebnis einer Abfrage ist eine Menge von Bindungen für die Variablen. Wir definieren: Eine *Substitution* ist eine endliche (möglicherweise leere) Menge von Paaren der Form $X_i \leftarrow t_i$, wobei X_i eine Variable und t_i ein Term ist und jede Variable X_i nur genau einmal links vorkommt, d. h. $X_i \neq X_j$ für alle $i \neq j$ und X_i kommt in keinem Term t_i vor (für alle i und j).

Wenn wir eine Substitution θ auf einen Term A anwenden, so werden im Term alle Variablen durch die an sie gebundenen Terme ersetzt; das ergibt einen neuen Term B. Wir schreiben $A\theta = B$. Ein Beispiel: Die Substitution $\{X \leftarrow sepp\}$ angewandt auf den Term kind(X,maria) ergibt den Term kind(sepp,maria). Wir bezeichnen den Ergebnisterm als *Instanz* des ursprünglichen Terms: ein Term B ist eine Instanz des Terms A wenn eine Substitution θ existiert mit $B = A\theta$.

Das Ermitteln der allgemeinsten gemeinsamen Instanz zweier Terme bezeichnet man als *Unifikation* dieser Terme. Das Ergebnis der Unifikation von zwei Termen A und B ist somit eine Substitution θ, sodaß gilt $A\theta = B\theta$ (vergleiche Abschnitt 6.2.7).

In Prolog existiert das vordefinierte Prädikat =/2, das als Infix-Operator geschrieben wird. Betrachten wir einige Aufrufe dieses Prädikats zur expliziten Unifikation:

```
A = hugo ?
A = hugo
```

```
hugo = hugo ?
ja
mutter = mama ?
nein
gangsterpaerchen(harold, X) =
  gangsterpaerchen(Y, maude) ?
X = maude, Y = harold
kind(A,B) = vater(B,A) ?
nein
kind(A,B) = kind(A) ?
nein
foo(X,X,4) = foo(ring(N), L, N) ?
X = ring(4), L = ring(4), N = 4
```

Die Unifikation zweier Term X und Y kann wie folgt durchgeführt werden:

- wenn X eine Variable ist und Y eine Variable ist:
    Indem X und Y aneinander gebunden werden,
    d.h. jede Bindung, die später an X erfolgt, erfolgt genauso an Y;
- wenn X eine Variable ist und Y keine Variable ist:
    Indem an die Variable X der Term Y gebunden wird,
    d.h. die Variable X mit dem Term Y instanziert wird;
- wenn X keine Variable ist und Y eine Variable ist:
    Indem der Term X an die Variable Y gebunden wird,
    d.h. mit dem Term X wird die Variable Y instanziert;
- wenn X keine Variable ist und Y keine Variable ist
    - wenn X und Y identische Konstanten sind:
        Indem die Unifikation erfolgreich ist;
    - wenn X und Y zusammengesetzte Terme mit gleichem Funktor
      sind:
        Indem X und Y argumentweise unifiziert werden.
Andernfalls scheitert die Unifikation der Terme X und Y.

Wichtig zu wissen ist, daß Bindungen nicht überschrieben werden können. Ist eine Variable an einen bestimmten Term gebunden, so bleibt sie das während der folgenden Abarbeitung, außer die Variablenbindungen werden bei einem Backtracking rückgängig gemacht. Variablen, die im Term enthalten sind, können in späterer Folge gebunden werden.

5.2.5 Regeln

Kommen wir zu unserem Beispiel des Familienstammbaums zurück. Um alle Mütter in der Datenbank zu finden, kombinieren wir einerseits die Abfrage `kind(Parent, Kind)`, um alle Elternteile aller Kinder zu finden, mit der Abfrage `weiblich(Parent)` um alle Frauen zu finden, durch eine Und-Verknüpfung (Konjunktion). Die *Konjunktion* wird durch den Infix-Operator ‚&' dargestellt, die Teilabfragen werden *Subgoals* genannt. Wir erhalten:

```
kind(Parent, Kind) & weiblich(Parent) ?
Parent = beate, Kind = johann
Parent = beate, Kind = georg
Parent = susi,  Kind = maria
Parent = maria, Kind = cindy
Parent = maria, Kind = viktor
```

Die *Abarbeitung* eines *Goals* (Konjunktion von Subgoals) in Prolog erfolgt von links nach rechts. Die Abfrage `kind(Parent, Kind)` findet eine Lösung mit der Substitution {Parent←albert, Kind←johann}. Diese Substitution wird nun auf die ganze Abfrage angewandt, sodaß aus der Abfrage `kind(albert, johann) & weiblich(albert)` wird. Nun wird versucht, das zweite Subgoal `weiblich(albert)` zu beweisen. Da `weiblich(albert)` jedoch keine Lösung hat, scheitert das zweite Subgoal der Abfrage. Nun liegt es am ersten Subgoal, eine weitere Lösung zu präsentieren. Die Kontrolle geht damit an das erste Subgoal zurück, eventuelle Variablenbindungen aus dem zweiten Subgoal werden rückgängig gemacht. Dieser Vorgang wird als *Backtracking* bezeichnet. Die nächste Lösung für das erste Subgoal ist {Parent←beate, Kind←johann}. Das sich ergebende zweite Subgoal `weiblich(beate)` kann erfüllt werden, damit ist die ganze konjunktive Abfrage erfüllt und eine Lösung gefunden. Für die weiteren Lösungen wird angenommen, daß das zuletzt erfolgreiche Subgoal gescheitert ist. Dadurch wird Backtracking zur Suche neuer Lösungen eingeleitet.

Das folgende Beispiel zeigt, wie Zusammenhänge zwischen Prädikaten durch Regeln beschrieben werden.

Beispiel 5.2 (Mutter-Vater) Je eine Regel für die Prädikate mutter/2 und vater/2:

```
mutter(M, K) ←
  kind(M, K) & weiblich(M).
vater(V, K) ←
  kind(V, K) & maennlich(V).
```

Diese Regeln entsprechen den EFRS-Regeln

$$\{\forall M\, \forall C\; (kind(M, K) \;\wedge\; weiblich(M) \Rightarrow mutter(M, K)),$$
$$\forall M\, \forall C\; (kind(V, K) \;\wedge\; m\ddot{a}nnlich(V) \Rightarrow vater(V, K))\}$$

Der Infix-Operator ‚←' wird Regel-Operator (engl: rule-atom) genannt. Der Teil links vom Regel-Operator heißt *Kopf*, der Teil rechts davon *Rumpf* der Regel. Der Rumpf der Regel ist syntaktisch wie eine Abfrage aufgebaut. Die erste Regel kann gelesen werden: „M ist Mutter von K wenn K ein Kind von M ist und M weiblich ist". Zu beachten ist, daß die Variable K in der ersten Regel unabhängig von der Variable K in der zweiten Regel ist. Der *Gültigkeitsbereich einer Variablen* in Prolog ist immer lokal, innerhalb einer Regel.

Die Abfrage liefert das bekannte Ergebnis:

```
mutter(Mutter, Kind) ?
Mutter = beate, Kind = johann
Mutter = beate, Kind = georg
Mutter = susi,  Kind = maria
Mutter = maria, Kind = cindy
Mutter = maria, Kind = viktor
```

Die Abfrage `mutter(Mutter, Kind)` findet die Regel mit dem Kopf `mutter(M, K)`. Die Substitution {Mutter←M, Kind←K} wird gebildet. Nun wird der Rumpf der Regel bewiesen, die entstehenden Substitutionen wirken sich auch auf den Kopf der Regel aus und damit auf die Variablen der Abfrage.

Beispiel 5.3 (Großvater-Nachfahre)

```
großvater(G, K) ← vater(G, V) & vater(V, K).
```

Prädikate können auch rekursiv sein, indem sie sich selbst aufrufen:

```
nachfahre(X, Y) ← kind(X, Y).
nachfahre(X, Z) ← kind(X, Y) & nachfahre(Y, Z).
```

5.3 Semantik und Syntax

5.3.1 Semantik von Prolog

Ein Prolog-Programm besteht aus einer Menge von *Prozeduren*, die Prädikate definieren. Jedes Prädikat wird eindeutig durch seinen Funktor und seine Stelligkeit beschrieben. Eine Prozedur ist durch eine Folge von Klausen definiert. Eine Klause ist entweder ein Fakt oder eine Regel. Eine Regel besteht aus einem Kopf und einem Rumpf verbunden durch den Regel-Operator. Der Rumpf ist eine Konjunktion von Subgoals.

Prolog kann als Implementierung eines Regel-Fakten-Systems, das um Funktionssymbole, Systemprädikate und Negation erweitert ist, verstanden werden. Durch die Implementierung der Sprache ergibt sich neben der deklarativen auch eine prozedurale Semantik.

Die deklarative Semantik ist:
Ein Prolog-Programm ist als erweitertes EFRS aufzufassen. Man beachte: Diese Semantik stimmt nicht immer mit der prozeduralen Semantik überein (z. B: Seiteneffekte, Endlosrekursion).

Die prozedurale Semantik ist:
Ein Goal wird bewiesen, indem im Programm von oben nach unten die erste Klause gesucht wird, deren Kopf mit dem Goal unifiziert werden kann. Gibt es keine solche Klause, scheitert das Goal. Ist die gefundene Klause ein Faktum, so ist das Goal erfolgreich. Falls die Klause eine Regel ist, wird versucht, alle Subgoals der Regel von links nach rechts zu beweisen. Man beachte, daß durch die erfolgreiche Unifikation von Goal und Kopf der Regel manche Variablen im Rumpf der Regel gebunden worden sind. Scheitert ein Subgoal, wird zum zuletzt erfolgreichen Subgoal zurückgegangen und eine neue Lösung gesucht. Dabei werden die zuletzt gemachten Variablenbindungen rückgängig gemacht. Die Suche nach weiteren Lösungen eines Goals wird Backtracking genannt. Gibt es keine Möglichkeit mehr für ein Backtracking, so ist das anfängliche Goal gescheitert.

5.3.2 Syntax von Prolog

Durch die vorangegangenen Beispiele und Erläuterungen ist die Syntax der einzigen Datenstruktur von Prolog, des Terms, ausreichend definiert. Wir gehen im folgenden daher nur auf zwei spezielle Aspekte, Operatoren und Listen ein.

Um eine klarere Schreibweise zu unterstützen, können in Prolog *Operatoren* verwendet werden. Ein Operator wird definiert durch seinen Typ, seine Präzedenz (Bindungsstärke) und seine Assoziativität. Der Typ unterscheidet zwischen Infix, Präfix und Postfix-Operatoren. Die Präzedenz gibt an, wie stark der Operator bindet. Die Assoziativität gibt an, ob rechts oder links geklammert wird, wenn Operatoren gleicher Präzedenz aufeinandertreffen. Vordefinierte Operatoren haben wir bereits kennengelernt (‚←‘, ‚&‘, ‚=‘), auch zur Darstellung arithmetischer Ausdrücke (‚+‘, ‚–‘, ‚*‘, ‚/‘. .) und Listen (‚.‘) werden sie verwendet.

Zwischen Operator-Darstellung und normaler Schreibweise wird in Prolog nicht unterschieden. Zum Beispiel ist die Operator-Schreibweise der Regel

```
(mutter(M, C) ← kind(M, C) & ¬ maennlich(M))
```

äquivalent zur Funktor-Schreibweise

```
'←'(mutter(M, C), '&'(kind(M, C), '¬'(maennlich (M))))
```

Ein Infix-Operator ist somit identisch mit dem Funktor eines zweistelligen Termes, Präfix- und Postfix-Operatoren mit den Funktoren von einstelligen Termen.

5.3.3 Listen

Ein weiterer Operator ist der Punkt-Operator, der die sogenannte Listenschreibweise ermöglicht. Eine wohlgeformte Liste endet entweder in der leeren Liste `nil` oder in einer Variable. Im letzteren Fall nennt man die Liste *,offen'*. Beispiele für Listen sind die Terme `(a.b.c.d.nil)`, `nil` und `(1.hugo(3).Y)`. (In den meisten Prolog-Implementierungen findet sich zusätzlich noch eine andere Syntax für Listen, auf die wir hier der Einfachheit halber nicht eingehen).

Beispiel 5.5 (Listen-Unifikation) Listen verhalten sich genauso wie alle anderen Terme:

```
a.b.c.d.nil = a.b.List ?
List = c.d.nil
a.b.c.d.nil = b.a.c.d.nil ?
nein
a.b.c.d.nil = Head.Tail ?
Head = a, Tail = b.c.d.nil
```

Das erste Element einer Liste wird als *Kopf* (engl: head), das zweite Element als *Rest* (engl: tail) der Liste bezeichnet. Für die komfortable Listenbearbeitung stehen zwei Prädikate zu Verfügung, member/2 und append/2. Um Prolog und Listen kennenzulernen, lohnt es sich, diese beiden Prozeduren in einigen Beispielen näher zu betrachten.

Das Prädikat member/2

Die Abfrage member(X, L) ist erfolgreich, wenn X Element der Liste L ist. Dieses Prädikat ist durch die folgende rekursive Prozedur definierbar:

```
member(Element, Element.Rest).
member(Element, Kopf.Rest) ←
  member (Element, Rest).
```

Ein Term X ist Element einer Liste L, wenn die Liste L den Kopf X und einen beliebigen Rest hat (1. Klause) oder wenn X Element des Rests der Liste L ist (2. Klause).

Beispiel 5.6 (member/2).

```
member(ilse, hugo.ilse.franz.nil) ?
ja
member(nil, hugo.ilse.franz.nil) ?
nein
member(nil, nil.nil) ?
ja
member(Element, hugo.ilse.franz.nil) ?
Element = hugo
Element = ilse
Element = franz
```

Das Prädikat member/2 kann also einerseits verwendet werden, um zu überprüfen, ob ein Term Element einer Liste ist, andrerseits aber auch alle Elemente einer Liste generieren.

Das Prädikat append/2

Die Abfrage append(L1, L2, L3) ist erfolgreich, wenn die Listen L1 und L2 aneinandergehängt die Liste L3 bilden.

```
append(nil, L, L).
append(X.L1, L2, X.L3) ← append(L1, L2, L3).
```

Wenn die Liste L1 leer (identisch mit nil) ist, dann ist die Liste L2 das Ergebnis des Zusammenhängens (1. Klause). Andernfalls ist das Ergebnis des Zusammenhängens eine Liste L3, deren Kopf der Kopf der ersten Liste L1 ist und deren Rest das Ergebnis des Zusammenhängens des Rests der Liste L1 mit der Liste L2 ist.

Beispiel 5.7 (append/2)

```
append(a.b.nil, c.d.e.nil, L) ?
L = a.b.c.d.e.nil
append(a.b.nil, C.d.e.nil, L) ?
L = a.b.C.d.e.nil
```

```
append(a.B.nil, C.d.L2, L)?
```
$L = a.B.C.d.L2$
```
append(a, nil, L) ?
```
no
```
append(nil, X.nil, L) ?
```
$L = X.nil$
```
append(L1, c.d.e.nil, a.b.c.d.e.nil) ?
```
$L1 = a.b.nil$

Das Prädikat append/3 kann auch dazu verwendet werden, um alle Teillisten einer Liste zu generieren:

```
append(L1, L2, 1.2.3.nil) ?
```
$L1 = nil, L2 = 1.2.3.nil$
$L1 = 1.nil, L2 = 2.3.nil$
$L1 = 1.2.nil, L2 = 3.nil$
$L1 = 1.2.3.nil, L2 = nil$

Vergleiche den Aufruf `member(X,L)` mit dem Aufruf `append(L1,X.L2,L)`. Ist eine Definition von member/2 durch die Regel `member(X,L)` ← `append(L1,X.L2,L)` äquivalent zu obiger Definition von member/2?

5.4 Systemprädikate

Wie in jeder anderen Programmiersprache auch existieren vordefinierte Prozeduren für Ein- und Ausgabe, Arithmetik, Vergleiche etc. Wir gehen im folgenden auf die wichtigsten dieser *Systemprädikate* ein. Ihre Definition kann in Details von den am Markt befindlichen Prolog-Implementierungen abweichen. Man beachte, daß die meisten Systemprädikate *deterministisch* sind, d. h. höchstens eine Lösung haben. Systemprädikate für die Ein- und Ausgabe bzw. Datenbasis-Manipulation haben *Seiteneffekte* und zerstören damit die deklarative Semantik von Prolog. Ein Prolog-Programm mit Seiteneffekten kann nicht mehr durch das entsprechende EFRS logisch beschrieben werden.

5.4.1 Kontrolle

Kontroll-Prädikate (auch Meta-Prädikate genannt) verknüpfen Goals und steuern ihre Abarbeitung (den Beweisvorgang).

- Die Konjunktion ‚&'

ist ein Infixoperator, der einzelne Subgoals zu einem Goal verknüpft. Die Konjunktion A & B zweier Goals A und B ist genau dann bewiesen, wenn sowohl A als auch B mit einer gemeinsamen Substitution θ bewiesen werden können.

```
X=5 & X=4 ?
nein
```

- Die Disjunktion ‚|'

ist ein Infixoperator, der einzelne Subgoals zu einem Goal verknüpft. Die Disjunktion A | B zweier Goals A und B ist genau dann bewiesen, wenn A oder B bewiesen werden kann.

```
X=5 | X=4 ?
X=5
X=4
```

- Die Negation ‚¬'

ist ein Präfixoperator. Die Negation in Prolog (Negation-as-failure) entspricht implementierungsbedingt nicht genau der Negation in der Prädikatenlogik erster Stufe. Das negierte Goal ¬ A ist genau dann erfolgreich, wenn A scheitert. Man beachte: Ist ¬ A erfolgreich, werden keine Variablen in A gebunden, da ja A gescheitert ist. Daher ist der doppelte negierte Aufruf ¬¬ A nicht identisch mit dem Aufruf A, weil im Gegensatz zum Aufruf A keine Variablen gebunden werden.

```
X = 5 & ¬ X = 4 ?
X = 5
¬ X = 5 & X = 4 ?
nein
¬¬ X = 5 ?
ja
¬¬ X = 5 & X = 4 ?
X = 4
```

- Das Prädikat ‚true'

ist immer erfolgreich. Man könnte es somit dadurch definieren, daß man den nullstelligen Fakt ‚true' in die Datenbasis schreibt. Es wird vor allem verwendet, um Fakten und Regeln einheitlich zu behandeln. Die Regel H←true hat die gleiche Bedeutung wie der Fakt H selbst.

```
true ?
ja
```

- Das Prädikat ‚fail'

scheitert immer. Es findet nur im Zusammenhang mit Seiteneffekten eine sinnvolle Verwendung.

```
fail ?
nein
```

5.4.2 Datenbasis- und Programm-Manipulation

Wie in anderen AI-Sprachen wird in Prolog nicht explizit zwischen Daten und Programm(text) unterschieden. Programme sind Terme wie alle anderen Prolog-Datenstrukturen. Dies bedeuted, daß Programme als Daten betrachtet und manipuliert werden können. Ein Programm wird in die Datenbasis geladen und steht dann zur Abfrage und Manipulation zu Verfügung. Durch die Manipulation der Datenbasis ist nicht-monotones Schließen möglich (Schließen mit sich dynamisch verändernden Axiomen).

Gegeben sei die folgende Prolog-Datenbasis:

```
kind(albert, johann).
kind(beate, johann).
kind(albert, georg).
```

- clause(Klause)

unifiziert die Variable Klause nacheinander mit den Klausen in der Datenbasis. Um eine einheitliche Form zu gewährleisten, werden Fakten als Regeln mit dem Rumpf true dargestellt. Daher gilt immer Klause = (Kopf←Rumpf). Wird clause/1 mit einem unbekannten oder System-Prädikat aufgerufen, so scheitert es. In allen bekannten Prolog-Implementierungen muß beim Aufruf von clause/1 der Kopf gebunden sein, d.h. zumindest der Funktor des durch die Klause definierten Prädikates bekannt sein.

```
clause(kind(A,B)←true) ?
A = albert, B = johann.
A = beate,  B = johann.
A = albert, B = georg.
```

- assert(Klause)

fügt eine Klause am Ende der aktuellen Datenbasis ein.

```
assert(kind(beate, georg)←true) ?.
ja
```

Die Datenbasis enthält nun:

```
kind(albert, johann).
kind(beate, johann).
kind(albert, georg).
kind(beate, georg).
```

- `retract(Klause)`

löscht die erste Klause aus der Datenbasis, die mit `Klause` unifiziert.

```
retract(kind(X, georg) ←true) ?
X = albert.
```

Die Datenbasis enthält nun:

```
kind(albert, johann).
kind(beate, johann).
kind(beate, georg).
```

- `call(T)`

ermöglicht es, einen beliebigen Term T als Goal zu interpretieren. Man spricht von einem Meta-Call; X wird als Meta-Variable bezeichnet.

```
X = weiblich (Y) & call (X) ?
X = weiblich(beate), Y = beate
X = weiblich(susi)  , Y = susi
X = weiblich(maria), Y = maria
X = weiblich(cindy), Y = cindy
```

Mit den Systemprädikaten clause/1, assert/1, retract/1 und call/1 besitzen wir somit Möglichkeiten, Programme als Daten zu verarbeiten und Daten als Programme zu interpretieren.

5.4.3 Term-Klassifizierung

Die folgenden Systemprädikate stellen fest, welchen *Typ* ein Term hat:

- `integer(T)`
- `real(T)`
- `string(T)`
- `compound(T)`

Diese Systemprädikate sind genau dann erfolgreich, wenn T vom entsprechenden Typ ist. Andernfalls scheitern sie.

```
compound(f(X)) ?
ja
```

Prädikate zur Term-Manipulation, wie sie in fast allen Prolog-Dialekten vorhanden sind, werden in unserer einfachen Prolog-Variante nicht behandelt.

5.4.4 Unifikation und Vergleiche

Mit dem bereits erwähnten Infix-Operator '=' ist eine explizite Unifikation möglich. Die Ungleichheit $\neq$/2 entspricht dem negierten Aufruf von =/2, er kann daher nur überprüfend wirken ohne Bindungen zu erzeugen:

```
geschwister(X, Y) ← kind(P, X) & kind(P, Y) & X ≠ Y.
```

Die Vergleichsoperatoren sind wie in anderen Programmiersprachen Infix-Operatoren ('<', '>', '≤', '≥'). Vergleiche sind für Konstanten (Zahlen und Strings) möglich, nicht aber für Variablen und zusammengesetzte Terme (diese Einteilung kann von am Markt befindlichen Implementierungen abweichen).

5.4.5 Arithmetik

In Prolog wird im Gegensatz zu herkömmlichen Programmiersprachen ein arithmetischer Ausdruck nicht ausgewertet, da er nicht von einem „normalen" Term unterschieden wird. In Prolog gibt es keine Funktionen, Prolog ist eine relationale Sprache.

Betrachten wir folgende Beispiele mit arithmetischen Ausdrücken:

```
X = 2+3*5 ?
X = 2+3*5
A+B = 2+3*5 ?
A = 2, B = 3*5
A*B = 2+3*5 ?
nein
'+'(2, '*'(3,5)) = 2+3*5 ?
ja
```

Das Vorkommen eines arithmetischen Operators in einer Datenstruktur bedeutet also nicht, daß irgendeine Auswertung dadurch bedingt wird.

- `X is A`

Die Auswertung eines arithmetischen Ausdrucks muß in Prolog explizit durch Verwendung des speziellen Prädikates is/2 erfolgen, das als

Infix-Operator definiert ist. Das Ergebnis des arithmetischen Ausdrucks im zweiten Argument wird an das erste Argument gebunden:

```
X is 2+3*5 ?
X = 17
2+15 is 2+3*5 ?
nein
1 is X ?
nein
```

Die folgende Prozedur für das Prädikat fkt/2 berechnet die Faktorielle der Zahl im ersten Argument:

```
fkt(0,1).
fkt(N,R) ← N > 0 & M is N-1 & fkt(M,S) & R is N*S.
```

Das Subgoal N > 0 in der zweiten Klause verhindert, daß die Rekursion mit einer negativen Zahl aufgerufen wird. Dies würde zu einer Endlosrekursion führen.

5.4.6 Ein- und Ausgabe

● read(T)

liest einen Term T ein, nachdem die Eingabe mit einem Punkt und Wagenrücklauf abgeschlossen wurde.

● write(T)

gibt einen Term T aus.

● writeln(L)

gibt die Liste von Termen L gefolgt von einem Wagenrücklauf aus. Das Prädikat writeln/1 kann wie folgt mit write/1 definiert werden:

```
writeln(nil) ←/* Wagenruecklauf ausgeben */.
writeln(T.L) ← write(T) & writeln(L).
```

Ein Beispiel:

```
write('Eingabe? ') & read(X) &
    writeln('Die Eingabe war ' .X.', nicht wahr ?'. nil) ?
Eingabe? hallo.
Die Eingabe war hallo, nicht wahr?
```

5.5 Meta-Interpreter

5.5.1 Einführung

Mit dem Begriff Meta-Interpreter werden in Prolog geschriebene Interpreter bezeichnet, die Prolog oder eine Prolog-ähnliche Sprache (eine logische Programmiersprache) interpretieren. Wir entwickeln im folgenden schrittweise einen Meta-Interpreter für jene Prolog-Variante, die wir definiert haben. Er dient als Grundgerüst für expertensystemspezifische Erweiterungen. Die Meta-Programmierung eröffnet dem Programmierer eine neue Dimension, indem er definieren kann, wie die Regeln in der Wissensbasis (Datenbasis) abgearbeitet werden sollen.

Das Prädikat, mit dem der Meta-Interpreter aufgerufen wird, heiße prove/1. Ein Aufruf von prove/1 mit einem Goal als Argument soll das gleiche Verhalten haben wie ein Aufruf des Goals selbst.

Eine Konjunktion von zwei Subgoals können wir „interpretieren", indem wir die beiden Subgoals aufrufen:

```
prove(A & B) ← call(A) & call(B).
```

Damit wir auch alle anderen Goals interpretieren können, fügen wir eine zweite Regel hinzu:

```
prove(A & B) ← call(A) & call(B).
prove(C) ← call(C).
```

Wir versuchen gleich ein Beispiel:

```
prove(X is 3+4 & X > 5) ?
X = 7
X = 7
```

Die Lösung ist doppelt. Wo liegt der Fehler? Die erste Lösung ergibt sich, da die Konjunktion (X is 3+4 & X > 5) von der ersten Regel abgearbeitet wird. Die zweite Lösung ergibt sich durch die zweite Regel, da C mit (X is 3+4 & X > 5) unifiziert werden kann. Wir ergänzen daher die zweite Regel durch eine Ungleichheitsbedingung, die keine Konjunktionen für C zuläßt:

```
prove(A & B) ← call(A) & call(B).
prove(C) ← C ≠ (A & B) & call(C).
```

5.5.2 Konjunktion

Damit wir beliebige Konjunktionen vollständig abarbeiten können, greifen wir zur Rekursion und ändern die erste Regel:

```
prove(A & B) ← prove(A) & prove(B).
prove(C) ← C ≠ (A & B) & call(C).
```

Die erste Klausel läßt sich lesen als „Um ein Goal (A und B) zu beweisen, beweise das Goal A und beweise das Goal B". Ein Beispiel:

```
prove(X is 3+4 & X > 5 & X < 9) ?
X = 7
```

Der Aufruf wird durch die erste Regel durch die Konjunktion `prove(X is 3+4) & prove(X>5 & X<9)` ersetzt. Das erste Subgoal wird durch die zweite Regel des Interpreters bewiesen, X wird an die Zahl 7 gebunden, das zweite Subgoal wird durch die erste Regel in `prove(7>5) & prove(7<9)` übergeführt. Diese beiden Subgoals werden jeweils durch die zweite Regel bewiesen.

5.5.3 Regeln

Betrachten wir das folgenden Beispiel:

```
prove(mutter(beate, kind)) ?
Kind = johann
Kind = georg
```

Dieser Aufruf unifiziert mit der zweiten Regel, es wird somit `call(mutter(beate,Kind))` aufgerufen. Unser Interpreter ist bis jetzt nur dazu geeignet, die Konjunktion in einer Abfrage zu interpretieren. Zur Erweiterung des Interpreters erinnern wir uns an die prozedurale Semantik von Prolog: „Um ein Goal zu beweisen, suche man in der Datenbasis eine passende Regel und beweise alle Subgoals im Rumpf." Erinnern wir uns auch der Systemprädikate zur Programm-Manipulation. Mit clause/1 können wir auf Regeln und Fakten zugreifen. Setzen wir unser Wissen ein:

```
prove(A & B) ← prove(A) & prove(B).
prove(C) ← C ≠ (A & B) & clause(C ← D) & prove(D).
```

Da clause/1 für Systemprädikate (wie '&') scheitert, können wir die Ungleichheitsbedingung C ≠ (A&B) weglassen:

```
prove(A & B) ← prove(A) & prove(B).
prove(C) ← clause(C ← D) & prove(D).
```

Betrachten wir nun unser Beispiel:

```
prove(mutter(beate, kind)) ?
nein
```

Was ist geschehen? Gehen wir die Abfrage Schritt für Schritt durch. Die Abfrage unifiziert mit dem Kopf der zweiten Regel, dies ergibt im Rumpf die Abfrage `clause(mutter(beate,Kind) ← D) & prove(D)`. Der Aufruf des Systemprädikates clause/1 bindet D an den Regelrumpf `kind(beate,Kind) & weiblich(beate)`, mit dem prove/1 aufgerufen wird. Dieser Aufruf wird durch die erste Regel zu `prove(kind(beate,Kind)) & prove(weiblich(beate))`. Das erste Subgoal wird durch die zweite Regel zu `clause(kind(beate,Kind) ← D) & prove(D)`. Clause/1 bindet die Variable D an `true` und die Variable Kind an `johann`. Damit lautet das zweite Subgoal `prove(true)`. Dieser Aufruf wird durch die zweite Regel zu `clause(true ← D) & prove(D)`. Da aber keine Klause für das Systemprädikat true/1 existiert, scheitert der Aufruf von clause/1 und damit durch wiederholtes Backtracking die Abfrage selbst.

Wir beheben den Mangel des Interpreters, indem wir den Aufruf `prove(true)` nicht scheitern lassen und ein entsprechendes Fakt hinzufügen:

```
prove(true).
prove(A & B) ← prove(A) & prove(B).
prove(C) ← clause(C ← D) & prove(D).
```

Dieser Interpreter für pures Prolog (ohne Systemprädikate) macht die Wahl der Klause mit clause/1 explizit, Unifikation und Backtracking hingegen sind implizit, sie werden vom darunterliegenden Prologsystem zu Verfügung gestellt.

5.5.4 Systemprädikate

Will man auch die Interpretation von Systemprädikaten zulassen, so kann man im einfachsten Fall für jedes Systemprädikat eine zusätzliche Klause einführen:

```
prove(integer(A)) ←
    integer(A).
prove(A is B) ←
    A is B.
. . .
```

Allgemeiner und übersichtlicher wird der Interpreter aber, wenn man die Systemprädikate gemeinsam behandelt. Dazu fügen wir folgende Klause zu den Klausen von prove/1 hinzu:

```
prove(A) ←
    system(A) & call(A).
```

Das Prädikat system/1 ist genau für alle Systemprädikate erfolgreich. Im zweiten Subgoal der Konjunktion wird das Systemprädikat A dann mit call/1 aufgerufen.

5.5.5 Kontrollprädikate

Auch die Disjunktion und die Negation lassen sich bei Bedarf analog zur Konjunktion durch die folgenden beiden Klausen im Meta-Interpreter implementieren:

```
prove(A | B) ←
  prove(A) | prove(B).
prove(¬ A) ←
  ¬ prove(A).
```

Der Meta-Interpreter für Prolog mit Systemprädikaten hat jetzt folgendes Aussehen:

```
prove(true).
prove(A & B) ← prove(A) & prove(B).
prove(A | B) ← prove(A) | prove(B).
prove(¬ A)  ← ¬ prove(A).
prove(C) ← clause(C ← D) & prove(D).
```

5.5.6 Varianten

Eine andere Variante für die Implementierung der Disjunktion kommt ohne eine Disjunktion im Rumpf der Regel aus:

```
prove(A | B) ←
  prove(A).
prove(A | B) ←
  prove(B).
```

Damit haben wir die Disjunktion implementiert, ohne auf die Disjunktion im zugrundeliegenden Prolog-Interpreter zurückzugreifen.

Wie wir noch sehen werden, ist es oft übersichtlicher und einfacher, die Fakten und Regeln, die der Meta-Interpreter abarbeiten soll, nicht direkt in der Prolog-Datenbasis abzuspeichern, sondern in einer Datenstruktur (verpackt durch ein eigenes Prädikat). Der Aufruf von clause/1 ist dann durch den Aufruf dieses Prädikats zu ersetzen. Wenn zum Beispiel die Klausen im Prädikat rule/2 abgespeichert werden, wobei das erste Argument von rule/2 den Kopf und das zweite Argument von rule/2 den Rumpf der Klausen enthält, so ersetzen wir die Klause

```
prove(C) ← clause(C ← D) & prove(D).
```

durch die Klause

```
prove(C) ← rule(C, D) & prove(D).
```

5.5.7 Tracer

Um die Arbeitsweise der erweiterten Meta-Interpreter in den folgenden Kapiteln zu verdeutlichen, werden wir die Abarbeitung von Goals an einem sogenannten *Trace* (dt: Spur, Fährte) zeigen. Ein Trace zeigt die einzelnen Abarbeitungsschritte eines Programmes. Ein Tracer – das Programm, das den Trace eines anderen Programms erzeugt – kann in Prolog selbst als Erweiterung unseres Meta-Interpreters implementiert werden.

Ausgehend vom Meta-Interpreter

```
prove(true).
prove(A & B) ← prove(A) & prove(B).
prove(A | B) ← prove(A) | prove(B).
prove(¬ A) ← ¬ prove(A).
prove(C) ← clause(C ← D) & prove(D).
```

schreiben wir folgenden Tracer. Wir erweitern das Prädikat prove/2 um ein Argument, daß die Ausgabe des Tracers je noch Abarbeitungstiefe einrückt. Die letzte Klause wird um Subgoals erweitert, die den Fortgang des Beweises kommentieren:

```
prove(E,true).
prove(E,A & B) ← prove(E,A) & prove(E,B).
prove(E,A | B) ← prove(E,A) | prove(E,B).
prove(E,¬ A) ← ¬ prove(E, A).
prove(E,C) ←
      write_trace(E,'Prove', 'Goal failed', C) &
      clause(C ← D) &
```

```
write_trace(E,'Clause','Body failed', (C ← D)) &
prove('-'. E,D) &
write_trace(E,'Proved','Backtracking', C).

write_trace(E,A,B,CD) ←
      writeln(E) & writeln(A. ',' . CD.nil).
write_trace(E,A,B,CD) ←
      writeln(E) & writeln(B. ',' . CD.nil) & fail.
```

Der Aufruf erfolgt durch `prove(nil,Goal)`.

Zusammenfassung

Prolog ist der bedeutendste Vertreter der seit Anfang der siebziger Jahre entwickelten Logischen Programmiersprachen. Die Semantik von Prolog ist einerseits deklarativ und andrerseits prozedural zu verstehen. Prolog ermöglicht Programmierung auf einem höheren Niveau der Abstraktion als herkömmliche, imperative Programmiersprachen.

Wir haben nun einen Meta-Interpreter zu Verfügung, der als Grundgerüst für Erweiterungen im Bereich der Expertensysteme dienen wird. Schlußendlich haben wir Varianten des Standard-Meta-Interpreters besprochen und einen Tracer, der die Abarbeitung eines Prolog-Programmes zeigt, als erweiterten Meta-Interpreter implementiert.

Literatur

Amble, T. (1987): Logic Programming and Knowledge Engineering. Addison-Wesley, Reading, MA.

Bratko, I. (1986): Prolog Programming for Artificial Intelligence. Addison-Wesley, Reading, MA.

Clark, K. L., McCabe, F. G., et al. (1983): micro-Prolog. Prentice-Hall, NJ.

Clocksin, W. F., Mellish, C. S. (1987): Programming in Prolog, Third, Revised and Extended Edition. Springer, Berlin Heidelberg New York.

Giannesini, F. et al. (1986): Prolog, Addison-Wesley, Reading, MA.

Hogger, C. S. (1984): Introduction to Logic Programming. Academic Press, London.

Clark, K. L., McCabe, F. G. (1983): Prolog: A Language for Implementing Expert Systems, Machine Intelligence 10. Wiley & Sons, Chichester.

Kluzniak, F., Szpakowicz S. (1985): Prolog for Programmers. Academic Press, London.

Kowalski, R. (1979): Logic for Problem Solving. North-Holland, Amsterdam.

Malpas, J. (1987): Prolog: A Relational Language and Its Applications. Prentice-Hall, NJ.

Sterling, L., Shapiro, E. (1986): The Art of Prolog. MIT Press, Cambridge, MA (empfehlenswert).

Sterling, L. (1987): Advanced AI Prolog Programming Techniques, Tutorial course notes at the 4th IEEE Symposium on Logic Programming, San Francisco, CA.

Walker, A., et al. (1987): Knowledge Systems and Prolog, Addison-Wesley, Reading, MA.

6. Inferenzstrategien

Gerhard Friedrich, Georg Gottlob

> *"We consider the study of a knowledge representation system as a logic system to be of fundamental importance. In this way we isolate the basic deductive mechanisms from the intricacies of specific programming languages or implementations."*
> — *Giuseppe Attardi and Maria Simi*

6.1 Einführung

Wie im ersten Kapitel bereits erwähnt, werden die Begriffe Reasoning, Problemlösen und Inferenz oft zur Bezeichnung ähnlicher Aktivitäten benutzt. Was unter Inferenz im Detail verstanden wird, ist von der gewählten Form der Wissensrepräsentation abhängig. Oft kann aber eine solche Form sehr einfach in eine andere übergeführt werden, sodaß die Inferenzmethoden in ihren Grundzügen starke Ähnlichkeiten aufweisen. In diesem Kapitel werden wir uns besonders auf die grundlegenden Inferenzstrategien der häufig verwendeten regelorientierten Wissensrepräsentation konzentrieren und anhand dieser die grundlegenden Konzepte erklären.

Inferenzstrategien sind aber in engem Zusammenhang mit Theorembeweistechniken und Suchstrategien zu sehen, deren ausführliche Behandlung den Rahmen dieses Kapitels sprengen würde. Als weiterführende Literatur sei hier [CL73], [Kai89] und [Nil80] empfohlen.

6.1.1 Architektur

Da wir die Durchführung von Inferenzen als eine Problemlösungsaktivität betrachten, wollen wir die Begriffe „Problem" und „Lösung" eines Problems kurz untersuchen.

Ein Problem kann durch Anfangszustand, gewünschten Zielzustand (Endzustand) und zustandstransformierende Operatoren (z. B.

Regeln) beschrieben werden. Eine Lösung ist eine Operatorfolge, die Anfangszustand mit Zielzustand verbindet. Diese Sicht des Problemlösens scheint auf den ersten Blick sehr eingeschränkt, kann aber auf verschiedenste Wissensrepräsentationen, egal ob prozedural oder deklarativ, angewendet werden. So können unter dem Begriff Operator auch komplexe Problemlösungsverfahren, wie z. B. das Lösen von Gleichungssystemen, verstanden werden. Für einfache Fakten-Regelsysteme entspricht der Anfangszustand einer Menge von Fakten. Der Zielzustand ist die Beantwortung einer Anfrage. Die Regeln [1] können als Operatoren betrachtet werden, die den Zustand (z. B. die Menge der abgeleiteten Fakten) des Systems ändern. Ein Inferenzschritt entspricht in diesem Fall der Anwendung einer Regel.

Systeme zur Abarbeitung von Prolog und die in diesem Kapitel beschriebenen Abarbeitungsmechanismen sind den mustergesteuerten Problemlösungssystemen zuzurechnen, die auf dem Gebiet der Expertensysteme, vor allem aufgrund ihrer Flexibilität, eine breite Anwendung finden. Sie bestehen im wesentlichen aus drei Teilen und spiegeln die Architektur von Expertensystemen wider:

- Eine Menge von Operatoren, die durch Daten, die ein bestimmtes Muster erfüllen, aktiviert werden.
- Eine globale Datenbasis, die Datenstrukturen enthält, die von den Operatoren gelesen und modifiziert werden können.
- Ein Interpreter, der die Selektion und Anwendung der Operatoren durchführt und somit strategische Entscheidungen trifft.

Vergleicht man diese Architektur mit der Struktur eines Prolog-Systems, so wird die Menge von Operatoren durch Prolog-Klauseln gebildet, die angewendet werden, falls ihr Kopf mit einem Ziel unifiziert werden kann. Die globale Datenbasis wird durch die Menge aller im Programm vorhandenen Prolog-Klauseln und den Zielen gebildet. Die Selektion der Operatoren erfolgt durch einen Interpreter, der eine Reihe von Klauseln und Zielen strikt vom Anfang bis zum Ende durchsucht bzw. auswertet. Ein Ziel wird bei der Anwendung einer Prolog-Regel durch mehrere Teilziele ersetzt.

Eine wichtige Klasse von Problemlösungssystemen bilden die *Deduktionssysteme,* die auf einer rein logischen Sicht des Schließens basieren. Diese Systeme sind im wesentlichen aus vier Schichten aufgebaut [BB87]:

Logik: definiert Syntax und Semantik einer formalen Sprache

---

[1] Wie bei vielen Fachbegriffen in der AI existiert auch hier keine einheitliche Terminologie und Abgrenzung der Begriffe. Oft werden Regeln auch als Produktionen bezeichnet.

Kalkül: definiert syntaktisch die Ableitung von Formeln

Repräsentation: bestimmt die Darstellung der Formeln und des Systemzustandes, sie enthält auch Regeln zur Reduktion und Vereinfachung von Formelmengen.

Steuerung: enthält Strategien und Heuristiken zur Auswahl der sinnvollen Ableitungsschritte.

Reduziert man Prolog auf die Sprachkonstrukte, die in der Logik definiert sind, so kann ein Prolog-Interpreter als primitives Deduktionssystem gesehen werden.

Viele Expertensysteme enthalten eine von der formalen Logik abweichende Wissensrepräsentation, sodaß in diesen Fällen Inferenz nicht im logischen Sinn zu sehen ist. Aus diesem Grund hat die Bezeichnung „Inferenzschritt" oft die Bedeutung eines allgemeinen Problemlösungsschrittes.

6.1.2 Strategien der Problemlösung

Bei der Suche nach einer Lösung können zwei verschiedene Richtungen eingeschlagen werden. Wird die Lösung, d. h. eine Regelanwendungsfolge, vom Anfangszustand zum Zielzustand gesucht, spricht man von *Vorwärtsverkettung* (Forward Chaining). Die Lösungsuche vom Zielzustand in Richtung Anfangszustand wird als *Rückwärtsverkettung* (Backward Chaining) bezeichnet. Die Anwendungsrichtung kann in manchen Expertensystemwerkzeugen frei gewählt werden, sodaß manche Regeln vorwärts oder rückwärts angewendet werden können.

Durch die Menge aller Zustände und die Menge der Regeln ist implizit ein gerichteter Graph (Suchraum, Search Space) definiert, dessen Knoten mit Elementen der globalen Datenbasis und dessen Kanten durch Regeln markiert sind. Die Suche einer Lösung kann nun als Konstruktion eines Teils dieses Graphen (Suchgraph, Search Graph) betrachtet werden, z. B. dadurch daß, beginnend beim Anfangszustand, sukzessive die Nachfolgezustände generiert werden, bis ein Zielzustand erreicht ist. Wird für die Konstruktion des Graphen immer der eben erst generierte Knoten verwendet (Last-in-first-out), so spricht man von Tiefensuche (Depth First). Wird zur Lösungskonstruktion immer der älteste Knoten verwendet (First-in-first-out), von dem noch Kanten konstruiert werden können, so spricht man von Breitensuche (Breadth First). Für eine genaue Definition siehe [Kai89] oder [Nil80].

Neben diesen problemunabhängigen Betrachtungen von Inferenzstrategien, die auch als uninformiert bezeichnet werden, da sie keine

Information über das Problem miteinbeziehen, spielen problemabhängige Strategien eine wesentliche Rolle. Diese benutzen intelligente Kontrollmechanismen, um möglichst optimale (im Sinne von Kostenersparnis) Regelanwendungen beim Finden einer Lösung zu gewährleisten. In diese problemabhängige Kontrolle der Inferenz fließen Heuristiken ein und ermöglichen oft erst die Lösung eines Problems, indem sie den Aufwand der benötigten Ressourcen verkleinern. Heuristik kann nicht exakt definiert werden und wird oft mit „Kunst des Entdeckens" umschrieben. Ein Teilgebiet der AI beschäftigt sich besonders mit Theorie und Anwendung der heuristischen Suche. Im Bereich der Expertensysteme entsprechen Heuristiken meist den „Tricks" der Experten, um ein Problem zu vereinfachen und so schneller zu lösen.

Für die Implementierung der Steuerung, aber auch für die Anwendung von Optimierungsverfahren, z. B. Verfahren zur Optimierung rekursiver Regelanwendungsfolgen, haben die Eigenschaften Kommutativität und Zerlegbarkeit von Regelsystemen große Bedeutung.

Eine äußerst günstige Eigenschaft ergibt sich, falls keine Reihenfolge der Regelanwendung vorausgesetzt wird. Ein Regelsystem ist kommutativ (nach [Nil80]), falls es folgende Eigenschaften bezüglich jeder beliebigen globalen Datenbasis D erfüllt:

1. Jede Regel aus der Menge der Regeln, die auf D anwendbar sind, ist auch auf jede globale Datenbasis anwendbar, die aus D durch eine Anwendung einer anwendbaren Regel erzeugt wurde.
2. Falls die Endbedingung durch D erfüllt ist, dann wird sie auch durch jede globale Datenbasis erfüllt, die aus der Anwendung einer beliebigen anwendbaren Regel auf D erzeugt wird.
3. Die globale Datenbasis, die aus jeder beliebigen Folge von Regelanwendungen der bezüglich D anwendbaren Regeln erzeugt werden kann, ist invariant gegenüber Permutationen dieser Anwendungsfolge.

Zu beachten ist, daß Kommutativität nicht bedeutet, daß die gesamte Regelanwendungsfolge, die eine globale Datenbasis in eine den Zielzustand erfüllende Datenbasis transformiert, beliebig umgeordnet werden kann. Denn es können durch eine Regelanwendung weitere Regeln anwendbar werden. Nur die ursprünglich anwendbaren Regeln können beliebig angewendet werden. Aus der Kommutativität folgt, daß eine Beendigung der Lösungssuche durch eine ungünstige Regelauswahl verzögert, aber nie verhindert wird.

Die Kommutativität von Regelsystemen ist eng mit dem Begriff der *Konfluenz* verwandt. Informell definiert ist Konfluenz dann gegeben, wenn für alle Zustände s, s_1, s_2 mit der Eigenschaft, daß s_1 und

s_2 von s erreichbar sind, ein Zustand s' existiert, sodaß s' von s_1 und s_2 erreichbar ist.

In engem Zusammenhang mit der Kommutativität von Regelsystemen steht die Möglichkeit des Problemlösungssystems, Sackgassen im Suchraum zu behandeln. D.h. in der Lösungssuche wurde ein Zustand im Suchraum erreicht, von dem kein Endzustand erreichbar ist. Sogenannte *revidierende Steuerungen* (Tentative Control Regime) verwalten Datenstrukturen, um Alternativen zum untersuchten Weg später weiterverfolgen zu können. *Nicht-revidierende Steuerungen* (Irrevocable Control Regime) treffen keine Vorkehrungen, um Alternativen zu suchen, und können für kommutative Regelsysteme verwéndet werden.

Die Semantik der klassischen Logik ist unabhängig von Regelanwendungsfolgen. Jedoch wird in den meisten Anwendungen der logikorientierten Wissensdarstellung (so auch in Prolog) eine prozedurale Semantik definiert, die nicht mit der modelltheoretischen Semantik übereinstimmt. Es gibt aber recht vielversprechende Ansätze, die dies vermeiden, z.B. DATALOG [CGT90].

Gerade die Verwendung von Ein-/Ausgabeoperationen und Seiteneffekten, die beide nicht in der klassischen Logik enthalten sind, ermöglichen eine praktische Anwendung von Prolog.

Eine weitere wichtige Eigenschaft von Regelsystemen ist ihre Zerlegbarkeit. Sie ist dann gegeben, wenn eine globale Datenbasis und die Endbedingung so zerlegt werden können, daß eine unabhängige Bearbeitung der aus der Zerlegung resultierenden Datenbasen möglich wird. Diese Eigenschaft ist dual zur Kommutativität bezüglich der Abarbeitungsrichtung [Nil80].

Im folgenden werden die Theorie und Implementierung der Vorwärtsverkettung erläutert, gefolgt von einer Beschreibung der Rückwärtsverkettung. Ein Vergleich von Vorwärts- und Rückwärtsverkettung sowie eine Betrachtung von Kontrollentscheidungen bilden den Abschluß dieses Kapitels.

6.2 Theorie der Vorwärtsverkettung (Forward Chaining)

In diesem Abschnitt behandeln wir die theoretischen Grundlagen der Forward Chaining Strategie zur Ableitung von neuen Fakten aus einem EFRS. Wir werden zuerst den Begriff der Fakt-Inferenz genau definieren, indem wir eine allgemeine Inferenzregel „EP" angeben, deren ein- oder mehrmalige Anwendung die Grundlage eines beweistheoretischen Ableitbarkeitsbegriffes „⊢" darstellt. Dann zeigen wir, daß dieser Ableitungsbegriff bezüglich des in Abschnitt 2.4 modelltheoretisch definierten Folgerungsbegriffs „⊨" korrekt und vollständig ist, d.h., daß ein Fakt G genau dann aus einem EFRS S mittels der Inferenzregel EP abgeleitet werden kann, wenn gilt $S \vDash G$. Schließlich geben wir einen Algorithmus an, der $Cons(S)$ für jedes EFRS S berechnet.

6.2.1 Elementares Produktionsprinzip

Man betrachte eine Regel R der Form $\forall X_1 \cdots \forall X_k (L_1 \wedge \ldots \wedge L_n \Rightarrow L_0)$, sowie eine Liste von Fakten $F_1 \ldots, F_n$. Wenn es eine Substitution θ gibt, für die gilt

$$L_1 \theta = F_1 \quad \text{und} \ldots \text{und} \quad L_n \theta = F_n,$$

dann ist aus R und $F_1 \ldots F_n$ der Fakt $L_0 \theta$ *in einem Schritt ableitbar*.

Man bemerke, daß der abgeleitete Fakt $L_0 \theta$ tatsächlich ein Fakt im Sinne unserer Definition ist, also ein Prädikatenausdruck, der in den Argumenten nur Konstantensymbole, nicht aber Variablensymbole enthält. Dies folgt unmittelbar aus der Tatsache, daß die Substitution θ alle Variablen, die in der Regel R links vom Implikationszeichen vorkommen, durch Konstanten ersetzt und aus der Bedingung, daß in jeder Regel rechts vom Implikationszeichen nur Variablen vorkommen dürfen, die auch links vorkommen.

Dieses allgemeine Ableitungsprinzip kann als eine Meta-Regel angesehen werden, die z. B. als Basis des Inferenzmotors eines Expertensystems verwendet wird, um aus bekannten Fakten und Regeln neue Fakten zu produzieren. Wir werden dieses Ableitungsprinzip im folgenden mit *EP* (für *Elementares Produktionsprinzip*) bezeichnen. Rein logisch gesehen, handelt es sich bei EP um eine Verschmelzung zweier bekannter Schlußregeln der Prädikatenlogik: der Einsetzungsregel (auch Spezialisierung) und des Modus Ponens. Die folgenden Beispiele sollen die Funktionsweise von EP illustrieren:

Beispiel: Gegeben seien die Regel R: $\forall X \, \forall Y \, \forall Z (p(X, Y) \wedge p(Y, Z) \Rightarrow p(X, Z))$ und die Fakten $p(a, b)$ und $p(b, c)$. Mittels EP können wir dann in einem Schritt den Fakt $p(a, c)$ ableiten. Hierbei verwenden wir die Ersetzung $\theta = \{X \leftarrow a, Y \leftarrow b, Z \leftarrow c\}$. Dieser Fakt ist neu, d. h. er ist nicht in den Prämissen enthalten.

Manchmal sind mittels EP keine neuen Fakten, sondern nur bereits bekannte Fakten ableitbar.

Beispiel: Man betrachte die Regel R': $\forall X \, \forall Y (p(X, Y) \Rightarrow p(Y, X))$ und den Fakt $p(b, b)$. Durch Anwendung von EP wird kein anderer Fakt, als der Prämissenfakt $p(b, b)$ abgeleitet.

Es ist allerdings auch möglich, daß *kein* Fakt aus einer Regel und einer Faktenliste mittels EP in einem Schritt ableitbar ist.

Beispiel: Man betrachte die Regel R'': $p(a) \Rightarrow p(b)$ und den Fakt $p(c)$. Da es keine Variablenersetzung gibt, die $p(a)$ in $p(c)$ übersetzt, ist hier EP nicht anwendbar.

6.2.2 Ableitung

Ausgehend von EP können wir nun einen allgemeinen Inferenzbegriff für EFRS definieren:

Sei S ein EFRS. Ein Fakt G ist aus S *ableitbar* $(S \vdash G)$, g.d.w. mindestens eine der beiden folgenden Bedingungen zutrifft:

1.) $G \in S$
2.) Es existieren eine Regel $R \in S$ und Fakten $F_1, \dots, F_n$ mit $S \vdash F_1$ und $\dots$ und $S \vdash F_n$ und G ist in einem Schritt aus R und $F_1 \dots F_n$ mittels EP ableitbar.

Mit anderen Worten: G ist aus S ableitbar, wenn G durch eine endliche Folge von Ableitungsschritten (Anwendungen von EP) aus S generiert werden kann. Das Wort *Inferenz* ist ein Synonym für „Ableitung".

Das folgende Beispiel zeigt eine Ableitung in zwei Schritten:

Beispiel: Man betrachte ein EFRS, welches aus den folgenden Regeln und Fakten besteht:

Regel R_1: $\forall X \, \forall Y \, \forall Z \, (p(X, Y) \;\wedge\; p(Y, Z) \Rightarrow p(X, Z))$

Regel R_2: $\forall X \, \forall Y \, (p(X, Y) \Rightarrow p(Y, X))$

Fakten: $p(a, b), p(b, c), p(c, d), p(d, e)$.

Wegen $p(a, b) \in S$ gilt $S \vdash p(a, b)$. Aus R_2 und $p(a, b)$ kann mittels EP in einem Schritt $p(b, a)$ abgeleitet werden, daher gilt $S \vdash p(b, a)$. Nun kann EP erneut angewendet werden, und zwar auf die Regel R_1 und auf die Fakten $p(a, b)$ und $p(b, a)$. Es kann dann in einem Schritt $p(a, a)$ abgeleitet werden. Daher gilt: $S \vdash p(a, a)$.

6.2.3 Beweisbaum

Die Abfolge der einzelnen Ableitungsschritte bei der Herleitung eines Fakts G aus S wird auch der *Beweis* von G genannt. Jeder Beweis kann als *Beweisbaum* dargestellt werden. Die Knoten des Beweisbaumes sind mit Fakten oder Regeln aus S oder mit abgeleiteten Fakten markiert. Die Blätter sind ausschließlich mit Fakten oder Regeln aus S markiert. Die Wurzel des Beweisbaums ist mit dem zu beweisenden Fakt G markiert.

Jeder durch einen Fakt *G* markierte Nichtblatt-Knoten ist durch Kanten (nach unten) mit einer *Regel* und mit Fakten verbunden, aus denen *G* in einem Schritt mittels EP abgeleitet werden kann. Jeder Knoten ist an höchstens zwei Ableitungsschritten beteiligt: einmal als Prämisse und einmal als Konklusion. Ein Fakt, der in verschiedenen (nicht unmittelbar aufeinanderfolgenden) Ableitungsschritten verwendet wird, erscheint an mehreren Stellen als Markierung im Beweisbaum. Ebenso kann eine Regel mehrfach als Markierung verwendet werden.

Jeder Beweisbaum kann eindeutig in *Stufen* unterteilt werden. Die oberste Stufe enthält den Wurzelknoten. Die zweitoberste Stufe besteht aus den unmittelbaren Nachfolgern des Wurzelknotens, usw. Die unterste Stufe wird mit „Stufe 0" bezeichnet, die zweitunterste Stufe mit „Stufe 1" usw. Stufe *i* enthält nur Fakten, die in höchstens *i* Schritten abgeleitet werden können. Die *Tiefe* des Baumes ist die Anzahl der Stufen minus 1. Ist *n* die Tiefe, dann ist Stufe *n* die oberste Stufe.

Beispiel: Die im letzten Beispiel beschriebene Ableitung des Fakts $p(a, a)$ kann durch den folgenden Beweisbaum der Tiefe 2 dargestellt werden:

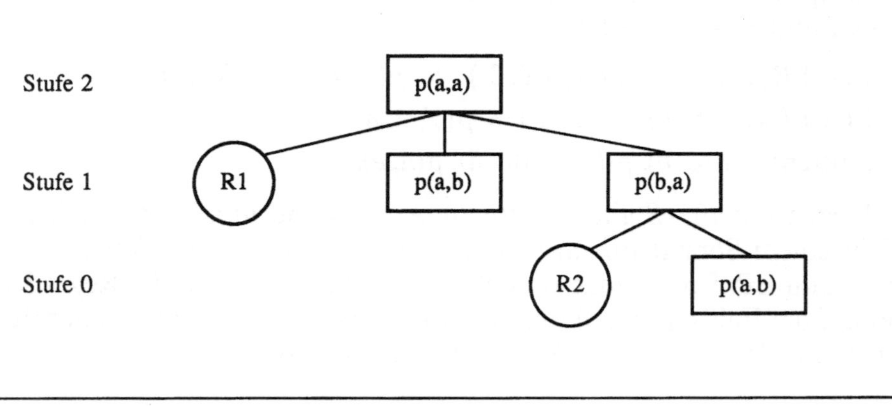

Abb. 6.1. Beweisbaum für p(a,a)

6.2.4 Korrektheit und Vollständigkeit des Ableitungsbegriffs

Wir wollen nun zeigen, daß unser beweistheoretisch definierter Ableitungsbegriff „⊢" bezüglich des modelltheoretisch definierten Folgerungsbegriffes „⊨" korrekt und vollständig ist. *Korrektheit* bedeutet, daß jeder Fakt *G*, der aus einem EFRS *S* ableitbar ist, auch eine logische Folgerung aus S ist. *Vollständigkeit* bedeutet, daß jeder Fakt in $Cons(S)$ auch aus S ableitbar ist.

SATZ 4 (Korrektheit) Sei S ein EFRS und G ein Fakt. Wenn $S \vdash G$, dann $S \vDash G$.

Beweis: Wir führen einen Induktionsbeweis nach der Tiefe von Beweisbäumen und zeigen: wenn es einen Beweisbaum für den Fakt G ausgehend von S gibt, dann gilt $S \vDash G$.

Induktionsbeginn: Wenn G durch einen Beweisbaum der Tiefe 0 aus S abgeleitet werden kann, dann gilt $G \in S$ und daher, nach Satz 1, $S \vDash G$.

Induktionsschritt: Wir nehmen an, unsere Behauptung gälte für alle Fakten, die durch einen Beweisbaum mit Tiefe $\leq i$ aus S ableitbar sind. Sei G ein Fakt, der durch einen Beweisbaum $\mathcal{B}$ der Tiefe $i+1$ aus S ableitbar ist. Die Wurzel von $\mathcal{B}$ ist mit G markiert. Es existieren dann eine Regel $R \in S$ der Form $\forall X_1 \cdots \forall X_k (L_1 \wedge \ldots \wedge L_n \Rightarrow L_0)$, und Fakten $F_1, \ldots, F_n$, sodaß G in einem Schritt aus R und aus $F_1 \ldots F_n$ mittels EP ableitbar ist, und $R, F_1, \ldots, F_n$ sind die Markierungen der unmittelbaren Nachfolgeknoten der Wurzel des Beweisbaumes $\mathcal{B}$. Es ist nun unmittelbar einsichtig, daß $\mathcal{B}$ für jedes $1 \leq k \leq n$ einen Teilbaum der Tiefe $\leq i$ enthält, der ein Beweisbaum für F_k ausgehend von S ist. Daraus und aus unserer Induktionsannahme folgt: $S \vDash F_1$ und $S \vDash F_2 \ldots S \vDash F_n$. Das bedeutet, daß für jedes H-Modell H von S gilt: $F_1 \in H$ und $F_2 \in H$ und $\ldots F_n \in H$. Da G aus $R, F_1, \ldots, F_n$ mittels EP in einem Schritt ableitbar ist, gibt es eine Ersetzung θ mit $L_0 \theta = G$ und $L_1 \theta = F_1$ und $L_2 \theta = F_2$ und $\ldots$ und $L_n \theta = F_n$. Also gilt für jedes H-Modell H von S: $L_1 \theta \in H$ und $L_2 \theta \in H$ und $\ldots$ und $L_n \theta \in H$. Da jedes H-Modell H von S auch die Regel R erfüllen muß, gilt $L_0 \theta \in H$, d.h. $G \in H$. Da G in jedem H-Modell von S als Element enthalten ist, gilt $S \vDash G$.   Q.E.D.

SATZ 5 (Vollständigkeit) Sei S ein EFRS und G ein Fakt. Wenn $S \vDash G$, dann $S \vdash G$.

Beweis: Man betrachte die Menge $infer(S) = \{G \mid G$ ist ein Fakt und $S \vdash G\}$, d.h. die Menge aller Fakten, die aus S abgeleitet werden können. Wir zeigen zuerst, daß $infer(S)$ ein H-Modell von S ist. Die Faktenmenge $infer(S)$ ist eine H-Interpretation. Aus der Definition der Ableitbarkeitsbeziehung „$\vdash$" folgt unmittelbar, daß jeder Fakt von S selbst Element von $infer(S)$ ist, also $F(S) \subseteq infer(S)$. Damit ist jeder Fakt von S in der Interpretation $infer(S)$ erfüllt. Es bleibt zu zeigen, daß jede Regel von S in $infer(S)$ erfüllt ist. Sei R eine Regel von S der Gestalt $\forall X_1 \cdots \forall X_k (L_1 \wedge \ldots \wedge L_n \Rightarrow L_0)$. Angenommen es existiert eine Ersetzung θ, für die gilt: $L_1 \theta \in infer(S)$ und $\ldots$ und

$L_n\theta \in infer(S)$. Dann gilt auch $S \vdash L_1\theta$ und $S \vdash L_2\theta$ und $\ldots S \vdash L_n\theta$. Aufgrund des zweiten Teils der Definition von „$\vdash$" folgt dann unmittelbar: $S \vdash L_0\theta$. Daher gilt: $L_0\theta \in infer(S)$. Also ist jede Regel $R \in S$ in der H-Intepretation $infer(S)$ erfüllt. insgesamt folgt daher, daß $infer(S)$ ein H-Modell von S ist.

Um unseren Satz zu zeigen, nehmen wir nun an: $S \vDash G$. Das bedeutet, daß G Element aller H-Modelle von S ist. Insbesondere ist G daher ein Element von $infer(S)$. Daher gilt $S \vdash G$.   Q.E.D.

SATZ 6 Sei S ein EFRS und G ein Fakt. Es gilt:

a) $S \vDash G$ g.d.w. $S \vdash G$.

b) $Cons(S) = \{F \,|\, S \vdash F\}$.

Beweis: Behauptung a) folgt unmittelbar aus den Sätzen 4 und 5. Behauptung b) folgt unmittelbar aus Behauptung a).

6.2.5 Endlichkeit von cons(S)

Bevor wir einen Algorithmus entwickeln, der $Cons(S)$ für jedes EFRS S berechnet, zeigen wir, daß $Cons(S)$ immer eine *endliche* Menge ist.

SATZ 7 Für jedes EFRS S ist $Cons(S)$ endlich.

Beweis: Per definitionem ist S als EFRS eine endliche Menge; daher kommen in S nur endlich viele Konstanten- und Prädikatensymbole vor. Bei der Generierung neuer Fakten mittels EP werden keine neuen Konstantensymbole oder Prädikatensymbole eingeführt. Aus einem endlichen Vokabular von Konstanten- und Prädikatensymbolen können aber nur endlich viele Fakten generiert werden. Q.E.D.

6.2.6 Inferenzalgorithmus

Es soll nun ein Algorithmus $INFER(S)$ entwickelt werden, der $Cons(S)$ für ein beliebig vorgegebenes EFRS S berechnet. Das Prinzip dieses Algorithmus' ist sehr einfach: Es wird EP solange auf die Regeln und Fakten von S (vereinigt mit den bereits abgeleiteten Fakten) angewendet, bis keine neuen Fakten ableitbar sind.

Um diesen Algorithmus in Pseudocode darzustellen, werden drei Funktionsprozeduren entwickelt:

- $PRODUCE(R, F_1 \ldots F_n)$ prüft, ob EP auf die Regel R und auf die Faktenliste $F_1 \ldots F_n$ anwendbar ist und gibt im positiven Fall den abgeleiteten Fakt zurück. Ist EP nicht anwendbar, wird ein Sonderzeichen ∇ ausgegeben.

- $INFER1(S)$ erzeugt die Menge aller Fakten, die in einem Schritt aus S abgeleitet werden können.
- $INFERS(S)$, der eigentliche Algorithmus, generiert $Cons(S)$ aus S.

Wir wollen zunächst die Funktionsprozedur $PRODUCE(R, F_1 \ldots F_n)$ entwickeln. Hierbei nehmen wir an, daß R eine Regel der Form $\forall X_1 \cdots \forall X_k (L_1 \wedge \ldots \wedge L_n \Rightarrow L_0)$ ist, und daß $F_1 \ldots F_n$ eine Folge von n Fakten darstellt.

Prädikatausdrücke der Form $\psi(t_1, \ldots, t_k)$, wobei ψ ein Prädikatensymbol darstellt und die t_i entweder Variablensymbole oder Konstantensymbole darstellen, bezeichnet man als *Atome*. Fakten sind besondere Atome, die nur Konstantensymbole, aber keine Variablensymbole enthalten.

6.2.7 Matching

Um zu prüfen, ob EP auf die Regel R und die Faktenliste $F_1 \ldots F_n$ anwendbar ist, müssen wir versuchen, eine Substitution θ zu finden, die jedes Atom L_i für $1 \le i \le n$ in den entsprechenden Fakt F_i übersetzt, also $L_i \theta = F_i$. Mit anderen Worten: Es soll eine Substitution θ gefunden werden, die jedes L_i mit dem entsprechenden F_i *unifiziert*.

Sei L ein beliebiges Atom und sei F ein beliebiger Fakt. Da F keine Variablen enthält, brauchen wir bei der Suche nach einer unifizierenden Substitution θ nur die Variablen von L zu berücksichtigen. Wenn F und L das gleiche Prädikatensymbol enthalten, wenn alle Konstanten von L an der entsprechenden Stelle auch in F vorkommen und wenn jedem Variablensymbol von L an allen Stellen in F das gleiche Konstantensymbol gegenübersteht, dann und nur dann sind L und F unifizierbar. Die gesuchte Substitution θ besteht aus der Menge aller Einzelersetzungen $X \leftarrow a$, für jede Variable X in L und entsprechende Konstante a in F. Falls L und F unifizierbar sind, ist die unifizierende Substitution θ eindeutig bestimmt.

Dieser Unifikationstest zwischen einem Atom und einem Fakt wird in der Literatur auch als *matching* bezeichnet. Wir werden im weiteren voraussetzen, daß ein Algorithmus $match(L, F)$ zur Verfügung steht, der als Funktionsprozedur aufrufbar ist und als Ergebnis die gewünschte Substitution θ liefert, bzw. ein Sonderzeichen ∇ bei Nichtunifizierbarkeit.

Beispiele für Aufrufe und Ergebnisse von *match* sind:

AUFRUF	ERGEBNIS
$match(p(X, Y, Z), p(a, b, a))$	$\{X \leftarrow a, Y \leftarrow b, Z \leftarrow a\}$
$match(p(X, Y, Y), p(a, b, a))$	∇
$match(q(Z, Z), q(c, c))$	$\{Z \leftarrow c\}$
$match(p(X, Y, Z), r(a, b, a))$	∇

Bei der Überprüfung der Anwendbarkeit von EP auf die Regel R und auf die Faktenliste $F_1 \ldots F_n$ kann man allerdings die Paare $(L_1, F_1), (L_2, F_2) \ldots (L_n, F_n)$ nicht unabhängig voneinander betrachten, da ja eine *globale* Substitution θ gesucht wird, für die gilt $L_1 \theta = F_1$ und $L_2 \theta = F_2$ und ... und $L_n \theta = F_n$.

Aus diesem Grund wird folgendermaßen vorgegangen: Zuerst wird versucht, L_1 mit F_1 zu unifizieren. Ist das nicht möglich, dann ist EP nicht anwendbar. Ist hingegen eine unifizierende Substitution θ_1 gefunden worden, dann wird diese auf alle Atome der Regel R angewendet (auch auf das Atom L_0). Nun wird versucht, das zweite Atom der (veränderten) Regel R in F_2 zu übersetzen. Man sucht also eine Substitution θ_2, für die gilt: $(L_2 \theta_1) \theta_2 = F_2$. Ist eine solche Substitution gefunden, dann wird diese auf die gesamte (schon durch θ_1 veränderte) Regel R angewendet, usw. Ist $L_2 \theta_1$ nicht mit F_2 unifizierbar, dann ist EP unanwendbar und der Algorithmus kann abgebrochen werden. Wurde aber für alle Atome eine Substitution gefunden, dann ist EP anwendbar, und die gesuchte Gesamtersetzung θ ist die Vereinigung aller Teilersetzungen: $\theta = \theta_1 \cup \theta_2 \cup \ldots \cup \theta_n$. Diese Vereinigung stimmt übrigens mit der Verknüpfung (oder Hintereinanderausführung) $\theta_1, \theta_2, \ldots \theta_n$ aller Teilersetzungen überein, da die einzelnen θ_i paarweise variablendisjunkt sind.

Falls EP anwendbar ist, wird in diesem Verfahren der durch EP generierte Fakt $L_0 \theta$ gleich mitgeliefert, da während der Abarbeitung alle Teilersetzungen $\theta_1, \theta_2 \ldots \theta_n$ in dieser Reihenfolge hintereinander auf L_0 angewendet werden.

6.2.8 Die Funktionsprozedur PRODUCE

Wir können dieses Verfahren nun algorithmisch exakt als Funktionsprozedur PRODUCE$(R, F_1 \ldots F_n)$ angeben:

FUNCTION PRODUCE $(R, F_1 \ldots F_n)$

INPUT: eine Regel R der Form $\forall X_1 \cdots \forall X_k (L_1 \wedge \ldots \wedge L_n \Rightarrow L_0)$ und eine Liste von Fakten $F_1 \ldots F_n$.
OUTPUT: falls EP anwendbar ist, der durch EP erzeugte Fakt; sonst ein Sonderzeichen ∇

```
BEGIN
FOR i := 0 TO n DO K_i := L_i; /* Kopiere die Atome der Regel R*/
FOR i := 1 TO n DO
  BEGIN
  λ := match(K_i, F_i);
  IF λ = ∇
  THEN RETURN ∇;
  ELSE FOR j := 0 TO n DO K_j := K_j λ
  END
RETURN K_0
END.
```

Das folgende Beispiel zeigt einen Ablauf von PRODUCE.

Beispiel: Man betrachte die Regel R: $\forall X \, \forall Y \, (p(X, Y) \wedge p(Y, Z) \Rightarrow p(X, Z))$ und die Fakten F_1: $p(a, b)$ und F_2: $p(b, c)$. Nach dem Aufruf von PRODUCE(R, F_1, F_2) werden zunächst die Atome von R kopiert: $K_0 := p(X, Z)$; $K_1 := p(X, Y)$; $K_2 := p(Y, Z)$.
Danach werden die folgenden Zuweisungen durchgeführt:

$i := 1$

$$\lambda = match\,(K_1, F_1) = \{X \leftarrow a, \; Y \leftarrow b\}$$
$$j := 0 \qquad K_0 := p(a, Z)$$
$$j := 1 \qquad K_1 := p(a, b)$$
$$j := 2 \qquad K_2 := p(b, Z)$$

$i := 2$

$$\lambda = match\,(K_2, F_2) = \{Z \leftarrow c\}$$
$$j := 0 \qquad K_0 := p(a, c)$$
$$j := 1 \qquad K_1 := p(a, b)$$
$$j := 2 \qquad K_2 := p(b, c)$$

Die Prozedur stoppt mit der Ausgabe $p(a, c)$.

Man beachte, daß die Berechnungen der Prozedur PRODUCE von der *Ordnung* der Input-Fakten abhängen. Wenn man im obigen Beispiel die Funktionsprozedur PRODUCE mit vertauschten Fakten aufruft, also PRODUCE $(R, F_2 \, F_1)$, dann erhält man ∇ als Resultat, da in diesem Fall EP nicht anwendbar ist.

6.2.9 Die Funktionsprozedur INFER1

Die Funktion INFER1(S) wendet PRODUCE für jede Regel $R \in S$ und für jede passende Kombination von Fakten aus S an, um alle Fakten zu erzeugen, die in einem Schritt aus S ableitbar sind.

FUNCTION INFER1 (S)
INPUT: ein EFRS S
OUTPUT: Die Menge aller Fakten, die in genau einem
    Schritt aus S abgeleitet werden können.
BEGIN
result $:= \{\}$
FOR EACH Regel $R \in S$ DO
  $n :=$ Anzahl der Atome im Antecedens von R;
  FOR EACH n-Tupel $\langle F_1, \ldots, F_n \rangle$ von Fakten aus S DO
    BEGIN
    new $:=$ PRODUCE$(R, F_1 \ldots F_n)$;
    IF new $\neq \nabla$ THEN result $:=$ result $\cup \{$new$\}$
    END;
RETURN result
    END.

Beispiel: Man betrachte das (bereits früher als Beispiel angeführte) EFRS S, welches aus folgenden Regeln und Fakten besteht:

$$\text{Regel } R_1: \ \forall X \ \forall Y \ \forall Z (p(X, Y) \ \wedge \ p(Y, Z) \Rightarrow p(X, Z))$$

$$\text{Regel } R_2: \ \forall X \ \forall Y \ (p(X, Y) \Rightarrow p(Y, X))$$

$$\text{Fakten:} \quad p(a, b), \ p(b, c), \ p(c, d), \ p(d, e).$$

Der Aufruf der Funktionsprozedur INFER1(S) ergibt als Resultat die Faktenmenge: $\{p(a, c), \ p(b, d), \ p(c, e), \ p(b, a), \ p(c, b), \ p(d, c), \ p(e, d)\}$.

6.2.10 Die Funktionsprozedur INFER

Schließlich geben wir die Funktionsprozedur INFER(S) an. Diese Prozedur ruft solange INFER1 auf, bis keine neuen Fakten ableitbar sind.

FUNCTION INFER (S)
INPUT: ein EFRS S
OUTPUT: $Cons(S)$

```
BEGIN
old := {};
new := S;
WHILE new ≠ old DO
  BEGIN
  old := new;
  new := new ∪ INFER1 (new)
  END;
result := Menge aller Fakten von new;
RETURN result
END.
```

Beispiel: Man betrachte das im letzten Beispiel angegebene EFRS S. Beim Aufruf INFER(S) erhält die Variable *new* die folgenden Werte $new_1 \ldots new4$ nacheinander zugewiesen:

$$new_1 = S \cup INFER1(S)$$
$$= S \cup \{p(a, c), p(b, d), p(c, e), p(b, a), p(c, b), p(d, c), p(e, d)\};$$

$$new_2 = new_1 \cup \{p(a, d), p(a, a), p(b, e), p(b, b), p(c, c), p(d, d), p(a, e),$$
$$p(c, a), p(d, b), p(e, e), p(e, c)\}$$

$$new_3 = new_2 \cup \{p(d, a), p(e, b), p(e, a)\};$$

$new_4 = new_3$, daher stoppt der Algorithmus mit Endresultat new_3.

Es gibt viele Möglichkeiten, den Berechnungsvorgang von INFER zu optimieren, z. B. kann unter bestimmten Voraussetzungen vermieden werden, daß dieselben Ableitungen mehrfach durchgeführt werden. Auf Optimierungsmöglichkeiten wird aber hier nicht weiter eingegangen.

6.3 Implementierung der Vorwärtsverkettung

Im folgenden wird ein Prolog-Meta-Interpreter zur Abarbeitung von einfachen Regeln vorgestellt. Dieser wird dann für die Abarbeitung von generellen Regeln erweitert. Eine nähere Betrachtung der Abarbeitung einer weit verbreiteten Regelsprache bildet den Abschluß dieses Teilkapitels.

6.3.1 Abarbeitung einfacher Regeln

Folgender Interpreter, mittels Prolog (Rückwärtsverkettung) implementiert, ermöglicht es, einfache Fakten-Regelsysteme vorwärtsverkettet abzuarbeiten:

```
forward ←
  (A → C) &
  call(A) &
  ¬ call(C) & ! &
  assert(C) &
  forward.

forward.
```

Die vorwärts anzuwendenden Regeln werden mittels „→/2" definiert, das einem zweistelligen Prädikat in Infixschreibweise entspricht, z.B. a → b. Der Meta-Interpreter wird mit `forward/0` aufgerufen und fügt alle durch Vorwärtsverkettung ableitbaren Fakten in die Datenbasis ein. Es wird angenommen, daß `call/1` Konjunktionen von Subzielen lösen kann und so keine Einzelüberprüfung der Subziele notwendig ist.

Das erste Subziel (A → C) liefert mittels Backtracking alle vorwärts anzuwendenden Regeln. `call(A)` überprüft, ob der Antecedens der Regel erfüllt ist, und ¬ `call(C)` stellt fest, ob C bereits in der Datenbasis enthalten ist. Kann keine Regel gefunden werden, die ein neues Fakt ableitet, so terminiert der Aufruf von `forward/0` erfolgreich, und alle ableitbaren Fakten sind in der Datenbasis enthalten. Eine weitere Suche nach Lösungen ist nicht mehr notwendig und wird durch den Cut verhindert.

Vorwärts bzw. rückwärts anzuwendende Regeln können gemischt in einer Datenbasis verwendet werden, da die Teilziele im Bedingungsteil einer vorwärts anzuwendenden Regel durch Prolog-Regeln, die rückwärtsverkettet abgearbeitet werden, definiert werden können. Die Regelsprache kann gegenüber einem EFRS um Funktionssymbole erweitert werden, jedoch kann es in diesem Fall zu Endlosrekursionen kommen.

Die Kontrollstrategie ist nicht-revidierend. Eine revidierende wäre auch nicht notwendig, da eine abgearbeitete Regel nie eine andere blockieren kann. Es werden immer alle ableitbaren Fakten erzeugt.

6.3.2 Abarbeitung genereller Regeln

Wir erweitern nun diesen einfachen Meta-Interpreter um wenige Klausen, um so generelle Regeln abarbeiten zu können. Unter generellen Regeln verstehen wir Regeln, deren Succedens eine Oder-Verknüpfung enthalten kann. Das Oder wird in den weiteren Beispielen durch einen Strichpunkt repräsentiert.

Generelle Regeln haben folgende Gestalt, wobei $A_1 \dots A_m$ und $B_1 \dots B_n$ für beliebige Literale stehen:

$$A_1 \,\&\, \dots \,\&\, A_m \to B_1; \dots; B_n$$
$$true \to B_1; \dots; B_n$$
$$A_1 \,\&\, \dots \,\&\, A_m \to false$$

Die zweite Regel stellt eine reine Oder-Verknüpfung dar. Das Symbol `false` repräsentiert den Widerspruch. Die Variablen in diesen Regeln sind implizit mit einem All-Quantor gebunden, und jede Variable im Succedens muß im Antecedens enthalten sein. Daraus folgt, daß alle Fakten und reinen Oder-Verknüpfungen keine Variablen enthalten dürfen. Fakten entsprechen der Regel `true` → B_1.

Mit folgendem Meta-Interpreter (beschrieben in [MB88]) können generelle Fakten-Regelsysteme bearbeitet werden:

```
forward_general ←
  (A → C) &
  call(A) &
  ¬ call(A) & ! &
  component(L, C) &
  assume(L) &
  ¬ false &
  forward_general.
forward_general.

component(L, (L; _)).
component(L, (_; D)) ←
  ! & component(L, D).
component(L, L).

assume(X) ←
  assert(X).
assume(X) ←
  retract(X) &
  ! & fail.
```

Der Meta-Interpreter wird mit `forward_general/0` aufgerufen und terminiert erfolgreich, falls das Fakten-Regelsystem erfüllbar ist, d.h. kein Widerspruch abgeleitet werden kann.

Zu beachten ist, daß C mit einer Oder-Verknüpfung unifiziert werden kann. Für `call/1` nehmen wir daher an, daß `call/1` erfolgreich ist, falls ein Literal der Oder-Verknüpfung erfüllt ist. Ist `call/1` für ein instantiiertes C' erfüllt, so bedeutet dies, daß C' durch den Inhalt der

Datenbasis erfüllt ist. Bei weiterer Betrachtung der Erfüllbarkeit der Fakten-Regelbasis braucht C' nicht berücksichtigt zu werden. Dieser Vorgang ist ein Spezialfall der Subsumptions-Elimination, die aber hier nicht genauer beschrieben wird. Eine ausführliche Betrachtung kann in [GL85] gefunden werden.

Der zentrale Unterschied zu einem einfachen Fakten-Regelsystem liegt in der Behandlung der Oder-Verknüpfungen. Kann eine Oder-Verknüpfung abgeleitet werden, so ist ein Auswahlpunkt erreicht. Beginnend mit dem ersten Literal dieser Oder-Verknüpfung wird eines nach dem anderen als erfüllt angenommen, in die Datenbasis eingetragen und geprüft, ob das Fakten-Regelsystem unter dieser Annahme erfüllbar ist. Durch `component/2` wird bei Backtracking sukzessive ein Literal nach dem anderen der an C gebundenen Struktur entnommen. Der Fall, daß C an ein einziges Literal, also nicht an mehrere durch „oder" verknüpfte Literale gebunden wird, wird durch die dritte `component/2`-Klause abgedeckt. Bei Backtracking werden alle Fakten, die durch `assume/1` in die Datenbasis eingefügt wurden, wieder aus der Datenbasis gelöscht. Diese Funktionalität wird bei der Entdeckung eines Widerspruchs, d. h. wenn `false` abgeleitet wurde, benötigt.

Wird `false` durch eine Regelanwendung abgeleitet, so erfolgt ein Rücksetzen zur letzten Auswahl, und es wird ein anderes Literal als erfüllt angenommen. Die Kontrollstrategie muß notwendigerweise revidierend sein, da eine ungünstige Auswahl zu einem Widerspruch (Sackgasse) führen kann.

Welche Fakten in die Datenbasis eingefügt werden, kann durch einen sogenannten Modellbaum wie folgt beschrieben werden. Jedes Fakt, das eingefügt wird, stellt einen Knoten dar. Fakten, die direkt zeitlich hintereinander durch `forward_general/0` eingefügt werden, sind durch eine Kante verbunden. Eine Ausnahme bilden die Oder-Verknüpfungen. Pro Literal der Oder-Verknüpfung gibt es eine Kante zum direkten zeitlichen Vorgänger. Ein Blattknoten des Modellbaums ist dann erreicht, wenn er entweder `false` enthält, oder keine Regel etwas Neues ableiten kann. Alle Vorgänger eines Blattes, das nicht `false` enthält, bilden entweder ein Herbrand-Modell oder können zu einem erweitert werden.

Wird die zweite Klause von `forward_general/0` durch

```
forward_general :- print_facts & fail.
```

ersetzt, werden alle Zweige des Modellbaums ausgegeben. Die Implementierung von `print_facts/0` wird nicht näher angegeben, kann aber sehr einfach mittels `clause/1` durchgeführt werden.

6.3.3 Beispiel: Elektrische Schaltung

Im folgenden zeigen wir anhand eines einfachen Beispiels die Repräsentation einer elektrischen Schaltung (siehe Abb. 6.2) und einen Teil des Modellbaums (siehe Abb. 6.3).

Bei der logischen Darstellung dieser Schaltung verzichten wir auf eine Modellierung der Kabel, um die Beschreibung übersichtlicher zu gestalten.

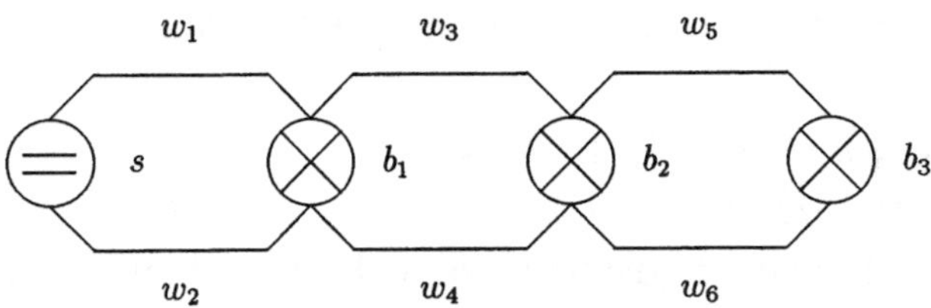

Abb. 6.2. Drei Glühbirnen und eine Spannungsversorgung parallel geschaltet

Das Verhalten eines Komponententyps wird durch Regeln beschrieben, die Aussagen über die Werte der Anschlüsse treffen. Die Zuordnung von Anschlüssen und Werten erfolgt durch das `val/2`-Prädikat. Jeder Anschluß kann nur einen Wert annehmen. Können zwei verschiedene Werte für einen Anschluß abgeleitet werden, so führt dies zum Widerspruch. Jeder Komponente werden in unserem Beispiel zwei Zustände zugeordnet, die durch das Prädikat `ok/1` bzw. `ab/1` dargestellt werden. `ok/1` repräsentiert das korrekte Verhalten, `ab/1` das fehlerhafte. Durch `type/2` wird der Komponententyp spezifiert. `conn/2` gibt an, welche Anschlüsse miteinander verbunden sind.

```
type(C, bulb) & ok(C) & val(port(C), '+')
    → val(light(C), on).

type(C, bulb) & ok(C) & val(port(C), 0)
    → val(light(C), off).

type(C, bulb) & ok(C) & val(light(C), off)
    → val(port(C), 0).

type(C, bulb) & ok(C) & val(light(C), on)
    → val(port(C), '+').

type(C, supply) & ok(C)
    → val(port(C), '+').

val(Port, V1) & val(Port, V2) & V1 ≠ V2 → false.
```

Der folgende Schluß auf den Wert des Glühlampenanschlusses kann ohne Wissen um den Zustand der Komponente erfolgen.

```
type(C, bulb) & val(light(C), on)
   → val(port(C), '+').
```

Die Werte der Anschlüsse werden entlang der Verbindungen propagiert.

```
conn(P1, P2) & val(P2, V) → val(P1, V).
conn(P1, P2) & val(P1, V) → val(P2, V).
```

Jede Komponente kann zu einem Zeitpunkt genau einen Zustand annehmen.

```
type(C, _) → ok(C) ; ab(C).
ok(C) & ab(C) → false.
```

Die oben angeführten logischen Sätze beschreiben die generischen Eigenschaften von Komponenten und Verbindungen. Im folgenden wird nun die in Abb. 6.2 dargestellte Schaltung mit ihren Komponenten und Verbindungen beschrieben sowie drei Beobachtungen über den Zustand des Lichts der Glühlampen. Wir nehmen für unser Beispiel an, daß b1, b2 dunkel sind und b3 brennt.

```
type(b1, bulb).
type(b2, bulb).
type(b3, bulb).
type(s, supply).

conn(port(s), port(b1)).
conn(port(s), port(b2)).
conn(port(s), port(b3)).

val(light(b1), off).
val(light(b2), off).
val(light(b3), on).
```

Die Abb. 6.3 zeigt einen Teil des Modellbaums, wobei nur die Kanten bei den Verzweigungen ausgeführt sind. Wie man sieht, enthält ein konsistenter Zweig die Fakten ab(b1), ab(b2), ok(b3) und ok(s). Diese Fakten können als gültig angenommen werden, ohne daß ein Widerspruch entsteht. Die Menge {ab(b1), ab(b2)} entspricht auch einer Diagnose. Was unter Diagnosen zu verstehen ist, und wie sie berechnet werden können, wird im Kapitel 9 noch ausführlich erklärt.

Der vorgestellte Meta-Interpreter dient zur Veranschaulichung einer Abarbeitung von generellen Regeln und ist nicht auf Effizienz zugeschnitten.

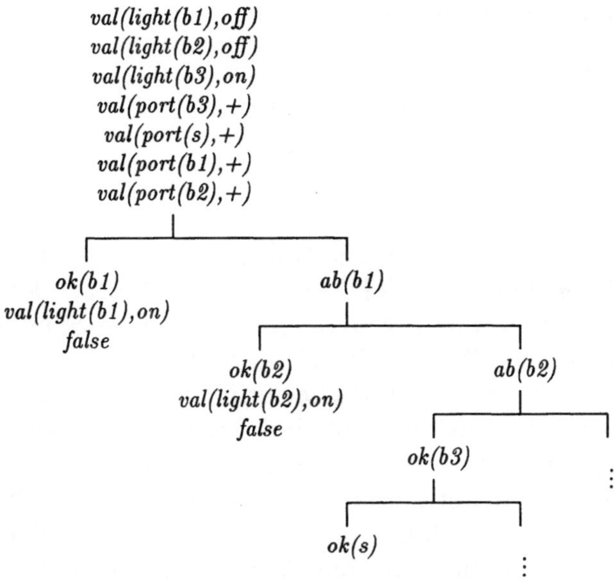

Abb. 6.3. Modellbaum

6.3.4 Abarbeitung in OPS5

Die bekanntesten Regelsprachen, deren Regeln sehr effizient mittels Vorwärtsverkettung abgearbeitet werden, gehören der OPS5-Familie an. R1, ein sehr bekanntes Expertensystem, das die Konfiguration von VAX-Computersystemen unterstützt, wurde mittels dieser Regelsprache implementiert. Im folgenden wird eine Einführung sowohl in die Grundkonzepte als auch in die Abarbeitung von OPS5 gegeben. Die wesentlichen Teile sind aus [For82] entnommen. Da sich OPS5 aus der Sprache Lisp entwickelt hat, verwenden wir einige Lisp-spezifische Sprachkonstrukte, die aber ohne Kenntnis von Lisp verständlich sein sollten.

Die Sprache

Die Repräsentationselemente in OPS5 sind Regeln und Datenelemente einer globalen Datenbasis, dem sogenannten *Working memory* (WM). Ein Datenelement wird auch als *working memory Element* (WME) bezeichnet.

Ein WME setzt sich aus Attribut/Wert-Kombinationen zusammen und besitzt einen Typ. Attribute werden durch ein vorangestelltes ↑ gekennzeichnet. Folgendes WME gehört dem Typ expression an und hat den Namen expr17. Das erste Argument ist 2, das zweite x, und * ist der Wert des Operator-Attributes.

```
(expression ↑name expr17 ↑arg1 2 ↑op * ↑arg2 x)
```

Die Regeln haben folgende Gestalt:

```
(P ⟨Bezeichnung⟩
   ⟨Bedingung₀⟩ . . . ⟨Bedingungₙ⟩
   → ⟨Aktion₀⟩ . . . ⟨Aktionₘ⟩)

fuer n, m ≥ 1
```

Der Bedingungsteil wird auch als *Left-hand-side* (LHS) und der Aktionsteil als *Right-hand-side* (RHS) bezeichnet. Mittels der LHS wird eine Sequenz von Bedingungen definiert. Eine einzelne Bedingung wird auch als Muster (Pattern) bezeichnet. Im Ableitungsprozeß werden WMEs gesucht, die diese Muster erfüllen (match). Eine Regel ist anwendbar, falls alle Muster erfüllt sind. Im folgenden werden nun die wichtigsten Beschreibungsmöglichkeiten von Mustern erörtert.

Das einfachste Muster enthält nur Konstantensymbole. Das Muster ist dann erfolgreich, falls ein WME existiert, bei dem Typ und Attribut/Wertkombination mit dem Muster übereinstimmen. Zusätzliche Attribute des WME beeinflussen diesen Vergleich nicht.

Das Muster

```
(expression ↑op * ↑arg1 2)
```

wird erfüllt durch (engl. „matches") das WME

```
(expression ↑name expr17 ↑arg1 2 ↑op * ↑arg2 x)
```

Weiters können Muster in der LHS Variablen enthalten, die auch in der RHS verwendet werden können. Variable werden durch Symbole, die durch die Zeichen ⟨ und ⟩ eingeschlossen werden, repräsentiert und können jeden beliebigen Wert durch eine Instantiierung mit einem WME annehmen. Folgendes Beispiel soll dies verdeutlichen:

Das Muster

```
(expression ↑arg1 ⟨X⟩ ↑arg2 ⟨X⟩)
```

wird erfüllt durch das WME

```
(expression ↑name expr1 ↑arg1 2 ↑op * ↑arg2 2)
```

nicht aber durch

```
(expression ↑name expr17 ↑arg1 2 ↑op * ↑arg2 3)
```

In der LHS können auch Vergleiche folgender Form durchgeführt werden, wobei ⟨⟩ nur als Beispiel dient. Das Muster

```
(expression ↑op ⟨⟩ *)
```

wird durch jede `expression` erfüllt, deren Wert ungleich * ist.

Vor ein Muster kann auch ein Minuszeichen gestellt werden. Diese Bedingung ist dann erfüllt, wenn kein WME existiert, das dieses Muster erfüllt.

Die RHS von OPS5-Regeln bestehen aus einer Sequenz von Aktionen, die unter anderem Ein/Ausgabe und die Veränderungen des WM umfassen. Letztere sind besonders interessant, da dadurch die Anwendbarkeit von Regeln beeinflußt wird.

MAKE erzeugt ein neues WME. Der Typ, dem das neue Element angehört, und die Attribut/Wertkombinationen, die es besitzt, werden als Argumente von MAKE angegeben.

```
(MAKE expression ↑name exprl ↑argl 1)
```

erzeugt ein Element vom Typ expression mit name gleich exprl und argl gleich 1.

MODIFY dient zur Änderung von WMEs. Das erste Argument verweist auf ein Muster, die restlichen Argumente bestehen aus Attribut/Wertpaaren, die die neuen Werte spezifizieren. Der Verweis auf ein Muster erfolgt meist durch eine Nummer, die sich auf die Position des Musters in der LHS der Regel, in der MODIFY in der RHS steht, bezieht. Das WME, das dieses Muster erfüllt, wird durch MODIFY geändert.

```
(P time0x
   (goal ↑type simplify ↑object ⟨X⟩)
   (expression ↑name ⟨X⟩ ↑argl 0 ↑op *)
  →
   (MODIFY   2 ↑op nil ↑arg2 nil)
```

Wird diese Regel angewendet, so ändert MODIFY die Attribute des WME, das das zweite Muster erfüllt.

REMOVE wird zum Löschen von WMEs verwendet und nimmt als Argumente Verweise auf Muster in der Art wie MODIFY. Die Selektion der WMEs erfolgt nach dem gleichen Prinzip.

```
(REMOVE 1 2 3)
```

würde die Elemente, die bei einer Regelanwendung die ersten drei Muster der LHS erfüllen, löschen.

Abarbeitung mittels Rete-Algorithmus

Der Interpreter von OPS5 arbeitet die Regeln vorwärts nach folgendem Prinzip ab:

1. *Vergleichen (Match):* Die LHS der Regeln werden unter Berücksichtigung des aktuellen WM-Zustandes untersucht, um so alle anwendbaren Regeln zu bestimmen.

2. *Konfliktauflösung (Conflict Resolution):* Eine Regel der anwendbaren Regeln wird ausgewählt. Ist keine Regel anwendbar, so hält der Interpreter.

3. *Ausführung (Act):* Die Aktionen der RHS werden ausgeführt.

4. goto 1

Der erste Schritt kann bei entsprechend großen Fakten/Regelsystemen äußerst zeitaufwendig werden. Die Ausgabe dieses Schritts und die Eingabe in die Konfliktauflösung bilden die Konfliktmenge (Conflict Set). Die Konfliktmenge ist eine Menge von geordneten Paaren. Das erste Element ist eine anwendbare Regel, das zweite Element eine Liste von Elementen, die zur Erfüllung der LHS notwendig waren.

Der Rete-Algorithmus dient nun dazu, diese Konfliktmenge möglichst effizient zu berechnen. Er kann als eine Black Box betrachtet werden, deren Eingabe Änderungen des WM sind und deren Ausgaben Änderungen der Konfliktmenge darstellen.

Zeitraubende Iterationen über das WM können dadurch eingespart werden, daß zu jedem Muster eine Liste von WMEs gespeichert wird, die bei Veränderungen des WM entsprechend mitverändert wird. Im folgenden wird nun die einfachste Variante des Rete-Algorithmus skizziert.

Veränderungen des WM werden durch *Token* dargestellt, die an die Black Box geschickt werden. Z. B. repräsentiert

```
⟨−(expression ↑name expr41 ↑arg1 y ↑op * ↑arg2 y)⟩
⟨+(expression ↑name expr41 ↑arg1 2 ↑op * ↑arg2 y)⟩
```

das Verändern eines WME mittels Löschen und Einfügen.

Aus den LHS der Regeln wird ein Netzwerk erzeugt, das die Hauptkomponente des Algorithmus repräsentiert. Das Testen eines Tokens, ob es ein Muster erfüllt, kann in die Überprüfung der Inter- bzw. Intra-features aufgespalten werden. Der Intra-feature-Test überprüft nur die lokalen Eigenschaften eines Token, wie z. B. ob der Name gleich `expr41` ist. Inter-feature-Tests resultieren aus dem Vorkommen von Variablen in verschiedenen Mustern. So müssen bei

```
(P time0x
   (goal ↑type simplify ↑object ⟨X⟩)
   (expression ↑name ⟨X⟩ ↑arg1 0 ↑op *)
→
   (MODIFY   2 ↑op nil ↑arg2 nil)
```

die Werte der Attribute ↑`object` und ↑`name`, die in verschiedenen Mustern vorkommen, gleich sein. Intra-feature- und Inter-feature-Tests werden in den Knoten des Netzwerkes durchgeführt. Intra-feature-

Tests werden in Knoten mit einem Eingang, Inter-feature-Tests in Knoten mit zwei Eingängen durchgeführt. Beim Aufbau jedes Netzwerkes werden zuerst die Intra-feature-Tests der Muster berücksichtigt und dann erst die Gemeinsamkeiten der Muster mittels den Knoten, die den Inter-feature-Test durchführen. Abbildung 6.4 zeigt ein Netzwerk für

```
(P plus0x
  (goal ↑type simplify ↑object ⟨N⟩)
  (expression ↑name ⟨N⟩ ↑arg1 0 ↑op + ↑arg2 ⟨X⟩)
→

  . . .

(P time0x
  (goal ↑type simplify ↑object ⟨N⟩)
  (expression ↑name ⟨N⟩ ↑arg1 0 ↑op * ↑arg2 ⟨X⟩)
→

  . . .
```

Sind für LHS gleiche Tests notwendig, so werden Knoten wiederverwendet anstatt dupliziert. Die Endknoten des Netzwerkes repräsentieren anwendbare Regeln.

Die Token fließen entlang der Kanten von Knoten zu Knoten, falls sie einen Test erfolgreich bestanden haben. Ist bei einem Knoten mit zwei Eingängen noch kein Token vorhanden, muß gewartet werden.

Werden die Elemente

```
(goal ↑type simplify ↑object expr17)
(expression ↑name expr17 ↑arg1 0 ↑op * ↑arg2 3)
```

in das WM geschrieben, so erhält der rechte Endknoten in Abbildung 6.4 das Token

```
⟨+(goal ↑type simplify ↑object expr17)
  (expression ↑name expr17 ↑arg1 0 ↑op * ↑arg2 3)⟩
```

und die Instantiierung von time0x wird in die Konfliktmenge eingefügt.

Welche Regel aus der Menge der anwendbaren Regeln ausgewählt wird, hängt vom Algorithmus der Konfliktauflösung ab. Regelsysteme, bei denen zu jedem Zeitpunkt immer höchstens eine Regel angewendet werden kann, werden als deterministische Regelsysteme bezeichnet.

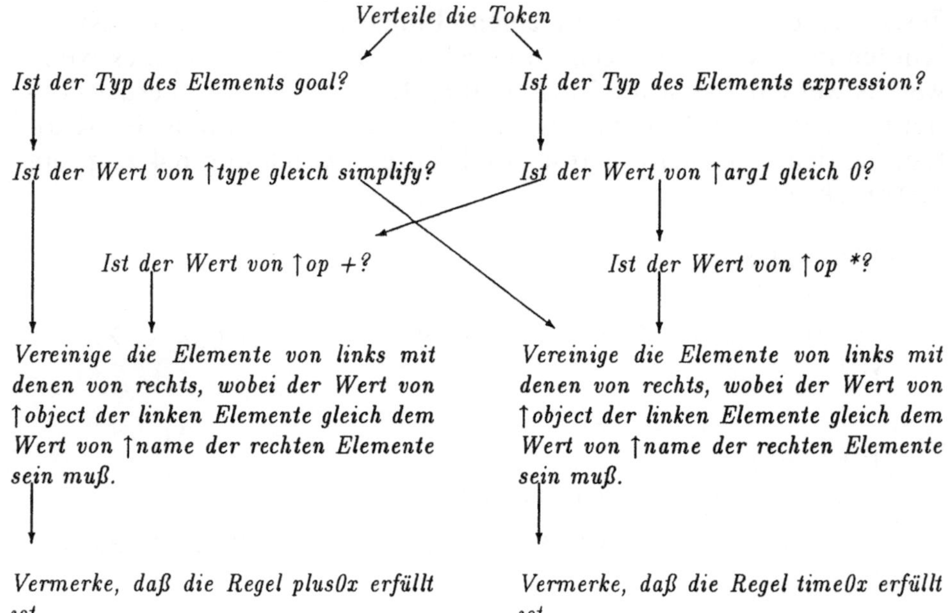

Abb. 6.4. Rete Netzwerk für plus0x und time0x

Algorithmen zur Konfliktauflösung können von System zu System sehr unterschiedlich sein. Sehr gebräuchliche Auswahlverfahren sind:

- Eine Regel kann nicht mehrmals auf dieselben Fakten angewendet werden.
- Fakten können nach ihrem Ableitungszeitpunkt geordnet werden. Regeln, die aktuellere Fakten verwenden, werden gegenüber jenen, die ältere verwenden, bevorzugt.
- Eine Regel ist dann spezieller, wenn mehr Bedingungen für ihre Anwendung erfüllt sein müssen. Speziellere Regeln werden bevorzugt.

Beispiel:

Können R1: A&B → C und R2: A → D angewendet werden, so wird R1 bevorzugt.

In OPS5 kann der Anwender zwischen zwei Strategien zur Regelauswahl wählen, die als LEX and MEA bezeichnet werden. Beide Strategien kombinieren und erweitern die oben angeführten Auswahlverfahren. Eine detaillierte Beschreibung findet sich in [BFKM85].

6.3.5 Rückwärtsverkettung (Backward Chaining)

Im folgenden gehen wir nur kurz auf die Rückwärtsverkettung[2] ein, da sie im 3. Kapitel mittels Prolog bereits näher vorgestellt wurde. Korrektheits- und Vollständigkeitsbeweise bezüglich der Inferenzstrategie, wie sie von Prolog verwendet werden, können in [Llo87] gefunden werden. In diesem Abschnitt wollen wir zusätzlich einige Überlegungen anstellen, die Prolog aus der Sicht der Lösungssuche beleuchten. Viele dieser Aussagen sind allgemeiner Natur und treffen ebenso auf die Vorwärtsverkettung zu. Da Prolog aber als ein Schwerpunkt dieses Buches gewählt wurde, werden diese Überlegung anhand der Rückwärtsverkettung durchgeführt.

Bei der Rückwärtsverkettung wird der Zielzustand durch eine Menge von Zielen beschrieben. Durch jede Rückwärtsanwendung einer Regel der Regelbasis wird ein Ziel in der Zielbeschreibung durch ein oder mehrere Teilziele ersetzt. Im Fall, daß ein Ziel durch mehrere Teilziele ersetzt wird, ergibt sich eine Zerlegung des Problems in Teilprobleme. Können alle Teilziele gelöst werden, ist eine Lösung gefunden.

Zwei Auswahlentscheidungen sind von zentraler Bedeutung:

- Welches Ziel soll ersetzt werden?
- Welche Regel wird zur Ersetzung angewendet?

Je nach Ersetzungsstrategie ergibt sich im Extremfall eine Tiefen- oder Breitensuche.

Die Inferenzstrategie, wie sie in Prolog verwendet wird, entspricht einer Tiefensuche, wobei die Regeln rückwärtsverkettet angewendet werden. Von Tiefensuche wird deswegen gesprochen, da immer das erste Ziel mittels einer Regelanwendung durch Subziele ersetzt wird. Die Regelreihenfolge, wie sie durch den Programmierer im Prolog-Programm festgelegt wurde, wird strikt eingehalten. Die Rückwärtsverkettung ergibt sich dadurch, daß von den Zielen her Regelanwendungsfolgen zu den Fakten hin gesucht werden.

Prolog besitzt eine revidierende Kontrolle. Kann ein Ziel nicht gelöst werden, so steht ein Algorithmus (Backtracking) zur Verfügung, der einen Wiederaufsetzpunkt für eine weitere Lösungssuche findet oder diese abbricht.

Die gebräuchlichsten Varianten für Backtracking sind einerseits *Chronological Backtracking* und *Dependency-directed Backtracking*.

Beim Chronological Backtracking wird immer zur letzten Auswahlentscheidung zurückgesetzt. Beim Dependency-directed Back-

---

[2] Die Rückwärtsverkettung wird auch als Goal-directed oder Top-down Processing bezeichnet.

tracking werden fehlgeschlagene Lösungsversuche analysiert und in Abhängigkeit davon Auswahlentscheidungen und Rücksetzungen optimiert, um Backtracking möglichst zu vermeiden. In der Programmiersprache Prolog konnten sich aber solche Verfahren nicht durchsetzen. Allerdings bringt Dependency-directed Backtracking bei manchen Anwendungen deutliche Effizienzgewinne, besonders dann, wenn die Berechnung einer „Sackgasse" sehr teuer ist.

Im Gegensatz zu der von Prolog verwendeten Tiefensuche wäre auch eine Breitensuche als Inferenzstrategie möglich. Bei der Breitensuche wird schichtweise vorgegangen. Es werden ausgehend von einer Zielbeschreibung, das ist eine Menge von konjunktiv verknüpften Zielen, alle durch Regelanwendung (rückwärts) erzeugbaren Nachfolgezustände generiert. Von diesen Nachfolgezuständen werden wieder alle Nachfolgezustände generiert usw., bis eine Lösung (oder alle Lösungen) gefunden ist. Dieses Vorgehen hat den Vorteil, daß eine Lösung mit der kürzesten Regelanwendungsfolge erzeugt wird. Dies wird aber mit einem exponentiell steigenden Speicheraufwand bezüglich der Länge l der optimalen Lösung bezahlt. Um die Lösungen miteinander zu vergleichen und so die optimale zu finden, können verschiedenste Kostenfunktionen eingeführt werden, z. B. die Anzahl der Regelanwendungen bis zum Erreichen einer Lösung.

Bei der Tiefensuche hingegen vermindert sich der Speicheraufwand auf ein Ordnung $O(l)$, da nur immer der aktuelle Pfad gespeichert werden muß[3]. Allerdings ist die Länge der optimalen Lösung im vorhinein nicht bekannt, sodaß ein Abschneiden nach einer bestimmten Anzahl von Regelanwendungen möglicherweise eine Lösung verhindert. Wird diese Grenze für das Abschneiden sukzessive erhöht, spricht man im Zusammenhang mit der Tiefensuche von *Depth-First Iterative-Deepening*.

Bei einer reinen depth-first Suche muß besonders darauf geachtet werden, welcher Lösungspfad beschritten wird. In diesem Zusammenhang gewinnen Heuristiken eine besondere Bedeutung. Für das Problemlösen mittels Prolog hat das zur Folge, daß Ziel und Regelordnung sorgfältig gewählt werden müssen.

Das folgende logische Programm, abgearbeitet mittels der in Prolog verwendeten Suchstrategie, führt bei der Beantwortung eines beliebigen Ziels für `vorfahre(X,Y)` zu einer Endlosrekursion:

```
vorfahre(X,Y) ← vorfahre(X,Z) & elternteil(Z,Y).
vorfahre(X,Y) ← elternteil(X,Y).
```

---

[3] Diese Komplexitätsbetrachtungen sind sehr kurz gehalten und werden in der angegebenen Literatur über Suchverfahren ausführlich behandelt.

```
elternteil(abraham, isaac).
elternteil(terach, abraham).
```

Zu beachten ist, daß Lösungen, obwohl modelltheoretisch impliziert, aufgrund der Endlosrekursion nicht gefunden werden. Für Prolog-Programme kann im allgemeinen nicht entschieden werden, ob eine Inferenzprozedur in einem rekursiven Suchraum terminiert. Dieses Problem ist äquivalent zum Halteproblem von Turingmaschinen.

6.4 Vorwärtsverkettung versus Rückwärtsverkettung

Die Wahl der Regelanwendungsrichtung wird im wesentlichen von zwei Faktoren beeinflußt:

- In welche Richtung verzweigt der Suchraum geringer? Das Reasoning sollte in Richtung der geringeren Verzweigungsmöglichkeit gelenkt werden.
- Gibt es mehr Anfangs- oder Zielzustände? Es ist zweckmäßiger, Lösungen von der kleineren Menge hin zur größeren zu suchen.

Für die beiden folgenden Beispiele 6.1 und 6.2 (sie wurden aus [GN87] entnommen) werden Lösungen jeweils mit Vorwärtsverkettung und Rückwärtsverkettung konstruiert und verglichen. Variable und Konstante werden entsprechend der Prolog-Notation geschrieben.

Beispiel 6.1: Folgende Regelbasis sei gegeben:

```
1.) insekt(X)       → tier(X)
2.) saeugetier(X)   → tier(X)

3.) ameise(X)       → insekt(X)
4.) biene(X)        → insekt(X)
5.) spinne(X)       → insekt(X)

6.) loewe(X)        → saeugetier(X)
7.) tiger(X)        → saeugetier(X)
8.) zebra(X)        → saeugetier(X)
```

Folgende Frage soll mit Hilfe dieser Regelbasis gelöst werden: Wenn wir annehmen, daß Streaky ein Zebra ist, ist Streaky dann ein Tier? Wenn wir die Regeln ausgehend von der Frage rückwärtsverkettet anwenden und Breitensuche verwenden, werden folgende Teilziele generiert:

```
a.) tier(streaky)           Ziel

b.) insekt(streaky)         Teilziel 1
c.) saeugetier(streaky)     Teilziel 2
```

```
d.) ameise(streaky)        Teilziel 1.1
e.) biene(streaky)         Teilziel 1.2
f.) spinne(streaky)        Teilziel 1.3

g.) loewe(streaky)         Teilziel 2.1
h.) tiger(streaky)         Teilziel 2.2
i.) zebra(streaky)         Teilziel 2.3
```

Um die Gültigkeit von `tier (streaky)` herzuleiten, müssen alle Teilziele generiert werden. Zu beachten ist die Anzahl der Alternativen bei der Ersetzung eines (Sub-)Ziels.

Im krassen Gegensatz zur Rückwärtsverkettung steht in diesem Beispiel die Vorwärtsverkettung. Welche Suchstrategie verwendet wird, ist in diesem Fall egal. Die Frage kann ausgehend vom Fakt `zebra(streaky)` bereits nach zwei Regelanwendungen beantwortet werden.

```
a) zebra(streaky)          Fakt
b) saeugetier(streaky)     Konklusion 1
c) tier(streaky)           Konklusion 1.1
```

Das folgende Beispiel zeigt den umgekehrten Effekt. In diesem Fall ist Rückwärtsverkettung besser als Vorwärtsverkettung.

Folgende Regelbasis sei gegeben:

Beispiel 6.2:

```
1.) zebra(X)          → saeugetier(X)
2.) zebra(X)          → gestreift(X)
3.) zebra(X)          → mittelgroß(X)

4.) saeugetier(X)     → tier(X)
5.) saeugetier(X)     → warmbluetig(X)

6.) gestreift(X)      → nichteinfaerbig(X)
7.) gestreift(X)      → nichtgetupft(X)

8.) mittelgroß(X)     → nichtklein(X)
9.) mittelgroß(X)     → nichtgroß(X)
```

Folgende Frage soll mit Hilfe dieser Regelbasis gelöst werden: Wenn wir annehmen, daß Streaky ein Zebra ist, ist Streaky `nichtgroß`?

Werden die Regeln ausgehend von der Frage rückwärtsverkettet angewendet, so werden folgende Ziele generiert. Die verwendete Suchstrategie ist in diesem Fall nicht relevant.

```
a.) nichtgroß(streaky)     Ziel
b.) mittelgroß(streaky)    Teilziel 1
c.) zebra(streaky)         Teilziel 1.1
```

In diesem Fall wurde die Aufgabe bereits nach zwei Schritten gelöst.
Zu beachten ist die Verzweigungsmöglichkeit der beiden Regelbasen
aus Beispiel 6.1 und 6.2. Im Beispiel 6.2 kann immer nur eine Regel
zur Ersetzung eines Ziels durch ein Teilziel verwendet werden, d. h. es
entfallen die Auswahlentscheidungen.

Die Vorwärtsverkettung, kombiniert mit Breitensuche, zeigt bei
der Lösung des Beispiels ein weitaus schlechteres Verhalten als Rückwärtsverkettung.

```
a.) zebra(streaky)              Fakt

b.) saeugetier(streaky)         Konklusion 1
c.) gestreift(streaky)          Konklusion 2
d.) mittelgroß(streaky)         Konklusion 3

e.) tier(streaky)               Konklusion 1.1
f.) warmbluetig(streaky)        Konklusion 1.2

g.) nichteinfaerbig(streaky)    Konklusion 2.1
h.) nichtgetupft(streaky)       Konklusion 2.2

i.) nichtklein(streaky)         Konklusion 3.1
j.) nichtgroß(streaky)          Konklusion 3.2
```

Im Gegensatz zum vorhergehenden Beispiel wird eine Vielzahl von
Fakten hergeleitet, die für die Lösung des Problems unnötig sind,
begründet dadurch, daß aus einem Fakt eine Vielzahl von anderen
Fakten herleitbar ist.

Betrachtet man die beiden Regelbasen aus Bsp. 6.1 und 6.2 mit den
zugehörigen Anfragen, so kann sehr leicht entschieden werden, welche
Regelanwendungsrichtung zu bevorzugen ist. Ausschlaggebend ist in
diesen Fällen die Anzahl der alternativ anwendbaren Regeln.

Allerdings ist die Wahl der Richtung nicht immer so einfach zu
erkennen. Manchmal wäre es günstiger, die Regelbasis in vorwärts
und rückwärts anwendbare Regeln zu unterteilen. Für den allgemeinen Fall einer selektiven Vorwärts/Rückwärtsanwendung von Regeln
kann dieses Problem äußerst komplex werden.

Eine ungeschickte Wahl der Anwendungsrichtung und Inferenzstrategie von Regeln kann auch zur Unvollständigkeit einer Regelbasis führen. Wird z. B. eine Vorwärtsregel nur dann angewendet, wenn
Fakten vorhanden sind, die sie erfüllen, so kann aus

```
conn(a,b).
p(b,c).
conn(X,Z) & conn(Z,Y) → conn(X,Y). forward
conn(X,Y) ← p(X,Y). backward
```

`conn(a,c)` nicht abgeleitet werden, da `conn(b,c)` nicht als Fakt vorliegt. In diesem Fall muß berücksichtigt werden, daß `conn(b,c)` mittels einer rückwärts anzuwendenden Regel ableitbar ist.

Bei der bidirektionalen Suche, die mit der selektiven Regelanwendungsrichtung angedeutet wurde, wird versucht eine (optimale) Lösung durch gleichzeitiges oder annähernd gleichzeitiges Vorgehen vom Anfangs- und Zielzustand ausgehend zu finden. Allerdings ergeben sich bei diesem Verfahren einige zusätzliche Probleme, die zu beachten sind. Die Suche darf nicht aneinander vorbeiführen, und es muß erkannt werden, wenn Teillösungen aufeinander stoßen. Grob formuliert kann man sagen, daß dieses Verfahren bei blinder Suche (keine Heuristiken) gute Ergebnisse erzielt, bei Verwendung von Heuristiken konnte aber bisher kein befriedigendes Verfahren entwickelt werden.

6.4.1 Problemabhängige Kontrollstrategien

Eine generelle Kontrollstrategie der Inferenz zur Problemlösung scheitert oft an der Komplexität der Probleme, sodaß problemabhängigen Kontrollstrategien eine besondere Bedeutung zukommt. Zu berücksichtigen ist, daß bei der Entwicklung von Kontrollstrategien das Ziel einer möglichst kostengünstigen Konstruktion der Lösung im Vordergrund steht. Die Kosten, die durch eine intelligente, d. h. über ein Problemgebiet informierte Kontrollstrategie entstehen, müssen daher sorgfältig dem Gewinn gegenübergestellt werden.

Diese Kontrollstrategien können einerseits der Lenkung der Regelanwendung dienen, d. h. sie geben Kontrollinformation, welcher Teil des Suchraums zu bevorzugen ist, oder aber der Beschneidung des Suchraums. In diesem Fall werden anwendbare Regeln außer acht gelassen, wodurch unter Umständen manche Lösungen nicht gefunden werden. Ein Großteil dieser Kontrollstrategien, manchmal als Kontrollwissen bezeichnet, setzt sich aus den „Faustregeln" (Heuristiken) der Experten des jeweiligen Fachgebietes zusammen.

Die Formulierung einer Kontrollstrategie kann mittels der bereits vorgestellten Repräsentationsformen durchgeführt werden und kann:

- explizit durch Regeln formuliert sein, die dann als Meta-Regeln (im Gegensatz zu Objekt-Regeln) bezeichnet werden,
- implizit im Regelinterpreter (z. B. durch eine fest vorgegebene Suchstrategie) kodiert sein,
- implizit in den Objekt-Regeln enthalten sein.

Folgendes Beispiel einer Heuristik in Form einer Meta-Regel für ein bestimmtes Wissensgebiet soll dies verdeutlichen:

```
Wenn der Patient Alkoholiker ist und ueber
   Schmerzen im Magen/Bauchbereich klagt,
dann verwende die Regeln, die eine
   Leberschaedigung herleiten, vor allen anderen.
```

Abhängig vom Aufgabengebiet wird versucht, Kontrollmechanismen zur Lösungsfindung zu entwickeln, wobei das Aufgabengebiet von sehr speziellen Problemen, z. B. Konfiguration von Rechnern eines bestimmten Typs, bis zu allgemeinen Problemen, z. B. Diagnose beliebiger Systeme, reichen kann. Wie dieses Kontrollwissen erworben werden kann, bleibt zur Zeit der Kunst des Programmierers, in diesem Zusammenhang auch als Wissensingenieur bezeichnet, überlassen.

Von manchem Kontrollwissen können Eigenschaften, wie z. B. Erhaltung von Optimalität oder Vollständigkeit der Lösung, bewiesen werden. Folgendes Beispiel aus [SGG86] zeigt eine bewiesene Regel zur Inferenzkontrolle:

Wenn nur eine Antwort für ein Ziel c benötigt wird, so kann jedes Teilziel c', das eine Instanz von c ist (d. h. wenn es eine Variablensubstitution θ gibt, sodaß $c' = c\,\theta$ gilt), mit dem dazugehörigen Suchraum verworfen werden.

Oft existieren Ressourcenbeschränkungen (Rechenzeit, Speicherplatz), die trotz Heuristiken eine vollständige Lösung einer Aufgabe unmöglich machen, sodaß man sich darauf beschränken muß, nur Annäherungen an eine Lösung zu finden.

Neben diesen Kontrollstrategien zur Einsparung von Rechenkosten, die eine Lösung in zufriedenstellender Zeit ermöglichen, werden oft Einschränkungen der Regelsprache (z. B. Verzicht auf Quantoren oder Funktionssymbole) und somit auch Einschränkungen der repräsentierbaren Probleme angegeben. Diese Einschränkungen erlauben dann Angaben über Entscheidbarkeit und Komplexität der in dieser Sprache formulierbaren Problemklasse.

Zusammenfassung

Das Ableiten von neuem Wissen aus bestehendem ist eine zentrale Aufgabe von Expertensystemen. Die Strategien, die bei diesem Prozeß angewendet werden, wurden in diesem Kapitel vorgestellt, wobei ein besonderer Schwerpunkt auf die regelorientierte Wissensrepräsentation gelegt wurde.

Neben einer theoretischen Betrachtung der Inferenz, die die Konzepte der Korrektheit und Vollständigkeit anhand einer ausgewählten Inferenzstrategie eingeführt hat, wurden Implementierungs- und Regelanwendungstechniken vorgestellt, wie sie in den meisten Expertensystemen verwendet werden.

Eine besondere Bedeutung im Problemlösungsprozeß nimmt die Forderung nach Korrektheit und Vollständigkeit der Lösung ein. In vielen Anwendungsgebieten von Expertensystemen kann aufgrund der Komplexität der zu lösenden Aufgabe die Vollständigkeit nicht garantiert werden, selbst unter der Verwendung von bereichsspezifischen Heuristiken. Jedoch können für viele Problemlösungsbereiche im Vergleich zur menschlichen Problemlösungsfähigkeit ähnliche oder bessere Ergebnisse erzielt werden.

Literatur

[BB87] Bläsius, K. H., Bürckert, H.-J. (ed). (1987): Deduktionssysteme. R. Oldenbourg Verlag, München Wien.

[BFKM85] Brownston, L., Farrell, R., Kant, E., Martin, N. (1985): Programming Expert Systems in OPS5. Addison-Wesley, Reading, MA.

[CGT90] Ceri, St., Gottlob, G., Tanca, L. (1990): Logic Programming and Databases. Surveys in Computer Science. Springer, Berlin Heidelberg New York.

[CL73] Chang, C.-L., Lee, R. C.-T. (1973): Symbolic Logic and Mechanical Theorem Proving. Academic Press, London.

[For82] Forgy, C. L. (1982) Rete: A fast algorithm for the many pattern/many object pattern match problem. Artificial Intelligence 19:17–37.

[GL85] Gottlob, G., Leitsch, A. (1985): On the efficiency of subsumption algorithms. Journal of the ACM 32:280–295.

[GN87] Genesereth, M. R., Nilsson, N. J. (1987): Logical Foundations of Artificial Intelligence. Morgan Kaufmann, Los Altos, CA.

[Kai89] Kaindl, H. (1989): Problemlösen durch heuristische Suche in der Artificial Intelligence. Springer, Wien New York.

[Llo87] Lloyd, J. W. (1987): Foundations of Logic Programming. Springer, Berlin Heidelberg New York.

[MB88] Manthey, R., Bry, F. (1988) Satchmo: A theorem prover implemented in Prolog. In: Proceedings of the International Conference on Automated Deduction, Argonne, Illinois, May 1987. Springer, Berlin Heidelberg New York.

[Nil80] Nilsson, N. J. (1980): Principles of Artificial Intelligence. Tioga Publishing Company, Palo Alto, CA.

[SGG86] Smith, D. E., Genesereth, M. R., Ginsberg, M. L. (1986): Controlling recursive inference. Artificial Intelligence 30:343–389.

7. Unsicheres Schließen

Gerhard Fleischanderl

> *Euer Ja sei ein Ja, euer Nein ein Nein;*
> *alles andere ist ein Werk des Bösen.*
> *– Mt 5,37*

Die Anwendungsgebiete von Expertensystemen sind vielfach von unsicherem Wissen geprägt. Krankheitsdiagnosen und Wettervorhersagen sind Beispiele für solche Domänen. Trotz der Unsicherheit der zur Verfügung stehenden Information können Menschen auch auf diesen Gebieten brauchbare Schlußfolgerungen ziehen.

Die wichtigsten Ursachen für die *Unsicherheit von Wissen* sind Unvollständigkeit der bekannten Daten und Ungenauigkeit der Daten selbst. Auch die Kombination von unsicherem Wissen zu neuen Schlußfolgerungen kann mit Unsicherheit behaftet sein.

Dieses Kapitel beschreibt exemplarische Methoden zur Darstellung von unsicherem Wissen. Schließlich wird ein Meta-Interpreter vorgestellt, der unter Verwendung einer dieser Methoden Ableitungen aus einer Fakten- und Regelbasis ziehen kann, die unsicheres Wissen enthält.

7.1 Quellen von Unsicherheit

7.1.1 Inhärente Unsicherheit der Information

Wenn die verwendeten Daten aus einer Quelle stammen, die keine exakten Werte liefert, dann sind diese Daten selbst bereits unsicher.

Beispiel 7.1 (Temperatursensor) Ein Temperaturfühler arbeite mit einer Ungenauigkeit von $\pm 1°$ und liefere Temperaturwerte als ganze Zahlen.

Dann kann man nicht davon ausgehen, daß ein geliefertes Meßergebnis immer dem tatsächlichen Temperaturwert (genauer: dessen Näherung mit ganzzahligen Werten) entspricht.

7.1.2 Unvollständigkeit der Information

Wenn Information ganz oder teilweise fehlt, kann man sich mit Annahmen behelfen. Die daraus abgeleiteten Schlußfolgerungen sind allerdings unsicherer als bei Verwendung der tatsächlichen Information.

Diese Ableitungen müssen beim nachträglichen Auftauchen widersprüchlicher Daten korrigiert werden (vgl. ‚nonmonotonic reasoning‘).

7.1.3 Unsicherheit von Schlußfolgerungen

Wenn es unmöglich oder nicht sinnvoll ist, zwischen Prämisse und Konklusion einer Regel einen strikten Zusammenhang herzustellen, muß die „Sicherheit" der Implikation abgeschwächt werden.

Die Stärke einer Implikation kann als Zahlenwert (beispielsweise Wahrscheinlichkeit) oder durch unscharfe Beifügungen, wie „meistens", „beinahe" u.ä., ausgedrückt werden.

Beispiel 7.2 (Fieber und Grippe) Die Aussage

```
Wenn der Patient mehr als 38° Fieber hat, dann ist er
an Grippe erkrankt.
```

ist wohl nicht in allen Fällen zutreffend. Die schwächeren Aussagen

```
Wenn der Patient mehr als 38° Fieber hat, dann ist er
wahrscheinlich an Grippe erkrankt.
```

sowie

```
Wenn der Patient mehr als 38° Fieber hat, dann ist er
mit Wahrscheinlichkeit 0.7 an Grippe erkrankt.
```

beschreiben den Zusammenhang zwischen Fieber und Grippe realistischer.

Durch unsichere Schlußfolgerungen werden die Sicherheiten der gewonnenen Aussagen weiter verringert.

7.1.4 Zusammenfassung von Information aus mehreren Quellen

Bei der Verknüpfung von Wissen, das von mehreren Experten stammt, kann es zu Widersprüchen kommen. Diese Inkonsistenzen werden meist durch das Einbringen neuer Unsicherheiten bereinigt, indem gegenläufige Meinungen jeweils mit verringerter Sicherheit berücksichtigt werden.

7.2 Darstellung von Unsicherheit

Die Ansätze zur Darstellung von Unsicherheit werden nach formalen Kriterien in numerische und symbolische eingeteilt.

Für *numerische Formalismen* kann eine Berechnungsvorschrift zur Propagierung der Unsicherheit im Schlußfolgerungsprozeß definiert werden.

Zu den numerischen Repräsentationen mit 1 Wert gehören die Bayes'sche Theorie und die Methode der Certainty Factors. Beide Ansätze werden näher besprochen.

In Formalismen mit 2 Zahlenwerten wird die Sicherheit einer Aussage entweder als Zahlenintervall beschrieben (beispielsweise im Ansatz von Dempster und Shafer, 1976) oder als Punkt in einer Ebene. Die beiden Dimensionen der Darstellung beschreiben die Möglichkeit und Notwendigkeit des behandelten Sachverhalts. Je größer die *Möglichkeit* eines Sachverhalts, desto stärker wird dieser unterstützt. Umgekehrt wird die Gültigkeit einer Aussage um so mehr abgeschwächt, je kleiner die *Notwendigkeit* ist.

Bei der Darstellung von Unsicherheit mit Fuzzy-Mengen wird der Grad der Zugehörigkeit von Elementen zu einer bestimmten Menge mittels einer Verteilungsfunktion beschrieben. Auch dieser Ansatz wird in einem folgenden Abschnitt genauer erläutert.

Die numerischen Darstellungen liefern jedoch keine gute Erklärung dafür, wie eine Konklusion zustande gekommen ist. Diese Formalismen (speziell diejenigen mit 1 Wert) zwingen den Knowledge Engineer dazu, für jede Bewertung einen präzisen Wert anzugeben. Da sich die Unsicherheit einer Aussage selten mit einem exakten Wert beschreiben läßt, sind auch die Sicherheitsbewertungen der Konklusionen nicht so exakt, wie sie erscheinen.

Modelle mit *symbolischer Repräsentation* stellen die Grade der Unsicherheit durch Elemente aus einer vorgegebenen Menge von Symbolen dar. Sie werden bevorzugt, um Unsicherheit darzustellen, die sich aus einer Unvollständigkeit von Informationen ergibt. Symbolische Darstellungen von Unsicherheit eignen sich besser als numerische dazu, eine Schlußfolgerungskette (für Erklärungen) zu beschreiben.

Mit symbolischen Methoden ist es jedoch schwierig, die Unsicherheiten von Teilergebnissen zu kombinieren. Dies muß durch aufwendige Verknüpfungsvorschriften (z. B. Tabellen) für alle Paare von Elementen bewerkstelligt werden.

7.3 Bayes'sche Theorie

In der klassischen Wahrscheinlichkeitstheorie wird Wahrscheinlichkeit als der Wert definiert, dem sich die relative Häufigkeit eines Ereignisses annähert. Diese absolute Wahrscheinlichkeit entspricht dem langfristigen Durchschnitt des Auftretens eines Ereignisses.

Demgegenüber wird in der *Bayes'schen Theorie* Wahrscheinlichkeit als Grad des Vertrauens einer Person zu einer Hypothese gesehen. Diese Betrachtungsweise von Wahrscheinlichkeit umfaßt den Aspekt der subjektiven Sicht einer Person.

Absolute Wahrscheinlichkeiten eignen sich zur Behandlung von Problemen, die mit statistischen Methoden exakt erfaßbar sind, zum Beispiel Vorhersagen beim Roulette. Für Wissensgebiete, die von subjektivem Expertenwissen geprägt sind, hat sich der Bayes'sche Ansatz als geeigneter erwiesen.

In diesem Abschnitt werden die Voraussetzungen und Theoreme des Bayes'schen Ansatzes in ihrer allgemeinen und ihrer speziellen Form (für zwei Aussagen) dargestellt. Schließlich werden Vor- und Nachteile dieser Methode besprochen.

Der Begriff „Hypothese" bezeichnet eine Annahme über einen Sachverhalt. „Evidenz" meint ein beobachtetes Ereignis.

Die Wahrscheinlichkeiten sind Werte aus dem Intervall $[0,1]$. Zur Darstellung von Wahrscheinlichkeiten werden folgende Schreibweisen verwendet:

$$p(X) \quad \ldots \quad \text{Wahrscheinlichkeit, daß } X \text{ wahr ist}$$

$$p(X_1, X_2, \ldots, X_k) \quad \ldots \quad \text{Wahrscheinlichkeit, daß } X_1, \ldots, X_k \text{ alle wahr sind}$$

$$p(X_1, \ldots, X_k \mid Y_1, \ldots, Y_l) \quad \ldots \quad \text{Wahrscheinlichkeit, daß } X_1, \ldots, X_k \text{ wahr sind unter der Voraussetzung, daß } Y_1, \ldots, Y_l \text{ wahr sind (\textit{bedingte Wahrscheinlichkeit})}$$

7.3.1 Allgemeines Bayes'sches Theorem

Gegeben seien eine Menge von Hypothesen $H = \{h_1, h_2, \ldots, h_n\}$ und eine Menge von Evidenzen $E = \{e_1, e_2, \ldots, e_m\}$.

Der allgemeine Bayes'sche Ansatz baut auf folgenden Voraussetzungen auf:

Die Hypothesen in der Menge H schließen sich gegenseitig aus:

$$p(h_i, h_j) = 0 \quad \text{für} \quad i \neq j$$

Die Menge H ist erschöpfend:

$$\sum_{i=1}^{n} p(h_i) = 1$$

Jede Teil-Evidenz e_j ist bedingt unabhängig unter jeder Hypothese:

$$p(e_1, e_2, \ldots, e_m | h_i) = \prod_{j=1}^{m} p(e_j | h_i)$$

Das allgemeine Bayes'sche Theorem besagt, daß die a-posteriori Wahrscheinlichkeit $p(h_i | e_1, e_2, \ldots, e_m)$ einer Hypothese h_i als Funktion der bedingten Wahrscheinlichkeiten $p(e_1, e_2, \ldots, e_m | h_i)$ sowie der a-priori Wahrscheinlichkeit $p(h_i)$ berechnet werden kann:

$$p(h_i | e_1, e_2, \ldots, e_m) = \frac{p(e_1, e_2, \ldots, e_m | h_i)\, p(h_i)}{\sum_{k=1}^{n} p(e_1, e_2, \ldots, e_m | h_k)\, p(h_k)}$$

7.3.2 Spezielles Bayes'sches Theorem

Für eine Evidenz P und eine Hypothese Q hat das Bayes'sche Theorem folgendes Aussehen:

$$p(Q|P) = \frac{p(P|Q)\, p(Q)}{p(P)}$$

P wird im allgemeinen als *Symptom* bezeichnet, Q als *Hypothese* über die Ursache des Symptoms. Für die Anwendbarkeit des Bayes'-schen Theorems muß der Zusammenhang zwischen Ursache Q und Symptom P in Form der bedingten Wahrscheinlichkeit ausgedrückt werden, daß das Symptom auftritt, wenn die Ursache gegeben ist, also $p(P|Q)$.

Dieses Theorem kann leicht aus der folgenden Eigenschaft bedingter Wahrscheinlichkeiten abgeleitet werden:

$$p(Q \wedge P) = p(P)\, p(Q|P) = p(Q)\, p(P|Q)$$

Beispiel 7.3 (quietschende Bremsen) P und Q stehen für folgende Aussagen:

P ... *Die Räder des Autos quietschen.*
Q ... *Die Bremsen des Autos sind schlecht eingestellt.*

Nehmen wir an, daß schlecht eingestellte Bremsen oft (aber nicht immer) ein Quietschen der Räder verursachen, und schätzen

$$p(P|Q) = 0.7$$

Nehmen wir weiters an, daß

$$p(P) = 0.05 \quad \text{und} \quad p(Q) = 0.02$$

Wenn wir ein Quietschen der Räder (P) beobachten und die Wahrscheinlichkeit bestimmen wollen, daß die Bremsen eingestellt werden müssen (Q), berechnen wir mittels des Bayes'schen Theorems

$$p(Q|P) = 0.7 * 0.02/0.05 = 0.28$$

Durch das Beobachten von P hat sich unsere subjektive Wahrscheinlichkeit über Q von 0.02 auf 0.28 erhöht.

Die Berechnung von $p(Q|P)$ ausgehend von $p(Q)$ kann man als Neubewertung der Hypothese Q beim Eintreten des Ereignisses P auffassen. Das Bayes'sche Theorem beschreibt also, wie sich die subjektive Sicherheit einer Hypothese mit dem Beobachten eines Ereignisses ändert.

7.3.3 Bewertung

Die Bedeutung des Bayes'schen Theorems für unsicheres Schließen liegt darin, daß bei bekannten a-priori Wahrscheinlichkeiten für P und Q und bei bekanntem Zusammenhang zwischen P und Q in Form einer bedingten Wahrscheinlichkeit $p(P/Q)$ der Ableitungsschritt einfach darin besteht, die a-posteriori Wahrscheinlichkeit $p(Q/P)$ zu berechnen.

Der Bayes'sche Ansatz hat jedoch verschiedene Nachteile.

- Um das Bayes'sche Theorem anwenden zu können, braucht man große Datenmengen zur Schätzung der Wahrscheinlichkeiten. Dieses Vorgehen ist in der Praxis nur eingeschränkt durchführbar.
- Die Voraussetzungen der Theorie (Unabhängigkeit der Evidenzen) sind für realistische Anwendungen schwer erfüllbar.
- Im Bayes'schen Ansatz ist es unmöglich, das Nicht-Wissen über eine Tatsache explizit darzustellen. Jedem Sachverhalt muß ja eine a-priori Wahrscheinlichkeit zugeordnet werden, damit der Sachverhalt in die Berechnung eingehen kann.
- Einer disjunktiven Aussage („A oder B") kann keine Wahrscheinlichkeit zugeordnet werden.
- Widersprüchliche Information wird nicht entdeckt, sondern pflanzt sich weiter fort.

Eine grundsätzliche Schwierigkeit besteht erfahrungsgemäß darin, das Problemlösungswissen vollständig in Wahrscheinlichkeiten für einzelne Sachverhalte und in bedingten Wahrscheinlichkeiten auszudrücken. Trotz ihrer größeren Flexibilität gegenüber der klassischen Wahrscheinlichkeitstheorie ist die Akzeptanz der Bayes'schen Theorie für die Modellierung von Expertenwissen nicht sehr groß.

Ein erweiterter Bayes'scher Ansatz, wie er in PROSPECTOR verwendet wird, verlangt die Gültigkeit weiterer Bedingungen bezüglich der Unabhängigkeit der Evidenzen.

7.4 Certainty Factors

Certainty Factors und verwandte Methoden sind weitverbreitete Techniken zur Erfassung und Verarbeitung von unsicherer Information in Expertensystemen (Shortliffe, Buchanan 1975).

Unter *Certainty Factor* verstehen wir eine Zahl, die einem Teilausdruck einer Regel zugeordnet wird und die Sicherheit dieses Ausdrucks repräsentiert. Diese Certainty Factors werden während der Abarbeitung der Regel errechnet. Einer Regel selbst ist ein fester Certainty Factor zugeordnet. Dieser wird mit dem dynamischen Certainty Factor der Prämisse zum dynamischen Certainty Factor der Konklusion verknüpft.

In diesem Abschnitt befassen wir uns mit Verknüpfungen von Certainty Factors und präsentieren ausgewählte Kalküle von Verknüpfungsfunktionen.

7.4.1 Verknüpfungsfunktionen

Ein Kalkül von Wahrheitsfunktionen mit Unsicherheit umfaßt vier Verknüpfungsfunktionen. Diese Verknüpfungen entsprechen den Junktoren *Negation, Konjunktion* und *Disjunktion* sowie der *Propagierung* von Unsicherheit von der Prämisse zur Konklusion einer Regel.

Bei der Behandlung von Unsicherheit in regelbasierten Systemen spielen besonders die Verallgemeinerungen von Konjunktion und Disjunktion eine wichtige Rolle. Sie kommen beim Errechnen der Sicherheit einer Regel-Prämisse bzw. beim Zusammenfassen der Sicherheiten für eine Konklusion aus mehreren Regelauswertungen zur Anwendung.

Eine Regel habe folgende Syntax:

$$C \leftarrow cr -- P_1 \ \& \ldots \& \ P_n$$

158

$P_1, \ldots, P_n$ sind die Goals der Prämisse; C ist die Konklusion; *cr* gibt die Stärke des Zusammenhangs zwischen Prämisse und Konklusion an. Die Goals $P_1, \ldots, P_n$ haben Sicherheitsbewertungen (Certainty Factors) $cp_1, \ldots, cp_n$.

Die Sicherheitsbewertungen müssen Werte aus einem bestimmten Intervall von reellen Zahlen sein, das wir als [LB,UB] bezeichnen („LB" bedeutet „lower bound", „UB" steht für „upper bound"). Die angeführten Funktionen müssen ebenfalls Werte aus diesem Intervall liefern. Die am häufigsten verwendeten Intervalle sind [0,1] sowie [−1,1].

Konjunktion K (a, b)

Die Funktion K (a, b) aggregiert die Sicherheitsbewertungen *a, b* von zwei konjunktiv verknüpften Goals in einer Prämisse. Sie erfüllt folgende Bedingungen:

K (a, LB) = K (LB, a) = LB	(unterer Grenzwert, Nullelement)
K (a, UB) = K (UB, a) = a	(oberer Grenzwert, Einselement)
K (a, b) ≤ K (c, d) wenn a ≤ c und b ≤ d	(schwache Monotonie)
K (a, b) = K (b, a)	(Kommutativität)
K (a, K (b, c)) = K (K (a, b), c)	(Assoziativität)

Wegen der Gültigkeit der Assoziativität für K kann die Funktion rekursiv für mehr als zwei Argumente definiert werden:

$$K(a_1, a_2, \ldots, a_n, a_{n+1}) = K(K(a_1, a_2, \ldots, a_n), a_{n+1})$$

Propagierung P (cp, cr)

Die Funktion P (cp, cr) verknüpft die Sicherheitsbewertung *cp* einer Prämisse mit der „Stärke" *cr* der Regel und liefert so die Sicherheitsbewertung für die Konklusion.

Mit Ausnahme der Kommutativität erfüllt diese Funktion die gleichen Bedingungen wie K. Die Eigenschaft der Assoziativität ist für die Propagierungsfunktion nicht relevant, weil immer genau zwei Werte verknüpft werden.

Die am häufigsten verwendete Propagierungsfunktion ist sowohl für das Intervall [0, 1] als auch für [−1, 1]

$$P(cp, cr) = cp * cr$$

Disjunktion D (a, b)

Die Funktion D (a, b) wird zum Aggregieren der Sicherheitsbewertungen *a, b* von zwei disjunktiv verknüpften Goals in einer Prämisse verwendet. Weiters kommt sie beim Verknüpfen der Certainties zum Einsatz, die von zwei Regeln für dieselbe Konklusion geliefert wurden. Sie erfüllt folgende Bedingungen:

$$D(UB, a) = D(a, UB) = UB \qquad \text{(oberer Grenzwert, Nullelement)}$$
$$D(LB, a) = D(a, LB) = a \qquad \text{(unterer Grenzwert, Einselement)}$$
$$D(a, b) \leq D(c, d) \text{ wenn } a \leq c \text{ und } b \leq d \qquad \text{(schwache Monotonie)}$$
$$D(a, b) = D(b, a) \qquad \text{(Kommutativität)}$$
$$D(a, D(b, c)) = D(D(a, b), c) \qquad \text{(Assoziativität)}$$

Wegen der Gültigkeit der Assoziativität für D kann die Funktion rekursiv für mehr als zwei Argumente definiert werden:

$$D(a_1, a_2, \ldots, a_n, a_{n+1}) = D(D(a_1, a_2, \ldots, a_n), a_{n+1})$$

Negation N (a)

Die Negation einer Sicherheitsbewertung *a* muß folgende Bedingungen erfüllen:

$$N(LB) = UB \qquad \text{(Grenzwert)}$$
$$N(UB) = LB \qquad \text{(Grenzwert)}$$
$$N(a) \leq N(b) \quad \text{wenn} \quad a \geq b \qquad \text{(Monotonie)}$$
$$N(N(a)) = a \qquad \text{(Zyklizität)}$$

Geeignete Negationsfunktionen sind auf dem Intervall $[0, 1]$

$$N(a) = 1 - a \quad \text{oder} \quad N(a) = \frac{1-a}{1+a}$$

und auf dem Intervall $[-1, 1]$

$$N(a) = -a$$

7.4.2 Zusammenhänge zwischen den Funktionen

Die Funktionen K, D und N müssen den de Morgan'schen Gesetzen genügen:

$$N(D(a, b)) = K(N(a), N(b))$$
$$N(K(a, b)) = D(N(a), N(b))$$

Das Distributivgesetz zwischen Konjunktion und Disjunktion ist nur für spezielle Funktionen K und D erfüllt. Im allgemeinen gilt:

$$K(D(a, b), c) \neq D(K(a, c), K(b, c))$$

Wenn das Intervall $[0, 1]$ auf die beiden Extremwerte $\{0, 1\}$ eingeschränkt wird, dann entsprechen die Funktionen K, D und N den Operatoren der Boole'schen Logik.

7.4.3 Auswahl eines Kalküls zur Behandlung von Unsicherheit

In einem Experiment von Bonissone und Decker (1986) wurden 11 verschiedene Kalküle verglichen, die durch ihre K-Funktionen repräsentiert waren. Die Sicherheitsbewertungen wurden bei dieser Untersuchung nicht als reelle Zahlen, sondern als Elemente aus einer endlichen Menge von Wahrscheinlichkeitsklassen dargestellt. Für Mengen von möglichen Bewertungen mit höchstens neun Elementen erwiesen sich drei Kalküle als „hinreichend verschieden" für praktische Zwecke.

Auf dem Intervall [0, 1] sind diese drei Kalküle durch Funktionen $K_i(a, b)$ und $D_i(a, b)$ zusammen mit $N(a) = 1 - a$ wie folgt definiert:

$$K_1(a, b) = \max(0, a+b-1) \qquad D_1(a, b) = \min(1, a+b)$$

$$K_2(a, b) = ab \qquad\qquad\qquad D_2(a, b) = a+b-ab$$

$$K_3(a, b) = \min(a, b) \qquad\qquad D_3(a, b) = \max(a, b)$$

Wir stellen fest, daß diese Funktionen symmetrisch um den Wert $\frac{a+b}{2}$ gruppiert sind. Es gelten nämlich folgende Aussagen:

$$K_i(a, b) + D_i(a, b) = a+b$$

$$0 \le K_1(a, b) \le K_2(a, b) \le K_3(a, b) \le \frac{a+b}{2}$$

$$\le D_3(a, b) \le D_2(a, b) \le D_1(a, b) \le 1$$

Nach einer linearen Transformation auf das Intervall $[-1, 1]$ haben die Funktionen $K_i(a, b)$ und $D_i(a, b)$ zusammen mit $N(a) = -a$ folgende Gestalt:

$$K_1(a, b) = \max(-1, a+b-1) \qquad D_1(a, b) = \min(1, a+b+1)$$

$$K_2(a, b) = \frac{a+b+ab-1}{2} \qquad D_2(a, b) = \frac{a+b-ab+1}{2}$$

$$K_3(a, b) = \min(a, b) \qquad\qquad D_3(a, b) = \max(a, b)$$

7.4.4 Certainty Factors in der Praxis

In MYCIN (Buchanan, Shortliffe 1984) beispielsweise werden Certainty Factors, die aus mehreren Regelauswertungen stammen, gemäß folgender Verknüpfungsregel zu einem neuen Certainty Factor, $CF_{combine}(a, b)$, kombiniert (Wertebereich $[-1, 1]$):

$$
CF_{combine}(a, b) = \left[\begin{array}{ll} a+b-ab & \text{für } a \geq 0, b \geq 0 \\[2mm] \dfrac{a+b}{1-\min(|a|, |b|)} & \text{für } a < 0, b > 0 \\ & \text{oder } a > 0, b < 0 \\[2mm] a+b+ab & \text{für } a \leq 0, b \leq 0 \end{array} \right.
$$

$CF_{combine}(a, b)$ entspricht der Disjunktionsfunktion und ist der Funktion D_2 (s. vorigen Abschnitt) ähnlich. Die Certainty einer Konjunktion (der Prämisse einer Regel) wird in MYCIN als das Minimum der Certainties der einzelnen Goals errechnet; diese Vorschrift entspricht der Funktion K_3. Für die Negation werden verschiedene Funktionen verwendet, die als Ergebnis entweder $+1$ oder -1 liefern. Die Propagierungsfunktion ist definiert als $P(cp, cr) = cp * cr$.

Großes Augenmerk muß darauf gelegt werden, genau die „richtigen" Konklusionen abzuleiten.

Eine häufig praktizierte Vorgehensweise zur Unterdrückung „unnützer" Konklusionen besteht darin, den Certainty Factor einer Regel zu verwerfen, wenn der errechnete Certainty-Wert der Prämisse unter einer bestimmten Schranke liegt. Wenn die Prämisse einer Regel eine zu kleine Certainty erbracht hat, wird der Beitrag dieser Regel zur Konklusion als zu wenig relevant betrachtet. Dieses „Abschneiden" läßt sich über die Propagierungsfunktion $P(cp, cr)$ formalisieren, die den Wert LB liefert, wenn cp unter der festgelegten Schranke liegt. Der Schwellenwert wird mehr oder minder willkürlich (nach empirisch erwiesener Eignung) festgelegt. Auf dem Intervall $[-1, 1]$ wird im allgemeinen die Schranke 0.2 verwendet.

Die heuristischen Verknüpfungsfunktionen zum Aggregieren von Certainty Factors stellen eine Approximation des klassischen Bayes'schen Theorems dar. Für die absolute Korrektheit dieser Verknüpfungen muß vorausgesetzt werden, daß die zugrundeliegenden Evidenzen unabhängig sind.

Wenn die Aussagen, deren Certainty Factors verknüpft werden, nicht unabhängig sind (was meistens der Fall ist), treten oft Anomalien auf (widersprüchliche Certainty Factors bei den Resultaten u. a.). Diese Anomalien versucht man durch geschicktes Anpassen der Regeln und Certainty Factors zu vermeiden („tuning").

7.4.5 Bewertung

Da die oberflächliche Bedeutung von Certainty Factors leicht verständlich zu machen ist und sie einfach zu handhaben sind, werden sie gerne zur Darstellung von Unsicherheit in Regelsystemen verwendet.

Üblicherweise werden Certainty Factors in regelbasierten Expertensystemen nicht als Wahrscheinlichkeitsmaße verwendet, sondern als Zahlenwerte, die das Gewicht von Termen (Fakten, Konklusionen, Regeln) für die Ableitung beschreiben. Dabei wird das Wissen ignoriert, wie diese Sicherheitsbewertung zustande gekommen ist.

7.5 Fuzzy-Logik

Die *Fuzzy-Logik* (Zadeh 1978) ist eine Verallgemeinerung der Mengentheorie sowie der zweiwertigen Logik. Die Wahrheitswerte der Fuzzy-Logik (diese entsprechen den Zugehörigkeitsmaßen der Fuzzy-Mengen) sind Werte aus dem Intervall $[0,1]$. 0 bedeutet *falsch,* 1 steht für *wahr*.

7.5.1 Unscharfe Konzepte

Das Zugehörigkeitsmaß eines Elements zu einer Fuzzy-Menge drückt aus, „zu welchem Grad" dieses Element zur Menge gehört. Besonders wenn Mengen nicht exakt abgegrenzt werden können oder sich überlappen, hat die Modellierung mit Fuzzy-Mengen Vorteile.

Beispiel 7.4 (Körpergrößen)

Die Zugehörigkeit einer Person zur Menge der *großen Leute* oder zur Menge der *sehr großen Leute* ist im allgemeinen Sprachgebrauch nicht eindeutig fixiert.

Peter sei 1,83 m groß. Eine plausible Zuordnung Peters zu Klassen von Körpergrößen kann zum Beispiel so aussehen:

Peter ist sehr klein	...	Grad der Zugehörigkeit $= 0$
Peter ist klein	...	Grad der Zugehörigkeit $= 0.05$
Peter ist mittelgroß	...	Grad der Zugehörigkeit $= 0.2$
Peter ist groß	...	Grad der Zugehörigkeit $= 0.7$
Peter ist sehr groß	...	Grad der Zugehörigkeit $= 0.4$

Die Summe der Zugehörigkeitsmaße eines Elements zu verschiedenen Mengen muß nicht gleich 1 sein. Die Fuzzy-Logik bleibt trotzdem anwendbar. Daraus ergibt sich eine größere Freiheit in der Beschreibung unsicherer Information.

7.5.2 Formalisierung

Eine Fuzzy-Menge F beschreibt eine Menge von Objekten aus einem Wertebereich X_F samt deren Grad (Stärke) der Zugehörigkeit zu F. Damit wird das Konzept F durch seine Elemente und deren Zugehörigkeitsmaße definiert.

Formal ist F eine Menge von geordneten Paaren:

$$F = \{(x, f_F(x)) \mid x \in X_F\}$$

$f_F(x)$ heißt charakteristische Funktion und ordnet jedem Element aus dem Wertebereich X_F einen Wert aus $[0,1]$ zu.

In der Fuzzy-Logik werden die Verknüpfungsoperationen der Mengentheorie unter Einbeziehung der charakteristischen Funktionen (Verteilungsfunktion) definiert:

$\forall x: f_{\bar{F}}(x) = 1 - f_F(x)$ ($\bar{F}$ ist das komplementäre Konzept zu F)

$\forall x: f_{F \cap G}(x) = \min(f_F(x), f_G(x))$

$\forall x: f_{F \cup G}(x) = \max(f_F(x), f_G(x))$

$(\forall x: f_F(x) \leq f_G(x)) \Rightarrow F \subseteq G$

7.5.3 Bewertung

Die Möglichkeiten der Fuzzy-Mengen, unscharfe Konzepte in einem exakten Formalismus zu behandeln, machen diese Methode gut geeignet zur Darstellung von Begriffen, die nicht exakt abgegrenzt werden können.

Dennoch hat sich die Fuzzy-Logik nicht für die Modellierung von Expertenwissen durchgesetzt. Ein wichtiger Grund dafür liegt im großen Aufwand, der für eine vollständige Modellierung der behandelten Domäne (Aufstellen der Grundmengen von Elementen und Definition der charakteristischen Funktionen) erforderlich ist.

7.6 Erfassung unsicheren Wissens

Die Erfassung und Spezifikation unsicherer Information ist schwieriger, als es fürs erste erscheint. Wenn ein Experte eines Fachgebietes die Sicherheit einer Aussage oder Schlußfolgerung bewertet, wird die Genauigkeit seiner Einschätzung von vielen Faktoren beeinflußt. Diese reichen in die Psychologie und Kognitionswissenschaft hinein. Darüber hinaus müssen die Sicherheitsbewertungen dem verwendeten Formalismus angepaßt sein.

Dieser Abschnitt beschäftigt sich mit Grundlagen und Techniken zur adäquaten Erfassung unsicheren Wissens.

Zwei Phänomene führen besonders oft zu einer Verfälschung der von Menschen abgegebenen Schätzungen:

- Bei der Schätzung der Häufigkeit eines Ereignisses neigen Menschen dazu, diejenigen Ereignisse als häufiger zu bewerten, die ihnen subjektiv stärker in Erinnerung sind.
  Die Wahrscheinlichkeit des Auftretens von starken Frösten im Winter wird subjektiv höher geschätzt als diese tatsächlich im Durchschnitt auftreten.
- Beim Zuordnen von einzelnen Elementen zu vorgegebenen Mengen werden Elemente, die vermeintlich typische Eigenschaften für eine Menge haben, sehr stark mit dieser Menge assoziiert.
  So wird im allgemeinen eine runde Metallscheibe, die eine sichtbare Prägung aufweist, eher als Münze anerkannt als ein eckiges Metallstück.

Für das Erfassen unpräziser Informationen ist es also sehr wichtig, diese Präferenzen der Experten zu berücksichtigen. Die Korrektur der subjektiv, oft aus dem Stegreif, abgegebenen Bewertungen durch objektive Maßstäbe ist für eine konsistente Wissenserhebung notwendig.

Um dem befragten Experten das Einschätzen einzelner Aussagen und deren Unsicherheit zu erleichtern, ist es sinnvoll, immer wieder mehrere Aussagen gegenüberzustellen und die Konsistenz dieser Aussagen sicherzustellen.

Eine weitere Unterstützung kann durch die Verwendung einer graphischen Unsicherheitsskala gegeben werden. Die Eintragung von Sicherheitsbewertungen auf einer solchen Skala und deren visueller Vergleich haben sich für die meisten Menschen als hilfreich erwiesen.

Ein einfaches, aber sehr wirkungsvolles Mittel ist schon das bloße Ordnen mehrerer Aussagen oder Regeln nach ihren Sicherheitsbewertungen. So wird zumindest die korrekte Reihung dieser Aussagen sichergestellt, was oft wichtiger ist als die vollkommene Exaktheit der Sicherheitsbewertungen.

Die Erfassung unsicheren Wissens ist von ähnlichen Problemen geprägt wie die Beschreibung dieses Wissens in Expertensystemen. Die primäre Aufgabe ist also die Abbildung unsicherer Information auf exakte Formalismen. Die Güte der Schlußfolgerungen eines Expertensystems hängt aber wesentlich von der richtigen Erfassung des Expertenwissens ab.

7.7 Meta-Interpreter mit Behandlung von Certainty Factors

Um den Regeln in der Wissensbasis eine Bewertung zuordnen zu können, muß der Regelformalismus erweitert werden. Das Prädikat

```
rule(Head ← CR — — Body)
```

liefert eine Regel, die mit der statischen Bewertung CR versehen ist. CR kann als Stärke des Zusammenhangs zwischen Body und Head oder als Bewertung der Wichtigkeit der Regel für Head aufgefaßt werden.

Dieser Certainty Factor einer Regel kommt ebenso wie der von Fakten und Konklusionen aus dem Wertebereich [0,1].

Unser Meta-Interpreter implementiert folgende Verknüpfungsfunktionen:

$$K(a, b) = \min(a, b)$$
$$D(a, b) = \max(a, b)$$
$$N(a) = 1 - a$$
$$P(cp, cr) = cp * cr$$

Die Certainty Factors, die aus mehreren Regelauswertungen für eine Konklusion ermittelt werden, werden in diesem Meta-Interpreter nicht mit der Disjunktionsfunktion verknüpft, sondern einzeln weiterverwendet.

Der Meta-Interpreter

```
prove(Goal, Cty)
```

sucht eine Ableitung für Goal und unifiziert Cty mit der Certainty dieser Ableitung.

```
% Meta-Interpreter
prove(true, 1).
prove(A & B, Cty) ←
  prove(A, CtyA) &
  prove(B, CtyB) &
  minimum(CtyA, CtyB, Cty).
prove(A or B, Cty) ←
  prove(A, CtyA) &
  prove(B, CtyB) &
  maximum(CtyA, CtyB, Cty).
```

```
prove(¬ A, Cty) ←
  prove(A, CtyA) &
  Cty is 1−CtyA.

prove(A, Cty) ←
  rule(A ← CR −− B) &
  prove(B, CtyB) &
  Cty is CR * CtyB.

prove(A, 1) ←
  system(A) &
  call(A).

prove(A, 0) ←
  system(A) &
  ¬ call(A).

prove(A, 0) ←
  ¬ system(A) &
  ¬ rule(A ← CR −− B).


% Berechnungsregeln fuer CF's
minimum(CtyA, CtyB, CtyA) ←
  CtyA < CtyB.
minimum(CtyA, CtyB, CtyB) ←
  CtyA ≥ CtyB.

maximum(CtyA, CtyB, CtyA) ←
  CtyA ≥ CtyB.
maximum(CtyA, CtyB, CtyB) ←
  CtyA < CtyB.
```

Fakten gelten als Klausen mit $CR = 1$ und Body true.

Wenn ein System-Prädikat erfolgreich abgeleitet werden kann, erhält es die Certainty 1 (drittletzte Klause von prove/2), sonst Certainty 0 (vorletzte Klause). Wenn für ein Goal, das kein System-Prädikat ist, keine Klause existiert, dann erhält es die Certainty 0 (letzte Klause von prove/2).

Dieses explizite Zuweisen einer Certainty 0 im Fall des Scheiterns eines Goals ist notwendig, um in jedem Fall ein Ergebnis für die Certainty zu erhalten, das dann in den Verknüpfungsprozeduren (minimum/3 etc.) verwendet wird. Es werden somit auch Endergebnisse mit Certainty 0 ermittelt.

7.8 Regelbasis mit Certainty Factors

Gegeben ist eine einfache Wissensbasis, aus der Ratschläge gewonnen werden können, welches Verkehrsmittel man zwischen zwei Orten benutzen soll. Mögliche Transportmittel sind hier taxi und tram_bus_bahn (öffentliche Verkehrsmittel).

```
% fahre(Zeit, Verkehrsmittel, Hier, Dort)
%   fahre zum Zeitpunkt Zeit (volle Stunde) in Wien
%   von Hier nach Dort mit Verkehrsmittel
fahre(Zeit, tram_bus_bahn, Hier, Dort) ← 1 – –
   stau(Zeit, Hier, Dort) &
   ist_in_betrieb(tram_bus_bahn, Zeit).

fahre(Zeit, taxi, Hier, Dort) ← 1 – –
   ¬ stau_gemeldet (Hier, Dort) &
   schweres_gepaeck.

fahre(Zeit, tram_bus_bahn, Hier, Dort) ← 1 – –
   u_bahn_verbindung(Hier, Dort) &
   ist_in_betrieb(tram_bus_bahn, Zeit) &
   ¬ schweres_gepaeck.

fahre(Zeit, taxi, Hier, Dort) ← 0.6 – –
   schlechtes_wetter.


% stau(Zeit, Hier, Dort)
%   zwischen Hier und Dort ist zum Zeitpunkt Zeit
%   ein Verkehrsstau zu erwarten
stau(Zeit, Hier, Dort) ← 0.8 – –
   baustelle_gemeldet(Hier, Dort).

stau(Zeit, Hier, Dort) ← 1 – –
   stark_befahren(Hier, Dort) &
   rush_hour(Zeit).


% ist_in_betrieb(Verkehrsmittel, Zeit)
ist_in_betrieb(tram_bus_bahn, Zeit) ← 1 – –
   Zeit > 5 &
   Zeit =< 24.
```

```
% u_bahn_verbindung(Hier, Dort)

u_bahn_verbindung(karlsplatz, schottentor).
u_bahn_verbindung(karlsplatz, huetteldorf).


% stark_befahren(Hier, Dort)
%   die Strasse zwischen Hier und Dort ist stark
%     befahren
stark_befahren(karlsplatz, schottentor).
stark_befahren(karlsplatz, burgtheater).
stark_befahren(huetteldorf, auhof).


% rush_hour(Zeit)
%   Zeit=Nummer der Stunde
rush_hour(7)
rush_hour(8).
rush_hour(16).
rush_hour(17).


% schlechtes_wetter
%   (keine Klausen)


% schweres_gepaeck
%   (keine Klausen)


% stau_gemeldet(Hier, Dort)

stau_gemeldet(karlsplatz, schottentor).
stau_gemeldet(huetteldorf, auhof).


% baustelle_gemeldet(Hier, Dort)

baustelle_gemeldet(messepalast, westbahnhof).
baustelle_gemeldet(huetteldorf, auhof).
baustelle_gemeldet(karlsplatz, burgtheater).
```

7.9 Ableitung mit Certainty Factors

Das folgende Beispiel zeigt eine Ableitung mit Certainty Factors
für die Query an einem Trace.

```
?- prove(fahre(14,V,karlsplatz,burgtheater),
         Cty).
```

Die Aufrufebenen sind durch Einrücken und punktierte senkrechte Linien kenntlich gemacht. Variablen behalten ihre Namen aus der Wissensbasis, werden aber zu ihrer Unterscheidung indiziert.

Sobald eine Variable mit einem Wert instanziert wurde, wird das in Form eines Kommentars

```
% Variable = Wert
```

angegeben, und die Belegung der Variablen wird weiterverwendet.

```
prove(fahre(14,V,karlsplatz,burgtheater),Cty)
  rule(fahre(14,V,karlsplatz,burgtheater) ← CR -- B)
  .             % V=tram_bus_bahn
  .             % CR=1
  .             % B=(stau(14,karlsplatz,burgtheater) &
  .                   ist_in_betrieb(tram_bus_bahn,Zeit))
  .
  prove((stau(14,karlsplatz,burgtheater) &
  .        ist_in_betrieb(tram_bus_bahn,Zeit)),
  .     Cty1)
  .
  . prove(stau(14,karlsplatz,burgtheater),Cty1A)
  . .
  . . rule(stau(14,karlsplatz,burgtheater) ← CR1A -- B1A)
  . . .     % CR1A=0.8
  . . .     % B1A=baustelle_gemeldet(karlsplatz,burgtheater)
  . . .
  . . prove(baustelle_gemeldet(karlsplatz,burgtheater),Cty1AB)
  . . .
  . . . rule(baustelle_gemeldet(karlsplatz,burgtheater)
  . . . .       ← CR1AB -- B1AB)
  . . . .   % CR1AB=1
  . . . .   % B1AB=true
  . . . .
  . . . prove(true,Cty1ABB)
  . . . .     % Cty1ABB=1
  . . . .
  . . . Cty1AB is 1 * 1
  . . .     % Cty1AB=1
  . . .
  . . Cty1A is 0.8 * 1
  . .     % Cty1A=0.8
  . .
  . prove(ist_in_betrieb(tram_bus_bahn,14),Cty2)
  . .
```

```
·   ·   rule(ist_in_betrieb(tram_bus_bahn,14) ← CR2 −− B2)
·   ·   ·       % CR2 = 1
·   ·   ·       % B2 = (14 > 5 & 14 =< 24)
·   ·   ·
·   ·   prove((14 > 5 & 14 =< 24),Cty2A)
·   ·   ·
·   ·   ·   prove(14 > 5,Cty2A1)
·   ·   ·   ·   % Cty2A1 = 1
·   ·   ·   ·
·   ·   ·   prove(14 =< 24,Cty2A2)
·   ·   ·   ·   % Cty2A2 = 1
·   ·   ·   ·
·   ·   ·   minimum(1,1,Cty2A)
·   ·   ·       % Cty2A = 1
·   ·   ·
·   ·   Cty2 is 1 * 1
·   ·   ·       % Cty2 = 1
·   ·   ·
·   ·   minimum(1,1,Cty2)
·   ·   ·       % Cty2 = 1
·   ·
·   minimum(0.8,1,Cty1)
·           % Cty1 = 0.8
·
Cty is 1 * 0.8
            % Cty = 0.8

V = tram_bus_bahn
Cty = 0.8
```

Die Abarbeitung wurde nur bis zur ersten gefundenen Lösung
verfolgt. Die weiteren Ergebnisse haben alle die Certainty 0.

Zusammenfassung

Wir haben uns in diesem Kapitel mit den Fragen beschäftigt, wie
unsicheres Wissen für Expertensysteme erfaßt und wie es in diesen
dargestellt und verarbeitet wird.

Näher eingegangen sind wir auf die Bayes'sche Theorie, auf den
Formalismus der Certainty Factors und auf die Fuzzy-Logik. Weiters
wurde ein Meta-Interpreter (in der Sprache Prolog) vorgestellt, der
Regeln und Fakten mit Certainty Factors verarbeiten kann. Schließlich wurde anhand einer exemplarischen Regelbasis eine Ableitung
mit diesem Meta-Interpreter durchgeführt.

Jedes Modell zur Behandlung von unsicherem Wissen deckt bestimmte Anforderungen gut ab und hat bei anderen Aspekten Schwächen. Die Auswahl eines Formalismus zur Behandlung von Unsicherheit in einem Expertensystem muß sich daher an der konkreten Anwendung orientieren.

Literatur

Bonissone, P. P., Decker, K. S. (1985): Selecting Uncertainty Calculi and Granularity: An Experiment in Trading-off Precision and Complexity. In: Lemmer, J., Kanal, L. (eds) Uncertainty in Artificial Intelligence. North-Holland, New York, pp. 217–247.
Buchanan, B. G., Shortliffe, E. H. (eds) (1984): Rule-Based Expert Systems. Addison-Wesley, Reading, MA.
Shafer, G. (1976): A Mathematical Theory of Evidence. Princeton University Press, Princeton.
Shortliffe, E. H., Buchanan, B. G. (1975): A model of inexact reasoning in medicine. Math. Biosci. 23:351–379.
Zadeh, L. A. (1978): Fuzzy sets as a basis for a theory of possibility. Fuzzy Sets and Systems 1:3–28.

8. Interaktion mit Expertensystemen

Gerhard Friedrich, Christian Stary

> *"A good advice is* not *good enough."*
> *– E. H. Shortliffe*

Expertensysteme nehmen aufgrund ihrer Einbettung in menschliche Problemlösungsprozesse eine besondere Stellung ein. Durch die vermehrte Integration von künstlich generiertem und menschlichem Verhalten werden Veränderungen im Rahmen des Entwurfsprozesses notwendig. Davon sind die Analysen zu unterstützender Tätigkeiten, der maschinelle Wissenserwerb sowie die Erklärungsfähigkeit des Expertensystems betroffen.

Die Bewältigung mehrschichtiger bzw. nicht einfach zerlegbarer Probleme mit Hilfe von Expertensystemen kann durch aufgabenorientiertes Design von Benutzerschnittstellen erleichtert werden. Dies bedeutet, daß der Einsatzbereich des Expertensystems vor seiner Implementierung mittels sog. Tätigkeitsprofile seiner Benutzer möglichst umfassend erfaßt sein muß. Jene Expertensysteme, welche durch ihre Interaktionsmechanismen den Problemlösungsprozeß zielgerichtet unterstützen, werden folglich einen hohen Grad an Benutzerakzeptanz erreichen. Bedingt durch die funktionalen Einsatzbereiche von Expertensystemen (siehe Kapitel 1) muß im Rahmen des Designprozesses von Benutzerschnittstellen vor allem auf folgende Aspekte Rücksicht genommen werden:

(1) Die angewandte Technik zur Darstellung von Wissen bestimmt zu einem großen Teil den Umgang mit Expertensystemen. Dies kann u.a. zur Einschränkung prinzipieller Interaktionsmöglichkeiten führen. So erlaubt beispielsweise die semantische Mächtigkeit von PROLOG kaum den Einsatz unterschiedlicher Medien und Modi.

(2) Der maschinelle Erwerb von Wissen ist mit einem Verlust an Informationsgehalt verbunden. Die Grenzen der Einsetzbarkeit implementierter Problemlösungsmechanismen sind nicht immer explizit erkennbar.

174

Als Hilfsmittel für den Designer nimmt die Kategorisierung potentieller Benutzer, d.i. die Bildung von Benutzergruppen höheren Stellenwert als bei herkömmlichen Computeranwendungen ein, da damit die Menge von Benutzerprofilen reduziert werden kann. Eine Zuordnung von Benutzern zu Eigenschaften wie ‚Anfänger', ‚Fortgeschrittene' und ‚Experten' betrifft sowohl den generellen Umgang mit Computern als auch den Einsatzbereich des Expertensystems (z. B. in medizinischer Diagnostik: Student, Turnusarzt, Facharzt mit/ohne Computererfahrung). Die Autorisierung für den maschinellen Wissenserwerb bzw. Veränderungen des erfaßten Wissens bleibt Experten des Problembereichs vorbehalten. Entsprechend des Wissensstandes innerhalb des jeweiligen Fachgebietes werden unterschiedliche Interaktionsmechanismen zum Einsatz gelangen – z. B. Piktogramme für unerfahrene Benutzer und Kommandosprachen für Verwalter der Wissensbasis. Soll das Benutzerverhalten durch die Dialogkomponente des Expertensystems analysiert werden, um dem Benutzer eine adäquate Handlungsumgebung zu bieten, bedarf es entsprechender Bewertungsverfahren.

In der Folge werden jene Aktivitäten betrachtet, welche im Rahmen des Entwurfs von Expertensystemen notwendig sind. Da ein Teil dieser Aktivitäten bereits intensiv – aufgrund seiner Relevanz für allgemeinere Anwendungen – erforscht wurde, ergibt sich ein unterschiedlicher Wissensstand bei einzelnen Schwerpunkten.

8.1 Aufgabenanalyse

Aufgabenanalysen sollten stattfinden, bevor Designaktivitäten gesetzt werden. Dabei sollte sich herausstellen, ob es überhaupt notwendig ist, Arbeitsabläufe oder -inhalte mit Hilfe eines Expertensystems zu unterstützen. Es gilt klarzustellen, inwieweit bestehende Aufgaben konzeptionell erfaßt und in Teilaufgaben zerlegt werden können. Darüber hinaus ist es unumgänglich, vorab festzustellen, in welcher Weise sich Gesamtsysteme ändern werden (müssen), um zu einer Effektivitäts- und Produktivitätssteigerung beim Einsatz eines Expertensystems zu führen (Technikbewertung und -folgenabschätzung).

In diesem Abschnitt wird versucht, eine ausreichend allgemeine und doch aussagekräftige Definition des Begriffes ‚Aufgabe' zu finden, sowie die Ziele von Aufgabenanalysen festzulegen. Nach einer Beschreibung prinzipieller Methoden wird schließlich ein bestehendes Expertensystem, und zwar NEOMYCIN (Clancey et al., 1981) aufgabenanalytisch erfaßt.

8.1.1 Das Wesen von Aufgaben

Wir betrachten die Aufgabenanalyse vorwiegend unter dem Aspekt kognitiver Anforderungen an die Benutzer von Expertensystemen (z. B. ärztliche Diagnosefindung bei medizinischen Diagnosesystemen) und den daraus resultierenden Gestaltungsmaßnahmen von Benutzerschnittstellen. Die aus diesen Anforderungen abgeleitete, abstrakte Definition von ‚Aufgabe' basiert auf Newell et al., 1972:

„Eine Aufgabe besteht in der Anforderung, durch zielgerichtetes Verhalten einen gegebenen Zustand A in einen Zielzustand B zu transformieren. Sie wird durch ein Ziel (mit untergeordneten Teilzielen) sowie durch Operatoren und Methoden (Problemlösungsprozesse), durch welche der Zielzustand erreicht werden kann, charakterisiert."

Mit Hilfe dieser Definition ist es möglich, Aufgaben unter verschiedenen Gesichtspunkten zu beschreiben, ohne die Orientierung an Arbeitsprozessen und Zustandsveränderungen aufzugeben. Dabei betreffen strukturelle Aspekte den Ablauf von Arbeitsprozessen, die Organisation, sowie den Arbeitsgegenstand. Inhaltliche Beschreibungsmerkmale betreffen die Problemlöseverfahren, die Manipulierbarkeit des Arbeitsgegenstandes sowie die Zerlegbarkeit übergeordneter Aufgaben. Dieser Ansatz steht im Gegensatz zur isolierten Betrachtung von zielorientierten Arbeitsvorgaben und Aktivitäten (= tatsächlich ausgeführte Handlungen).

Charakteristika von Aufgaben sind ihr Typ (eigentlich die Art der aus dem gestellten Problem resultierenden Tätigkeiten) – z. B. Routineaufgaben – sowie die Häufigkeit ihres Auftretens. Dies bedeutet, daß innerhalb eines Handlungsspektrums sowohl Prioritäten von Teilaufgaben (zur Erfüllung einer Gesamtaufgabe) als auch die Wiederholbarkeit bestimmter Aktivitäten beachtet werden müssen – z. B. die Verfügbarkeit des Arbeitsgegenstandes betreffend.

Expertensysteme unterstützen vornehmlich sog. *offene Aufgaben*. Diese sind den sog. *geschlossenen Aufgaben* entgegengesetzt, welche in sich abgeschlossene Tätigkeiten umfassen (z. B. Auskunftserteilung an einem Bahnschalter). Offene Aufgaben erlauben bezüglich ihres Arbeitsergebnisses wenig Vorhersagen und sind meist komplexer (z. B. medizinische Diagnostik) als geschlossene Aufgaben.

Die Benutzerschnittstelle eines Expertensystems steckt gemäß der durchgeführten Aufgabenanalysen den zur Verfügung stehenden Handlungsspielraum bei einer Problemstellung (zumindest implizit) ab. Die Ergebnisse der Aufgabenanalyse bestimmen darüber hinaus die angewandte Methode zur Wissensrepräsentation innerhalb der Wissensbasis. Dabei werden *prozedural erfaßbare* von *heuristischen Aufgaben* unterschieden. Während prozedurale Aufgaben in Teilschritte mit atomaren Tätigkeiten zerlegt werden können (z. B. die Herstellung eines TV-Gerätes), bezeichnen heuristische Aufgaben Probleme, welche vornehmlich mit individuellem Erfahrungswissen gelöst werden. Diese Art von Wissen kann zur Zeit nicht in geeigneter Form modelliert werden. Der Lösungsvorgang einer Alarmsituation, welcher einer Spezialbehandlung seitens des Menschen bedarf, muß mit Heuristiken unterstützt werden, da die individuelle Erfahrung sowie der Kontext der jeweiligen Fehlersituation in Betracht zu ziehen sind. Jedoch können beispielsweise Routineaufgaben eines Operators an einer Konsole prozedural repräsentiert werden.

8.1.2 Ziele der Analyse

Als Ziele der Aufgabenanalyse werden sowohl die Ableitung von funktionalen Softwareaspekten (z. B. die Definition von individuellen Kommandos innerhalb einer Kommandosprache) als auch die Ermittlung notwendiger Interaktionsmittel und -methoden zur Ausführung von Aufgaben angesehen. Darüber hinaus sollen alle Veränderungen, welchen die Aufgabe bzw. das Gesamtsystem bei Einführung eines Expertensystems unterworfen sind, bestimmt werden. In diesem Zusammenhang wird es notwendig, die Aufgabenteilung zwischen Menschen und dem Expertensystem festzulegen.

Im Rahmen der Funktionenteilung ist darauf zu achten, daß sich der menschliche Entscheidungsträger auch nach Einführung von Expertensystemen der Grenzen der Problemlösungsfähigkeit des künstlichen Systems bewußt bleibt. Gelingt dies nicht, so ist dies auf zu geringe Transparenz automatisierter Entscheidungsfindung bzw. auf die Gewöhnung an automatisierte Entscheidungen in Standardsituationen zurückzuführen. Damit steigt die Gefahr, daß Fehlersituationen oder Ausnahmeerscheinungen, welche einer menschlichen Bearbeitung bedürf(t)en (und nicht der automatisierten Entscheidungshilfe überlassen werden können), nicht ausreichend Beachtung finden. Dokumentiert wird dies u.a. durch eine Reihe von Flugzeug- und Atomkraftwerkkatastrophen.

8.1.3 Methoden zur Analyse

Nachdem zunächst die Erfassung motorischer Arbeitsabläufe sowie die Modellierung von Leistungsmerkmalen (Dauer der Aufgabenbewältigung, Durchsatz, etc.) im Rahmen von Aufgabenanalysen im Vordergrund standen, gingen spätere Analysemethoden dazu über, die mentale Repräsentation von Aufgaben, d.i. die innere Modellbildung von Problemen und ihren Lösungsmechanismen bei Menschen, auf einer für die Gestaltung der Benutzerschnittstelle relevanten Ebene zu beschreiben, um adäquatere Unterstützung von Problemlösungsmechanismen zu ermöglichen. Im Rahmen kognitiver Aufgabenanalysen wird daher von einem Aufgabenraum ausgegangen, welcher folgende Aspekte in Beziehung zueinander setzt:

1. Die globale Zielsetzung
2. Die Randbedingungen bezüglich verfügbarer Information und Ressourcen.
3. Der gewünschte Endzustand einer Aufgabenbearbeitung.

Die bei Aufgabenanalysen unmittelbar angewandten Methoden sind die Beobachtung und das Gespräch (Interview) mit Ausführenden bestimmter Aktivitäten. Die Ergebnisse werden meist mittels spezieller Formalismen, welche auf herkömmlichen Beschreibungstechniken der Informatik (Grammatiken, Zustands-Übergangsdiagrammen, Petri-Netzen, etc.) beruhen, dargestellt. Falls formale Spezifikationen zu implementierbaren Prototypen von Benutzerschnittstellen führen (z.B. spezielle endliche Automaten), sind Ergebnisse von Aufgabenanalysen in Programmcode abbildbar.

Ein weiteres Charakteristikum kognitiver Aufgabenanalysen ist die Abbildung von Aufgaben in Handlungsmöglichkeiten, aus welchen individuelle Interaktionssequenzen entstehen. Damit wird der formale Beweis korrekter Spezifikationen von Benutzerschnittstellen möglich, obgleich damit weder arbeitsorganisatorische noch psychologische und soziale Schwerpunkte evaluiert werden können. Sobald eine formale Beschreibung eines Aufgabenraumes vorliegt, können auch quantitative Metriken, z.B. zur Messung des Schwierigkeitsgrades einer Aufgabe und ihres mentalen Modells aufgestellt werden. Darüber hinaus ist es möglich, Vorhersagen (in modellhaften Ansätzen) zu treffen. Diese Vorhersagen betreffen Leistungskenngrößen des Benutzerverhaltens (Ausführungszeit einer Aufgabe, Erlernbarkeit einer Interaktionsmethode, etc.).

Die überwiegende Mehrzahl von Aufgabenanalysemethoden basiert auf einem, bereits im Rahmen der Semiotik eingesetzten *Schichtenmodell*. Vier Schichten bauen hierarchisch aufeinander auf: lexikalische, syntaktische, semantische und Aufgaben-Ebene. Wird auf der untersten, lexikalischen Schicht die Ebene der elementaren Arbeitsgegenstände, Daten, Funktionen, Handgriffe, etc. zur Beschreibung eines Problemraumes (z.B. Schraubenzieher, Elemente von Datenstrukturen, etc.) angesprochen, so sind in der syntaktischen Ebene bereits elementare Prozeduren, primitive Organisationsformen bzw. Handlungssequenzen bestimmt – z.B. Schraubtechniken, Untersuchungsmethoden, Diagnoseverfahren, etc.

Die semantische Ebene vermittelt den inhaltlichen und strukturellen Zusammenhang zwischen syntaktischen Elementen und komplexeren Aufgaben. So stellt beispielsweise die Ermittlung einer Differentialdiagnose (semantische Ebene) einen Teilschritt der Diagnosefindung (Aufgabenebene) dar. Damit wird eine strukturelle Analyse von Aufgaben mit Hilfe von Teilaufgaben sowie explizit dargestellten Kontexten möglich. Weiters kann der Aufgaben- und sein Lösungsraum jederzeit beliebig in jeder Betrachtungsebene erweitert bzw. verändert werden.

Mit Hilfe dieses Schichtenmodells kann ein offenes Aufgabensystem modelliert werden. Die hierarchisch oberste Schicht stellt die Ebene der Gesamtaufgabe(n) dar. Aufgaben werden unabhängig von ihrer Implementierung dargestellt und enthalten implizit kognitive, organisatorische und soziale Gegebenheiten. Die unterlagerte, semantische Ebene stellt die Funktionalität des Anwendungssystems dar, womit Problemlösungsprozesse entsprechend den in der obersten Ebene definierten Gesamtaufgaben transparent gemacht werden können. Welche Methoden den (semantischen) Systemfunktionen zugrundeliegen, wird in der unterlagerten syntaktischen Ebene spezifiziert. Die Ausführung der in der syntaktischen Ebene spezifizierten Methoden wird in der untersten, der lexikalischen Ebene repräsentiert. Der Übergang von einer Ebene zur nächsten ist bei Top-Down Entwürfen mit einem implementierungstechnischen Informationsgewinn verbunden.

Das in Abb. 8.1 gezeigte Beispiel zerlegt einen Diagnosevorgang aufgabenabhängig nach funktionalen Kriterien. Dabei werden in der konzeptionellen Aufgabenebene zunächst die Objekte des Aufgabenbereiches (Fakten, Hypothesen) definiert, welche meist als Parameter von Systemfunktionen (spezielle Beschwerden, Differentialdiagnosen, etc.) übernommen werden.

8.2 Unterstützung des Wissenserwerbs

Als Wissenserwerb werden die Übertragung sowie die Eingliederung (Aktualisierung) von Wissen über Problemlösungsprozesse und -verfahren in ein Computerprogramm verstanden. Obwohl anhand dieser Begriffsbestimmung keine Aussage über die Automatisierbarkeit des Wissenserwerbs getroffen wird, liegt es nahe, die Aufnahme

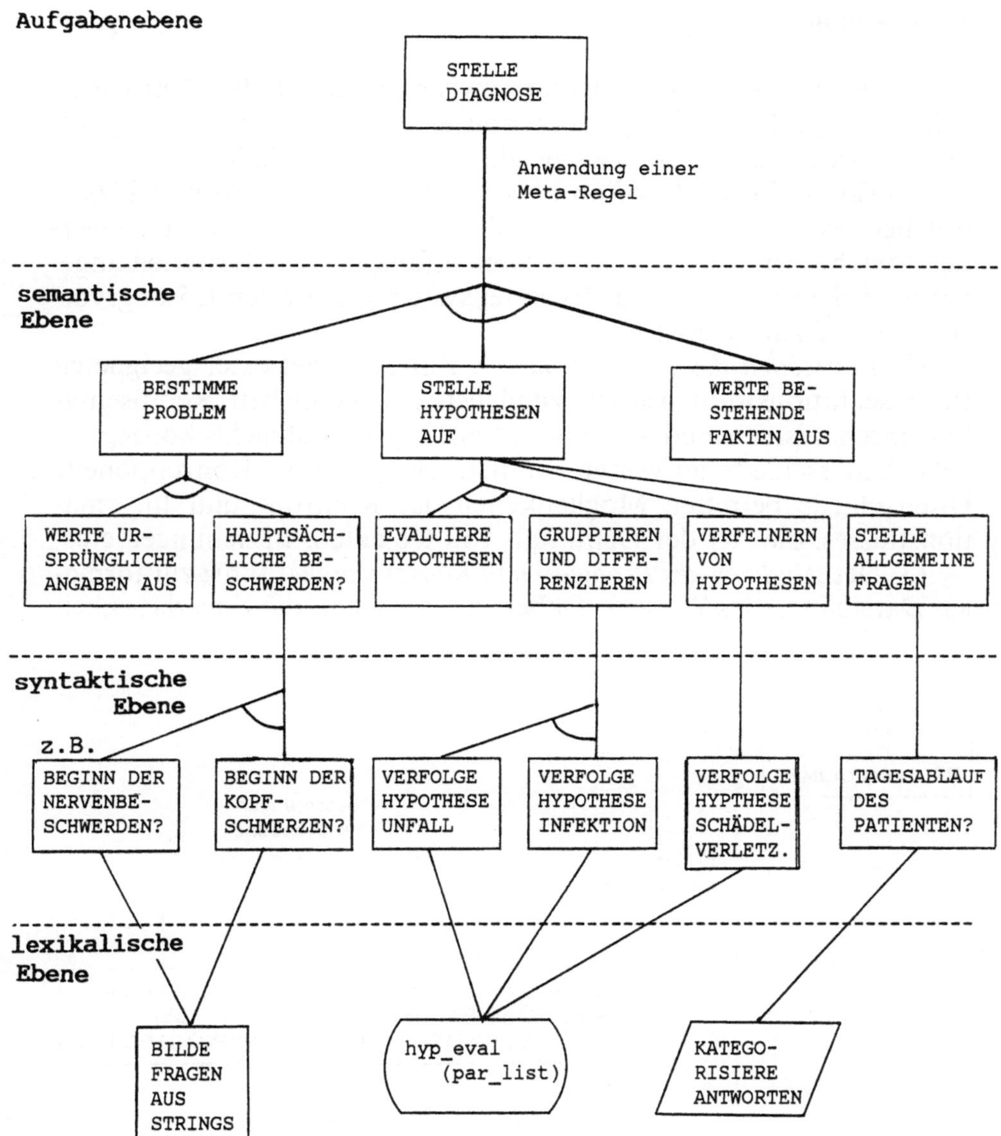

Abb. 8.1. Aufgabenanalytische Erfassung von NEOMYCIN

von Wissen sowie die Reorganisation der Wissensbasis zu automatisieren (Michalski et al., 1983 u. 1986). Abhängig von unterschiedlichen Lernstrategien (Entdeckung neuer Strukturen, Ableitung von
Verallgemeinerungen aus einer Menge von Fallbeispielen, etc.) werden
entweder neue Schlußfolgerungsmechanismen generiert oder das Faktenwissen erweitert.

8.2.1 Ablauf

Nachdem menschliches Expertenwissen methodisch erfaßt wurde („Knowledge Elicitation", Keravnou et al., 1986), läuft der eigentliche Prozeß des Wissenserwerbs ab (siehe auch Abb. 8.2):

(1) *Feststellen des Problemraumes.* Hierbei wird die Problemklasse, welcher das Expertensystem zugeordnet werden soll, definiert. Es werden sowohl problemspezifische Daten erfaßt als auch Kriterien angegeben, welche die durch das Expertensystem generierten Lösungsvorschläge erfüllen müssen.

(2) *Feststellen des Konzeptraumes.* Zur Auswahl einer geeigneten Repräsentationsform werden zunächst alle möglichen Repräsentationsmechanismen und -schemen, welche grundsätzliche konzeptionelle Unterschiede aufweisen, in Betracht gezogen. Konzeptionelle Unterschiede betreffen Möglichkeiten des Kontroll- und Informationsflusses, die Art der Definition von Objekten, Beziehungen etc.

(3) Der *Abgleich des Problem- und Konzeptraumes* führt zur formalen Darstellung des Wissens. Dabei wird versucht, die Zuverlässigkeit

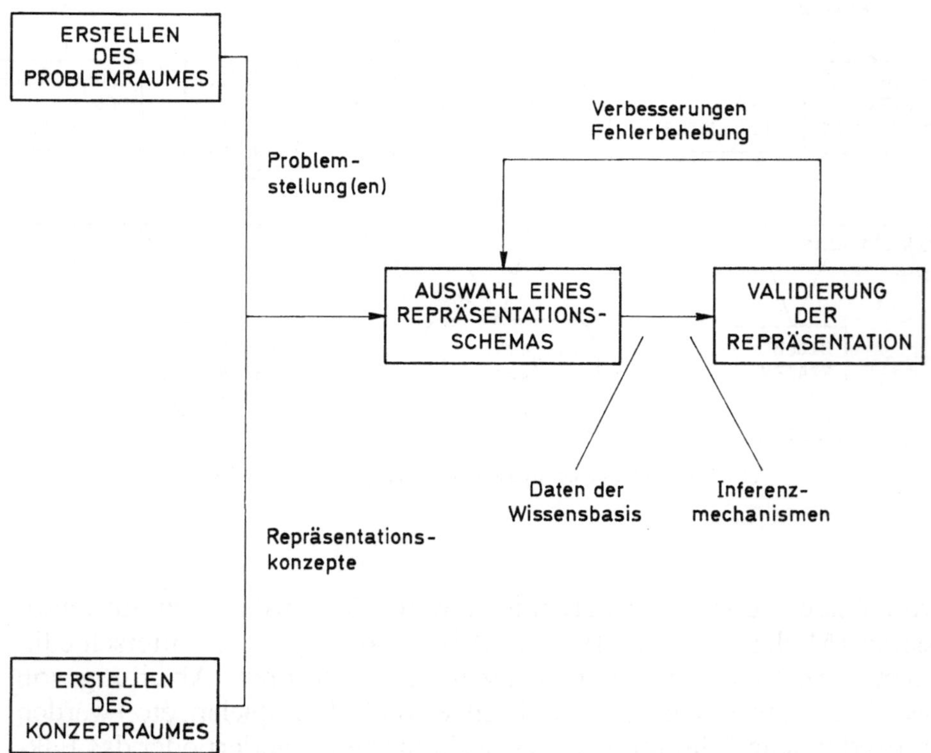

Abb. 8.2. Schematisierte Darstellung des Wissenserwerbs

von Aussagen durch die Vergabe bedingter Wahrscheinlichkeiten, z. B. „Certainty Factors" zu bewerten. Darüber hinaus werden die Vollständigkeit von Aussagen bestimmt sowie Bedingungen und Einschränkungen bezüglich der Interpretation von Daten (Zeitabhängigkeit, Zuverlässigkeit und Konsistenz von unterschiedlichen Wissensquellen) angegeben.

(4) *Validierung des erfaßten Wissens anhand der eingesetzten Repräsentationsform.* Im Rahmen dieser Auswertung wird die Wissensbasis anhand ausgewählter Beispiele durch Anwendung des erfaßten Wissens evaluiert. Konstruierte Fallbeispiele sollen darüber hinaus die Tauglichkeit der angewandten Repräsentations- und Schlußfolgerungstechniken überprüfen. Entdeckte Fehler sowie Verbesserungsvorschläge führen zur Erstellung eines neuen Repräsentationsschemas unter Zugrundelegung des Problem- und Konzeptraumes.

8.2.2 Epistemologische Probleme

Zur Unterstützung der Tätigkeit des Knowledge Engineer werden Komponenten für den Wissenserwerb in Form von sog. Akquisitionsumgebungen implementiert, welche sowohl epistemologische Probleme als auch Fragen der Programmiertechnik aufwerfen.

Dabei umfaßt Epistemologie alle Untersuchungen und Betrachtungsweisen bezüglich

- Voraussetzungen
- Annahmen
- Methoden und Verfahrensweisen
- Implikationen
- Konsequenzen

von Wissenschaften des menschlichen Wissens. Epistemologie kann als die Wissenschaft des menschlichen Wissens verstanden werden, solange sich dieses Wissen auf wissenschaftliche Erkenntnisse abbilden läßt.

Bei maschineller Repräsentation, besser Rekonstruktion von Wissen liefert die Epistemologie Adäquatheitskriterien zur Bewertung von Beschreibungssystemen der AI. Ein kalkülisiertes bzw. algorithmisches Beschreibungssystem ist genau dann epistemologisch, falls es die Abbildbarkeit kognitiver Phänomene ermöglicht, d.h. formale Begriffe und Mechanismen zur Darstellung mentaler Prozesse bietet.

Im Rahmen epistemologischer Analysen werden strukturelle Eigenschaften des konzeptionell abgebildeten Wissens verdeutlicht (*Paradigmenproblem*). Der mögliche Einfluß der Akquisitionsumgebung auf die strukturelle Abbildung des Wissens ist anhand des folgenden Beispiels leicht erkennbar: Wir nehmen an, der Wissenserwerb für ein diagnostisches Expertsystem erfolgt objektorientiert. Die zentrale Frage dabei ist: Was sind Objekte? Aus der Sicht des Designers sind Objekte berechenbar und werden durch Klassen oder Ausprägungen generischer Objekte dargestellt, deren Verhalten im Rahmen eines Problemraumes untersucht werden muß. Bei medizinischen Diagnosesystemen können (zumindest) die Klasse der Patienten von den Klassen der Diagnosen und Symptome unterschieden werden. Damit scheint eine ausreichend abstrakte, verarbeitungsfähige Beschreibung auf Objektebene gegeben zu sein.

Wird nun ein bestimmtes Repräsentationsparadigma (in unserem Beispiel die Orientierung an Objekten) bei der Implementierung der Wissensbasis weiterverfolgt, so stehen berechenbare Objekte für weit mehr als nur abstrakte Einheiten. Sie repräsentieren gleichzeitig Problemlösungsmechanismen. Dies bedeutet, daß Objekte für Fakten, Ziele, Regeln, Hypothesen bzw. Kombinationen stehen. Bedingt durch die vielseitige Interpretierbarkeit von Objekten, ist der Prozeß des Nachrichtenaustausches (Kontrollfluß) aufwendig zu gestalten und damit schwer nachvollziehbar. Werden Objekte ausschließlich für Implementierungszwecke definiert, so hat dies keine epistemologischen Konsequenzen, da das Verhalten des Expertensystems dadurch in keinster Weise beeinflußt wird. Wenn allerdings die Objekte für den Benutzer sichtbar sind, d. h. die Objekte für Abstraktions- *und* Berechnungszwecke eingesetzt werden, wird dadurch die Anwendbarkeit und Leistungsfähigkeit des Expertensystems beeinflußt.

8.3 Maschinelles Erklären

8.3.1 Grundsätzliches

Motivation

Ein entscheidender Faktor für die Akzeptanz eines XPS, besonders bei komplexen Problemen, ist ein transparentes Problemlösungsverhalten. Das Vertrauen eines Benutzers in die Richtigkeit von Resultaten hängt nicht nur von der Güte der Ergebnisse ab, sondern auch davon, ob der Benutzer die Schlußfolgerungen des XPS für plausibel hält. Das XPS sollte also Erklärungen dafür geben können wie, und mit welchem Wissen, Aufgaben gelöst wurden. Neben diesen Erklärungen, die die XPS-Ausgaben betreffen, sind Begründungen, warum bestimmte Anfragen an den Benutzer gestellt werden, wünschenswert und führen zu einem durchschaubaren Verhalten des XPS.

Darüber hinaus sind Erklärungen, die vom XPS generiert werden, eine Hilfe beim Entwickeln und Debuggen des Systems. Weiters kann die Erklärungskomponente auch als Teil eines Lehr-Systems (Tutor-Systems) verwendet werden. Hierbei wird durch die Erklärungskomponente des XPS das Problemlösungsverhalten eines Experten modelliert und vom Lehrsystem für den Schüler entsprechend aufbereitet.

Ansätze zur Erzeugung von Erklärungen

Eine der simpelsten Realisierungen einer Erklärungskomponente erzeugt alle Antworten auf alle möglichen Anfragen nach Erklärungen im voraus und ruft diese bei Bedarf ab ('canned-text approach'). Diese Methode ist inflexibel und nur für kleine Systeme geeignet, die wenigen Änderungen unterworfen sind.

Eine Verbesserung besteht darin, in den vorbereiteten Antwort-Texten Variablen einzusetzen, um diese in Abhängigkeit vom jeweiligen Kontext auszufüllen ('fill-in-the-blank approach'). Auch hier bleiben jedoch die Bedeutung der Antwort und der Zusammenhang zwischen verschiedenen (Teil-)Antworten implizit. Wenn sich der zu erklärende Code ändert, muß auch die Erklärung geändert werden; das ist eine Quelle für Inkonsistenzen.

Beim Ansatz, der sich in Regelsystemen durchgesetzt hat, werden Erklärungen durch textuelle Aufbereitung von Regeln und einer Veranschaulichung der Abarbeitungsreihenfolge generiert. Die Aufbereitung führt oft zu einer der natürlichen Sprache angenäherten Form. In regelbasierten Systemen wurde diese Technik erfolgreich zur Beschreibung der Regeln selbst sowie der Schlußfolgerungsweise (Art der Abarbeitung) verwendet. Die Erklärungen bleiben auch bei Änderungen der Regeln konsistent, weil sie durch eine Übersetzung dieser Regeln immer neu erzeugt werden. Diese Methode zeigt zwar, wie das System arbeitet, gibt aber keine Begründung der Regelbasis, d.h. keine Rechtfertigung der Behauptungen, die im System enthalten sind.

Um die Aktionen eines XPS begründen zu können, braucht man Wissen über die Entscheidungen beim Entwurf des Systems und eine hinreichend genaue Begründung des Wissens. Für das korrekte Funktionieren des Systems ist die explizite Darstellung dieses Detailwissens allerdings nicht erforderlich.

Zwei Ansätze zur Berücksichtigung dieser Art von Wissen seien hier kurz vorgestellt:

- In NEOMYCIN wird die deskriptive Beschreibung des Anwendungsbereichs (z. B. Ursache-Wirkungs-Zusammenhänge, Merkmale von Krankheiten) von den Beschreibungen der Diagnosestrategien getrennt. Diese Beschreibung erfaßt den Zweck von Aktionen des Systems und kann für Begründungen verwendet werden.

- Bei XPLAIN wird ebenfalls die Beschreibung des Anwendungsbereichs vom Problemlösungswissen getrennt. In einer Übersetzungsphase wird aus diesen beiden Wissenskomponenten ein XPS erzeugt; dabei werden die Entwurfsentscheidungen zu einer „Entwicklungsgeschichte" verarbeitet, die für Erklärungen über die Prinzipien des Systems dient.

Weitere Möglichkeiten zur Verbesserung der Transparenz eines XPS bietet der automatische Anstoß zur Erklärungsgenerierung. Bei den meisten XPS muß der Benutzer eine Erklärung vom XPS explizit verlangen, d. h. eine Frage stellen. Das selbständige Erkennen durch das System während der Interaktion mit dem Benutzer, daß Erklärungen angebracht sind, stellt eine wünschenswerte Erleichterung für den Benutzer dar.

Eine wesentliche Verbesserung der Erklärungsfähigkeiten von XPS bringt ein Ausbau der Dialogmöglichkeiten zwischen Benutzer und XPS mit sich. Der freie natürlichsprachige Dialog, unterstützt durch graphische und akustische Ein/Ausgabe, ist anzustreben.

Ein gänzlich anderer Ansatz für die Verwendung einer Erklärungskomponente besteht darin, benutzer-generierte Problemlösungen durch ein XPS zu kritisieren. Wenn das XPS wesentliche Unterschiede zwischen der Problemlösung des Benutzers und seiner eigenen feststellt, wird eine Erklärung der vom XPS erzeugten Lösung gegeben. Diese Vorgehensweise dient zur kritischen Konfrontation von menschlich und maschinell generierten Lösungen.

Positive Nebeneffekte

Die Forderung an ein XPS, seine Handlungen und Entscheidungen erklären zu können, ursprünglich zur Erhöhung der Akzeptanz gedacht, führt zu einer positiven Beeinflussung des Designs eines XPS. Die explizite Darstellung sowie die Trennung von kausalem Wissen und Kontrollwissen bringen neben einsichtigeren Erklärungen auch eine erhöhte Modularität und Wartbarkeit des Gesamtsystems mit sich. Folgendes Beispiel soll dies skizzieren:

Beispiel 8.1

```
Regel-1:
   Wenn Test A nicht durchgefuehrt werden kann
```

```
    und Test B den Wert S liefert,
  dann hat Patient P Krankheit K

  Regel-2:
  Wenn Test A den Wert S liefert,
  dann hat Patient P Krankheit K
```

Beispiel 8.2

```
  Regel-1:
  Wenn Test A den Wert S liefert,
  dann hat Patient P Krankheit K

  Regel-2:
  Wenn Test B den Wert S liefert,
  dann hat Patient P Krankheit K

  Faktum-1:
  Test A kostet AS 20.000,-

  Faktum-2:
  Test B kostet AS 100.000,-

  Meta-Regel-1:
  Wenn verschiedene Tests zur gleichen Schlußfolgerung
     fuehren,
  dann versuche zuerst die Regeln anzuwenden,
  die kostenguenstigere Tests verwenden.
```

In der Regelbasis im Beispiel 8.1 ist Kontrollwissen und kausales Wissen in Regel-1 enthalten. Das XPS hat keine Information, warum der Test A zu bevorzugen ist, und kann daher auch keine Erklärung für dieses Verhalten liefern. In der Regelbasis im Beispiel 8.2 wird kausales Wissen vom Kontrollwissen getrennt. Das XPS hat die Möglichkeit, eine Erklärung für die Präferenz von Test A abzugeben. Soll das XPS um einen zusätzlichen Test erweitert werden, so müssen eine zusätzliche kausale Regel und ein Faktum über die Testkosten eingeführt werden. An den (Meta-)Regeln und Fakten ändert sich nichts.

Zu beachten ist der unterschiedliche Verwendungszweck des Metawissens, das einerseits zur effizienten Lösungsfindung bezüglich der Rechenzeit, andererseits aber auch zur Optimierung von externen Aktionen, wie z. B. Testselektion, benutzt werden kann.

8.3.2 Anwendung

Grundsätzlich können zwei Arten von Erklärungen unterschieden werden, die üblicherweise als Why-Explanations bzw. als How-Explanations bezeichnet werden. How-Explanations geben an, wie ein bestimmter Schluß gezogen wurde. Why-Explanations können bei der Anfrage des XPS an den Benutzer verlangt werden, um die Begründung für den Zweck der Anfrage zu erhalten.

How-Explanations

Der Trace einer Prolog-Abarbeitung kann als eine sehr einfache Form der How-Explanation bezeichnet werden. Folgender Meta-Interpreter liefert eine geschachtelte Struktur, die zeigt, wie ein Goal abgeleitet wurde:

```
prove(A&B,and(ProofA,ProofB)) ←
    prove(A,ProofA) &
    prove(B,ProofB).

prove(A,fact(A)) ←
    fact(A).

prove(A,rule(A,ProofB)) ←
    rule(A ← B) &
    prove(B,ProofB).

prove(¬ A,not(A)) ←
    ¬ prove(A,ProofA).

prove(A,system(A)) ←
    system(A) &
    call(A).

fact(A) ←
    clause(A ← true).

rule(A ← B) ←
    clause(A ← B) &
    B ≠ true.
```

Im folgenden wird die Beispielregelbasis aus dem Kapitel „Unsicheres Schließen" verwendet, wobei Certainty Factors vernachlässigt werden. Die Frage, welches Verkehrsmittel um 14 Uhr zwischen Karlsplatz und Schottentor gewählt werden soll, ergibt folgende Lösung:

```
prove(fahre(14,X,karlsplatz,schottentor),Y) ?

X = tram_bus_bahn

Y = rule(fahre(14,tram_bus_bahn,karlsplatz,schottentor),
      and(fact(u_bahn_verbindung(karlsplatz,schottentor)),
      and(rule(ist_in_betrieb(tram_bus_bahn,14),
        and(system(14>5),system(14 = <24))),
      not schweres_gepaeck))))
```

Diese Struktur, die im Prinzip den Ableitungsbaum repräsentiert, kann nun durch `explain_how/1` aufbereitet und ausgegeben werden. Das Prädikat `show_how/2` dient zur rekursiven Abarbeitung des Ableitungsbaums. Mittels `display/3` wird der aufbereitete Text ausgegeben.

```
explain_how(ProofTree) ←
  writeln('I can show that'.nil) &
  show_how(0,ProofTree).

display(Indent,A,Text) ←
  tab(Indent) &
  writeln(A.Text.nil).

show_how(Indent,fact(A)) ←
  display(Indent,A,'is a fact').

show_how(Indent,not(A)) ←
  tab(Indent) &
  display(Indent,A,'could not be shown').

show_how(Indent,system(A)) ←
 display(Indent,A,'is true (justified by system predicate)').

show_how(Indent,rule(Head,Body)) ←
  display(Indent,Head,'is true because') &
  NewIndent is Indent + 4 &
  show_how(NewIndent,Body).

show_how(Indent,and(A,B)) ←
  show_how(Indent,A) &
  display(Indent,'and','') &
  show_how(Indent,B).
```

Die Anfrage

```
prove(fahre(14,X,karlsplatz,schottentor),Y),explain_how(Y) ?
```

ergibt folgenden Ausdruck:

```
I can show that
fahre(tram_bus_bahn,karlsplatz,schottentor) is true because
  u_bahn_verbindung(karlsplatz,schottentor) is a fact
  and
  ist_in_betrieb(tram_bus_bahn,14) is true because
    14>5 is true (justified by system predicate)
    and
    14 = <24 is true (justified by system predicate)
  and
  schweres_gepaeck could not be shown
```

Why-Explanations und Dialog

Wie bereits erwähnt, kann auf eine Frage des XPS durch die Why-Explanation eine Rechtfertigung dieser Frage verlangt werden. Im folgenden wird nun ein Meta-Interpreter vorgestellt, der die Möglichkeit bietet, Goals zu definieren, die, falls sie nicht bereits gefragt wurden, vom Benutzer als erfüllt oder nicht erfüllt quittiert werden können. Anschließend wird dieser Meta-Interpreter um die Fähigkeit der Why-Explanation erweitert.

Meta-Interpreter mit Benutzer-Interaktion:

Der Standard-Meta-Interpreter aus dem Kapitel „Prolog und Meta-Interpretation" wurde geringfügig verändert und um einige Klausen erweitert. Die Prädikate `confirmed/1` und `denied/1` dienen zum Abspeichern der Benutzerantwort. Mittels `askable/1` können die vom Benutzer quittierbaren Goals spezifiziert werden. Um die Klausenmenge möglichst kurz und übersichtlich zu gestalten, wird die Korrektheit der Eingabe nicht geprüft.

```
prove(A&B) ←
  prove(A) &
  prove(B).

prove(A) ←
  rule(A ← B) &
  prove(B).

prove(A) ←
  fact(A).
```

```
prove(¬ A) ←
  ¬ prove(A).

prove(A) ←
  system(A) &
  call(A).

prove(A) ←
  confirmed(A).

prove(A) ←
  askable(A) &
  ¬ known(A) &
  ask(A).

ask(A) ←
  writeln('Is '.A.' true (yes or no) ?'.nil) &
  read(Answer) &
  respond(A,Answer).

respond(A,yes) ← assert(confirmed(A)).

respond(A,no) ← assert(denied(A)),fail.

known(A) ←confirmed(A).

known(A) ← denied(A).
```

Wird die Beispielregelbasis um die Fakten `askable(stau(Zeit,` `Hier,Dort))` und `askable(schweres_gepaeck)` erweitert, das Faktum `stau_gemeldet(karlsplatz, schottentor)` hingegen gestrichen, so ergibt die Frage

```
prove(fahre(14,X,karlsplatz,schottentor)) ?
```

folgende Reaktion:

```
Is stau(14,karlsplatz,schottentor) true (yes or no) ?
no.   % Benutzereingabe
Is schweres_gepaeck true (yes or no) ?
yes.   % Benutzereingabe
X = taxi
```

Zu beachten ist, daß in diesem Meta-Interpreter durch die Anwendung von `assert/1` die Klausenmenge verändert wird, und so die Monotonie des Schließens in Kombination mit dem „¬"-Operator nicht mehr gegeben ist. Zum Beispiel ist ¬ `known(schweres_gepaeck)` vor den Abfragen erfüllt, danach aber nicht. Das hat zur Folge, daß durch das Einfügen eines Faktums andere Fakten nicht mehr herleitbar sind. Diese Fakten könnten aber in einem laufenden Ableitungsprozeß verwendet worden sein, was zu einem logisch falschen Schluß führt.

Meta-Interpreter mit Why-Explanation:

Der folgende Meta-Interpreter ist um die Fähigkeit der Why-Explanation erweitert. Bei der Frage nach der Gültigkeit eines Goals kann durch wiederholte Eingabe von „why." die Kette der Regelanwendungen, beginnend bei der zuletzt angewandten Regel, bis zum ursprünglichen Goal durchschritten werden. Das Prädikat prove/1 wurde um eine Liste der angewandten Regeln ergänzt, die durch einen wiederholten Aufruf von explain_why/3 ausgegeben wird. Die mittelbare Rekursion ask/2 – explain_why/3 terminiert bei der Eingabe von „yes." oder „no.". Um den Meta-Interpreter kurz und übersichtlich zu gestalten, wurde eine korrekte Eingabe des Benutzers angenommen und auf eine Abarbeitung von „¬" verzichtet.

```
start  prove(A) ←
  prove(A,nil).

prove(A&B,Rules) ←
  prove(A,Rules) &
  prove(B,Rules).

prove(A,Rules) ←
  clause(A ← B) &
  prove(B,rule(A,B).Rules).

prove(A,Rules) ←
  system(A) &
  call(A).

prove(A,Rules) ←
  confirmed(A).

prove(A,Rules) ←
  askable(A) &
  ¬ known(A) &
  ask(A,Rules).

known(A) ← confirmed(A).

known(A) ← denied(A).
```

```
ask(A,Rules) ←
  writeln('Is'.A.' true (yes, no or why) ?'.nil) &
  read(Reply) &
  explain_why(A,Reply,Rules).

explain_why(A,yes,Rules) ← assert(confirmed(A)).

explain_why(A,no,Rules) ← assert(denied(A)),fail.

explain_why(A,why,Rule.Rules) ←
  writeln('To prove'.Rule.nil) &
  ask(A,Rules).

explain_why(A,why,nil) ←
  writeln('That was your initial goal!'.nil) &
  ask(A,nil).
```

Im folgenden wird wieder die Beispielregelbasis aus dem Kapitel „Unsicheres Schließen" unter Vernachlässigung der Certainty Factors verwendet und um das Faktum `askable(stau(Zeit,Hier,Dort))` erweitert. Die Anfrage

```
start_prove(fahre(14,X,karlsplatz,schottentor) ?
```

ergibt folgenden Dialog:

```
Is stau(14,karlsplatz,schottentor) true (yes, no or why) ?
why.   % Benutzereingabe
To prove rule(fahre(14,tram_bus_bahn,karlsplatz,schottentor),
  (stau(14,karlsplatz,schottentor) &
  ist_in_betrieb(tram_bus_bahn,14)))
Is stau(14,karlsplatz,schottentor) true (yes, no or why) ?
why.   % Benutzereingabe
That was your initial goal!
Is stau(14,karlsplatz,schottentor) true (yes, no or why) ?
yes.   % Benutzereingabe
X = tram_bus_bahn
```

8.4 Benutzerschnittstelle

Dieser Abschnitt stellt konkrete Ausformungen von Benutzerschnittstellen vor. Dieser, dem Menschen zugewandte Teil eines Expertensystems (Dialogkomponente) hat die Aufgabe, sowohl problemspezifischen (für die Mehrzahl der Benutzer) als auch zum Zweck

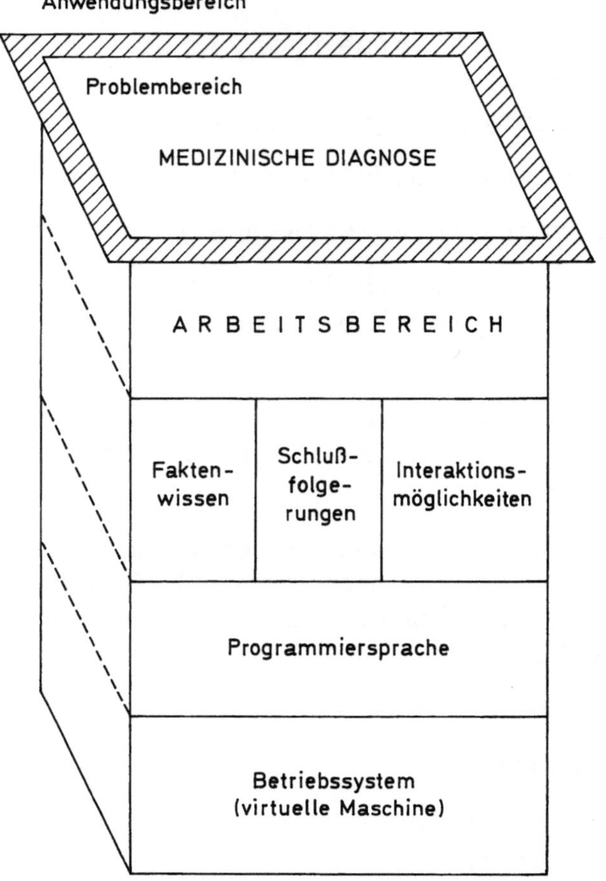

Abb. 8.3. Ebenen der Transparenz bei computerunterstützter medizinischer Entscheidungsfindung

der Wartung geführten Dialog zu unterstützen. Um dieses Ziel zu erreichen, sind unterschiedliche Ebenen von Systemtransparenz erforderlich. Anhand eines medizinischen Diagnosesystems können diese verdeutlicht werden (Abb. 8.3). Die sich daraus ergebenden Anforderungen für das Design von Dialogkomponenten lassen sich wie folgt zusammenfassen:

(1) *Festlegen der Funktions- und Rollenaufteilung zwischen Mensch und Expertensystem.* Dabei gilt es, Aktivitäten problem- und interaktionsspezifisch aufzuteilen. Problemspezifische Aktivitäten betreffen den Grad der fachlichen Unterstützung durch das Expertensystem, während interaktionsspezifische Themen vorwiegend die Beeinflussung eines Dialog(schritt)es mit dem Expertensystem durch bestimmte Interaktionsmedien (z. B. Maus, Tastatur, Fenster, etc.) und Modi (z. B. natürlichsprachige Eingabe, Piktogramme, etc.) betreffen.

(2) Die *Manipulierbarkeit des Modells der abgebildeten Welt* erlaubt es, die repräsentierten Konzepte für den Benutzer seinen/ihren Bedürfnissen entsprechend veränderbar zu gestalten. Die Systemtransparenz wird durch diesen Bestandteil der Benutzerschnittstelle entscheidend erhöht.

(3) Die *Darstellung von Änderungen und deren Effekte* betrifft sowohl die unmittelbare Rückmeldung von Auswirkungen getätigter Manipulationen (z. B. Einfügen von Regeln) als auch die Aufforderung an den Benutzer, bei Inkonsistenz der Wissensbasis weitere Änderungen vorzunehmen, um einen konsistenten Zustand wiederherzustellen.

(4) Die *Modellierung von Zielen und Aktionen des Benutzers* ist aufwendig, kann aber die Anpassungsfähigkeit des Expertensystems an die individuellen Bedürfnisse der Benutzer unterstützen.

(5) *Bestimmen des Stellenwertes der direkten Manipulation.* Neben sprachunterstützenden Modi (z. B. natürlichsprachige Eingabe) gilt es, direkte Manipulation als Interaktionsmittel in Betracht zu ziehen. Ihr Vorteil liegt darin, Handlungsabläufe zu visualisieren (z. B. durch Sequenzen von Piktogrammen) oder/und graphische Manipulation von Objekten und Beziehungen (i.e. direktes Ändern des Repräsentationsschemas) zu ermöglichen.

Werden die angesprochenen Anforderungen im jeweiligen Designprozeß berücksichtigt, wird ein Abgleich des Modells der abgebildeten Welt im Expertensystem mit der mentalen Repräsentation der Aufgabe erreichbar. Die gewonnene Transparenz ist gleichermaßen für den Designer wie für den Benutzer von Vorteil. Veränderungen sollten immer explizit vorgenommen werden, d. h. durch Rückbestätigen mit dem Benutzer. Schließlich muß aufgabenspezifisches Wissen darstellbar – wie generell bei der Darstellung von Wissen – die Verbindung zwischen Teilen von Wissen (z. B. Regeln und Fakten) ersichtlich sein. Da dies nur z. T. durch konventionelle Aufgabendarstellungsmethoden erreicht wird, sind neuartige Methoden notwendig (Keravnou et al., 1986).

Abb. 8.4 zeigt beispielhaft einen Ansatz, welcher im Rahmen diagnostischer Expertensysteme verfolgt wird, um aufgabenorientierte Interaktion zu ermöglichen. Die integrierte Verwendung von direkter Manipulation und „natürlicher" Sprache erhöht den vermittelten Informationsgehalt und ermöglicht ein übersehbares Betätigungsfeld für den Benutzer. Die in jedem Dialogschritt wiederkehrende, prinzipielle Aufteilung des Bildschirms (Arbeits-, Orientierungsbereich und weitere Aktivitäten) stellt die Grundlage von konsistentem Schnittstellendesign dar. Allerdings sollte der Aufbau des Bildschirms nach individuellen Kriterien veränderbar sein (z. B. durch Einführung weiterer Bildschirmausschnitte).

	you are searching by a NL-Menu	processed diagnoses are: Meningitis Hepatitis B	you use the clinical graph of diagnoses

FIND	Connectors	Nouns	Qualifiers	Comparison
Definition Symptom Relation Symptom / Diagnosis Therapy Method Manifestations	and or of for	diagnosis symptom. synonym patient	whose symptoms are whose connection is with	between equal to ⟨, ⟩ =⟨, ⟩= ⟨⟩
				Attributes
				⟨reference⟩ ⟨quantity⟩ ⟨certainty factor⟩ ⟨order⟩

QUERY: Find therapy for patients with symptoms for Meningitis (p>0.8)

UNDO	HOW?	INDIVIDUALIZE INTERFACE				LEAVE THE SYSTEM
REDO	WHY?	MANAGE KNOWLEDGE	FACTOR		TUTOR	HELP

Abb. 8.4. Schnittstellendesign für ein medizinisches Diagnosesystem

8.4.1 „Natürliche" Sprache

Als benutzerfreundlichste Umgangsform mit Expertensystemen wird „natürliche" Sprache propagiert. Da zur Zeit nicht uneingeschränkt natürliche Spracherkennung möglich ist, gilt es, eine möglichst aussagekräftige Teilmenge der menschlichen Sprache zu implementieren, um effektives Arbeiten mit dem Expertensystem zu ermöglichen. Untersuchungen von Fachsprachen sowie Visualisierungstechniken haben allerdings ergeben, daß die menschliche Leistungsfähigkeit nicht unbedingt von der Art der Interaktion mit dem Computersystem abhängig ist. Natürlichsprachige Schnittstellen minimieren allerdings den Zeitaufwand zum Erlernen des Systemumgangs.

Der Hang zu natürlichsprachigen Schnittstellen (Abb. 8.5) dürfte sowohl auf die unmittelbare Einsichtigkeit ihrer Vorteile als auch auf die ursprünglichen Forschungsgebiete der Designer von Interaktionsmechanismen für AI-Systeme zurückzuführen sein. Bei natürlichsprachigen Schnittstellen wird der Hauptanteil der Systemeingabe in geschriebener oder gesprochener Form an die Dialogkomponente zur Verarbeitung weitergegeben. Antworten des Expertensystems werden von der Dialokomponente generiert. Syntaktische und semantische Analyse- und Erzeugungsprozeduren basieren hierbei auf anwendungsunspezifischen Wissensquellen (z. B. morphologischem Wissen).

Die Vorteile natürlichsprachiger Systeme sind die Kontextangleichung des Modells (Mikrowelt) mit dem mentalen Modell von Experten (welche im Expertensystem dargestellt ist) sowie die Berücksichtigung des zugrundeliegenden Dialogverlaufs. Ein schriftlich oder mündlich eingegebener natürlichsprachiger Text wird dabei in Ausdrücke einer Wissensrepräsentationssprache übersetzt. Nach der anschließenden semantischen Analyse wird die Eingabe verarbeitet. Nach einem oder mehreren Verarbeitungsschritten empfängt die Dialogkompo-

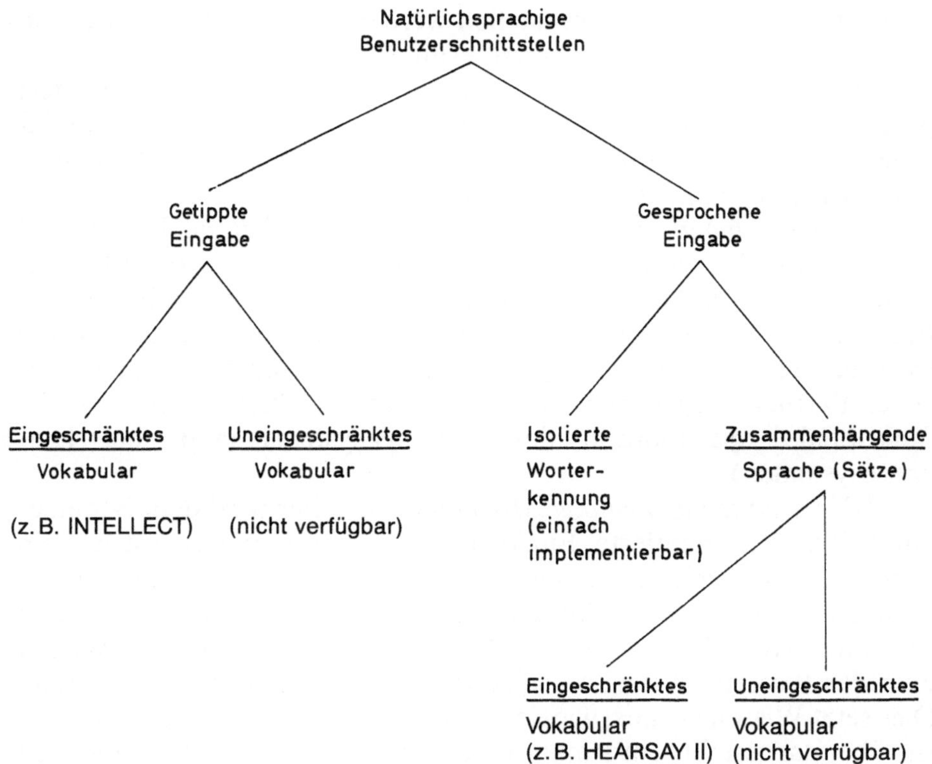

Abb. 8.5. Natürlichsprachige Schnittstellen

nente eine Reaktion auf die Eingabe, welche in eine natürlichsprachige Form zurückübersetzt werden muß. Im Rahmen dieser Übersetzungs- und Analysevorgänge werden folgende Wissensquellen benötigt:

1. *Hintergrundwissen* über Sprache und Kommunikation (problembereichsunabhängig).
2. *problem(bereichs)spezifisches* Wissen.
3. *dialogspezifisches Wissen* (meist nur temporär verfügbar).

Hintergrundwissen besteht vornehmlich aus einem Verzeichnis von Einzelwörtern bzw. Redewendungen, sowie aus morphologischem Wissen. Problemspezifisches Wissen setzt sich aus speziellen Inferenzregeln (abhängig vom Handlungsspielraum) sowie aus Informationen über das beim Benutzer vermutete Vorwissen und seine Dialogziele zusammen. Dialogspezifisches Wissen bezieht sich auf einen thematischen Schwerpunkt einer Interaktion. Es dient der Steuerung von Such- und Schlußfolgerungsstrategien.

8.4.2 Implementierung

Mensch-Maschine Schnittstellen werden heute nach einem der in der Folge angeführten Implementierungsprinzipien entworfen.

(1) *Empirische Evaluation von Designvorschlägen.* Dies erfordert prototypische Computeranwendungen bzw. eine Vielzahl von Simulationen. Die hohen Kosten sowie der hohe zeitliche Aufwand schlagen sich im Endprodukt in hoher Benutzerakzeptanz nieder.

(2) *Angleichung an Mensch-Mensch Kommunikation.* Dabei wird versucht, die Interaktion mit dem Expertensystem an die Mensch-Mensch Kommunikation anzugleichen. Dies bedeutet, sich über die Eigenheiten der Maschine (z. B. Implementierungscharakteristika) hinwegzusetzen. Dem Benutzer wird ein dem Verhalten nach menschlicher Partner vorgegeben. Dieser Ansatz erleichtert manchmal die funktionale Spezifikation des Expertensystems (z. B. bei Diagnosesystemen).

(3) *Unterstützung mentaler Modellbildung.* Hier wird dem Benutzer durch problemorientierte Funktionsweise des Expertensystems ein Modell der Anwendung vermittelt, welches den Aufbau einer entsprechenden mentalen Darstellung ermöglicht. Mit Hilfe von Methoden der kognitiven Psychologie wird versucht, konzeptionelles Wissen über das Expertensystem an seine Interaktionspartner zu vermitteln. Dies setzt Wissen voraus, wie der Mensch innere Modelle aufbaut und wie über dargestellte Information der Aufbau von mentalen Modellen unterstützt werden kann. Meist wird angenommen, daß der Mensch

ähnlich der Maschine Information verarbeitet, d. h. Eingangsgrößen mittels einer bestimmten Verarbeitungsvorschrift in Ausgangsgrößen umwandelt.

(4) *Prognose der Effektivität.* Einer Weiterentwicklung des soeben besprochenen Ansatzes entspricht das Prinzip, Vorhersagen über die Effektivität von Benutzerschnittstellen zu treffen, noch bevor das Design der Benutzerschnittstelle erfolgt ist. Dabei werden Parameter bestimmt, welche Interaktionsmechanismen und ihre kognitiven Auswirkungen beschreiben. Diese Parameter werden mit Hilfe psychologischer Techniken quantifiziert, wodurch eine Bewertung unterschiedlicher Designvorschläge möglich wird. Bisherige Modelle waren jedoch ausschließlich in der Vorhersage bezüglich Zeit und Fehlerverhalten erfolgreich.

8.4.3 Designprobleme

Die Zuverlässigkeit von technischen Komponenten kann aus Benutzersicht als zufriedenstellend betrachtet werden, sodaß vornehmlich epistemologische und psychologische Probleme auftreten.

Epistemologische Fragen. Nur wenige AI-Forscher formulierten bisher epistemologische Fragen und untersuchten Probleme, welche die Entstehung und Nutzung von Wissen betreffen. Begriffsbildungen und Repräsentationsformen beispielsweise manifestieren sich in ontologischen Fragen (z. B. Wie können problemspezifische Begriffsysteme unter Berücksichtigung ihrer Entwicklung innerhalb formaler Kalküle dargestellt werden?) sowie linguistischen Problemen (z. B. Wie können ,natürlich' entstandene Begriffe, welche durch die Entwicklung einer Fachsprache geprägt wurden, innerhalb formaler Systeme von Darstellungshilfsmittel, d.s. speziell zur Repräsentation eingeführte Begriffe, unterschieden werden?). Eine Analyse mehrerer Sprachen zur Wissensrepräsentation ergab, daß die meisten Sprachen keine Unterscheidung zwischen analytisch/synthetischem und epistemischem Wissen zulassen.

Akzeptanzhemmnisse. Neben epistemologischen Fragen sind Probleme der Akzeptanz von Expertensystemen ungelöst. Empirische Untersuchungen von Benutzerschnittstellen ergaben, daß potentielle Benutzer den Umgang mit einschlägigen Expertensystemen nicht in der gegebenen Form akzeptieren. Anhand von MYCIN wurden unterschiedliche Gründe hierfür herausgefunden. Zunächst konnte kein Bedarf seitens praktizierender Ärzte festgestellt werden. Schließlich konnte das Expertensystem aufgrund des eingesetzten Diagnoseverfahrens nicht adäquat in den Tagesablauf der Anwender integriert werden. Darüber hinaus besitzt MYCIN eine natürlichsprachige Benutzerschnittstelle, welche auf zu stark eingeschränktem Vokabular basiert. Die Benutzer versorgten das Expertensystem nicht mit ausreichend relevanter Eingangsinformation. Dies u.a. deshalb, da in MYCIN zur Problemlösung Rückwärtsverkettung angewandt wird, um die Kontrolle über den Benutzerdialog bei dem Expertensystem zu behalten.

Verallgemeinert bedeutet dies, daß seitens der Benutzer nicht immer Verständnis für künstlich geschaffene Systeme mit limitiertem Problemverständnis, wie es Expertensysteme darstellen, vorausgesetzt bzw. erwartet werden kann. Selbst zusätzlich implementierte Möglichkeiten (z. B. Simulationen) oder menschliche Berater, welche den Einstieg in die Verwendung des Expertensystems erleichtern sollen, schaffen den entscheidenden Brückenschlag nicht. Zu groß ist die Angst, eigene Arbeitsmethoden anpassen bzw. einem formalisierten Vorgang (z. B. bei der Betreuung von Patienten) unterworfen sein zu müssen. Darüber hinaus sprengt die nach Einführung des Expertensystems neuartige Dreiweg-Kommunikation den direkten Kommunikationsfluß (z. B. Arzt – Patient), da die Rolle des Computers in keinster Weise geklärt ist.

Mangelnde Flexibilität. Im Rahmen der Diskussion um Benutzerschnittstellen von Expertensystemen wird Wissen im Zusammenhang mit Veränderbarkeit, Wiederverwertbarkeit, Ratschlägen und Erklärungen für den Menschen betrachtet. Um diese unterschiedlichen Ansprüche zufriedenzustellen, sind flexible Wissensrepräsentations- und -akquisitionsmechanismen vonnöten. Die heute zur Verfügung stehenden Expertensysteme weisen jedoch meist keinen hohen Grad an notwendiger Flexibilität auf.

Bislang betrafen Verbesserungen sorgfältigeres Design der Benutzerschnittstelle (42% Aufwand am gesamten Entwurfsprozeß) sowie die Einführung neuer Interaktionsmechanismen (z. B. Bildschirmformulare), um den Konflikten mit natürlichsprachigen Schnittstellen aus dem Weg zu gehen. Diese Verbesserungsansätze brachten bislang noch keinen Umschwung zugunsten höherer Flexibilität der Benutzerschnittstelle und höherer Akzeptanz seitens der Benutzer.

8.5 Wissensbasierte Benutzerschnittstellen

Abschließend beschäftigen wir uns mit Aspekten, welche in engem Zusammenhang mit Benutzerschnittstellen von Expertensystemen stehen. Es sind dies wissensbasierte Schnittstellen sowie der Vergleich von Leistungsmerkmalen zwischen Mensch und Expertensystem.

8.5.1 „Intelligenz" in Benutzerschnittstellen

Der Umgang mit komplexen Systemen kann durch die Berücksichtigung von Techniken der AI (wissensbasierte Benutzerschnittstellen) erleichtert werden. Dabei muß allerdings Wissen bezüglich folgender Schwerpunkte verfügbar gehalten werden:

1. Interaktionsmedien (Bildschirm, Tastatur, Maus, etc.).
2. Anwendungsbereich der Applikation.
3. Software-ergonomische Richtlinien.
4. Benutzerverhalten.
5. Dialogablauf.
6. Hilfe- und Lerntechniken.

Wird dieses Wissen mit Hilfe von Expertensystemen verarbeitet, können vor allem folgende Bereiche der Mensch-Maschine Interaktion unterstützt werden:

1. Transparenz des Aufgabenbereiches.
2. Transparenz des Modells und der Interaktionsmethoden.
3. Spezifische Rollen des Benutzers im Gesamtsystem.
4. Design individueller Schnittstellen.

Wissensbasierte Schnittstellen dringen in viele Bereiche: Problemlösen, Planen, heuristische Suche, Verständnis- und Benutzermodellierung, natürlichsprachige, textverstehende Systeme und Expertensysteme. Einerseits sind die Intentionen und der Problembereich des Benutzers abbildbar. Andererseits können dem Benutzer aufwendige Funktionen präsentiert werden, deren Nutzung wissenbasiert erfolgt. Die Verantwortung für die Auswahl und die Anwendung von Funktionen verbleibt aber in den Händen des Benutzers.

Sogenannte Benutzerschnittstellen-Managementsysteme („User Interface Management Systems") versuchen, die Benutzerschnittstelle vom aufgabenspezifischen Design einer Applikation zu trennen. Soll eine ‚intelligente' Schnittstelle implementiert werden, so muß Wissen über die Struktur und den internen Zustand der Applikation verfügbar sein. In diesem Zusammenhang liegt Wissen integriert vor. In anderen Fällen wird es notwendig, unterschiedliche Wissensbasen (Schnittstelle und Applikation betreffend) anzulegen.

8.5.2 Konkurrenz versus Kooperation

Da Expertensysteme versuchen, Leistungen von menschlichen Experten bezüglich Effektivität und Effizienz nachzuvollziehen, liegt es nahe, Vergleiche anzustellen, welche das Verhalten menschlicher und künstlicher Experten betreffen. Bei Leistungsvergleichen werden menschliche Experten als Individuen betrachtet, welche eine bestimmte Aufgabe bereits lange Zeit ausüben. Sie besitzen eine große Menge an individuell geordnetem Wissen, welches sie problemorientiert einsetzen.

Ein Vergleichskriterium zwischen Mensch und Expertensystem stellt der Grad der Problemlösungsfähigkeit dar. Dieser gibt die Schachtelungstiefe zusammenhängender resp. verschachtelter Teilprobleme einer bestimmten Aufgabe an, bis zu welcher Probleme seitens des Expertensystems gelöst werden können. Der Grad der Problemlösungsfähigkeit ist abhängig von:

- den situativen Gegebenheiten
- der Erfahrung des Benutzers
- den sensomotorischen Fähigkeiten des Benutzers
- den Wahrnehmungsmechanismen des Benutzers
- dem konzeptionellen Erfassungsapparat
- dem intellektuellen Ausführungsniveau.

Expertensysteme müssen daher unterschiedliche Fähigkeiten ansprechen, um kooperatives Systemverhalten zeigen zu können.

Der Grad der Problemlösungsfähigkeit bestimmt das Verhalten in ausgewählten Situationen und basiert auf automatisierten sensomotorischen und kognitiven Leistungen. Diese finden ohne Bewußtsein des Ausführenden statt und ermöglichen rasche und zur Problemlösung beisteuernde Reaktionen des Ausführenden. Auf diese unbewußten Muster aufbauend gibt es bewußte Prinzipien bzw. Regeln, welche der Mensch gezielt ausführt und welche in geordneter Form vorliegen, sodaß das Eingreifen des Menschen zielgerichtet und problemlösungsbewußt erscheint. Bei neu auftretenden Problemsituationen bzw. komplexen Problembereichen müssen neue Verhaltensmuster gefunden werden. Sie resultieren aus bereits bestehenden bewußten und unbewußten Fähigkeiten sowie gewonnenen Erfahrungen. Innerhalb jedes Individuums werden damit eine Struktur sowie Inhalte (Wissen) aufgebaut, welche ständigen Veränderungen unterworfen und nur bis zu einem bestimmten Teil von externen Beobachtern erfaßbar sind. Damit sind sie schwer in Modelle der Wissensrepräsentation abzubilden. Die Aussagekraft von Leistungsvergleichen bezüglich Effizienz und Effektivität sind daher umstritten.

Zusammenfassung

Aufgrund der besonderen Stellung von Expertensystemen im Rahmen des Designs von Benutzerschnittstellen wurden zunächst zwei vorbereitende Aktivitäten des Designers genauer betrachtet: die Analyse von Aufgaben sowie der zu automatisierende Erwerb von Wissen. Die an der Benutzerschnittstelle dargebotene Information und vorgeschlagenen Problemlösungsmechanismen müssen menschliche Fähigkeiten unterstützen und problemspezifischen Dialog ermöglichen. Die Schwierigkeit dabei ist, individuellen Unterschieden bezüglich des Wissensstandes in geeigneter Form Rechnung zu tragen. Besondere Bedeutung gewinnt dies bei der erstmaligen Erfassung des Wissens. Die Aufgabe des „Knowledge Engineer" ist es daher, nicht nur das Wissen von Experten maschinengerecht aufzubereiten, sondern auch auf unterschiedliche Arten der Problemlösung sowie auf die differenzierte Problemlösungsfähigkeit von Experten einzugehen. Geschieht dies erst nachträglich, so ist eine Verzerrung des Wissens wahrscheinlich. Eine Trennung des Wissens nach dessen expliziter Formulierung und Verwendung sollte besonders berücksichtigt werden. Dies führt neben einer gesteigerten Erklärungsfähigkeit zu einer besseren Wartbarkeit der Wissensbasis.

Die Art der Interaktion bestimmt den Grad der Akzeptanz des Expertensystems, wobei die Erklärung von Ergebnissen einen besonderen Stellenwert einnimmt. How- and Why-Explanations, zwei für regelbasierte Expertensysteme typische Erklärungsfähigkeiten, wurden im Detail vorgestellt. Das Generieren von Erklärungen, die darüber hinausgehen, bilden einen interessanten Forschungszweig der AI. Natürlichsprachige Schnittstellen bedürfen in diesem Zusammenhang weiterer Diskussionen, da fachspezifische Ausdrücke eines Problembereichs epistemologische Analysen erfordern.

Literatur

Clancey, W. J., Letsinger, R. (1981): NEOMYCIN: Reconfiguring a Rule-Based Expert System for Application to Teaching. In: Proceedings IJCAI-81, pp. 829–836.

Hayes-Roth, F., Lenat, D. B., Waterman, D. A. (eds.) (1983): Building Expert Systems. Addison-Wesley, Reading, MA.

Hendler, J. (ed.) (1987): Expert Systems: The User Interface. Ablex, NJ.

Keravnou, E. T., Johnson, L. (1986): Competent Expert Systems. McGraw-Hill, Cambridge, MA.

Michalski, R. S., Carbonell, J. G., Mitchell, T. M. (1983): Machine Learning, Vol. I. Tioga, Palo Alto, CA.

––– (1986): Machine Learning, Vol. II. Morgan Kaufmann, Los Altos, CA.

Newell, A., Simon, H. A. (1972): Human Problem Solving. Prentice-Hall, Englewood Cliffs, NJ.

Shortliffe, E. H. (1976): Computer-Based Medical Consultations: MYCIN. Elsevier, New York.

9. Modellbasierte Diagnose

Wolfgang Nejdl

> *"When you have eliminated the impossible,*
> *whatever remains,* however improbable,
> *must be the truth."*
> – *Sherlock Holmes. The Sign of the Four.*

9.1 Einleitung

MYCIN und fast alle anderen bisher entwickelten Expertensysteme sind Vertreter des sogenannten „shallow reasoning". In diesen Expertensystemen sind Fehler-Ursache-Beziehungen in Form von heuristischen Regeln oder ähnlichen Repräsentationsformen dargestellt. Die Funktion und Struktur des zu diagnostizierenden Systems ist nicht formal repräsentiert. Obwohl dieser Ansatz teilweise in der Lage ist, das Verhalten eines Experten nachzuahmen, liegen die Schwierigkeiten vor allem in der Erweiterbarkeit, Korrektheit und Vollständigkeit der heuristischen Wissensbasis. In größeren Systemen ist es im allgemeinen schwierig, die Diagnose-Wissensbasis zu überblicken bzw. zu erweitern, da viele Regeln voneinander abhängen und daher der Effekt einer neu eingefügten Regel schwer zu beurteilen ist.

Um diese Nachteile zu korrigieren, wurde in den letzten Jahren ein neuer Ansatz entwickelt, die sogenannte *modellbasierte Diagnose*. Dabei wird das (korrekte) Verhalten des Systems formal beschrieben (z. B. durch prädikatenlogische Aussagen). Fehler werden durch den Vergleich zwischen vorhergesagtem korrektem und tatsächlich beobachtetem Verhalten gefunden (siehe Abb. 9.1). Diese Vorgangsweise setzt freilich voraus, daß das Verhalten des Systems in einem geeigneten Formalismus beschreibbar ist. Der modellbasierte Ansatz ist daher vor allem für technische Systeme gut geeignet, da sich diese meist gut mit formalen Methoden oder Simulationspaketen beschreiben lassen.

Ein großer Vorteil dieses neuen Ansatzes gegenüber heuristischen Systemen ist die Unabhängigkeit eines Diagnosesystems von spezifischen Bauteilen und daher seine leichte Erweiterbarkeit. Falls neue

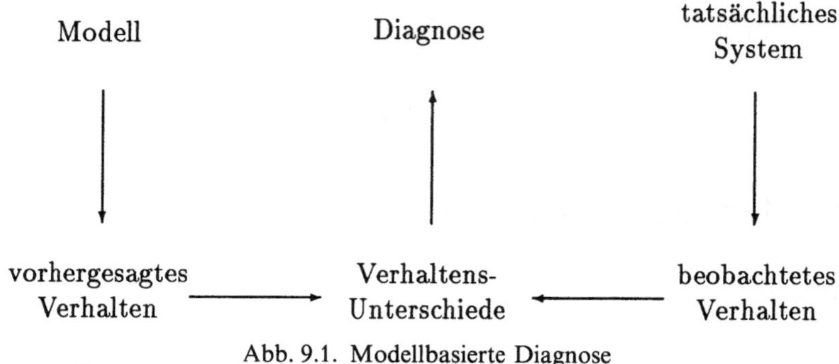

Abb. 9.1. Modellbasierte Diagnose

Bauteile diagnostiziert werden müssen, muß nur die Beschreibung dieser Komponenten hinzugefügt werden. Diese Beschreibungen sind bei technischen Geräten oft schon während ihrer Entwicklung in Form von Spezifikationen vorhanden. Sie setzen daher kaum Erfahrung mit der Fehlerdiagnose der betreffenden Komponenten voraus.

Wir werden uns in diesem Kapitel mit dieser Art von Diagnose näher beschäftigen. In Abschnitt 9.2 beschreiben wir die grundsätzlichen Komponenten eines modellbasierten Diagnosesystems. Die Prinzipien werden genauer anhand eines einfachen Beispiels in Abschnitt 9.3 erklärt, auf verschiedene Verhaltensmodelle wird in Abschnitt 9.4 eingegangen. Der interessierte Leser schließlich findet in Abschnitt 9.5 einige Hinweise auf weiterführende Literatur.

9.2 Komponenten eines modellbasierten Diagnosesystems

Ein modellbasiertes Diagnosesystem besteht aus folgenden Komponenten:

- Ein *Modell* des zu diagnostizierenden Gerätes. Darunter verstehen wir im allgemeinen eine Systembeschreibung über einer Menge von Bauteilen, eine Menge von Beobachtungen, sowie eine Menge von Korrektheitsannahmen dieser Komponenten.
  Die Systembeschreibung kann logische, algebraische oder andere Formalismen verwenden. Angegeben werden dabei im allgemeinen die vorhandenen Bauteile des Systems, ihre Verbindungen und ihr Verhalten. Tatsächliche Beobachtungen bestehen etwa aus Werten von Ein- und Ausgängen, usw. Annahmen über die Korrektheit der einzelnen Bauteile sind dynamisch und hängen von den gemachten Beobachtungen ab.
  Wir werden vor allem Horn-Klausen (EFRS) zur Beschreibung unseres Systems verwenden.

- Ein *Diagnosealgorithmus*. Die Aufgabe dieses Algorithmus ist es, mögliche Diagnosen für eine bestimmte Konstellation von Beobachtungen zu finden, d. h. Mengen von fehlerhaften Bauteilen, die die gemachten Beobachtungen erklären.
  Der Algorithmus versucht also, das durch die Beobachtungen inkonsistent gewordene Modell so zu verändern, daß es wieder konsistent wird. Dabei werden insbesondere die Annahmen über die Korrektheit der einzelnen Bauteile variiert. Die Menge der schließlich als fehlerhaft angenommenen Bauteile wird als Diagnose bezeichnet.
- Eine Prozedur zur *Auswahl von optimalen Meßpunkten*. Diese Prozedur soll Meßpunkte so auswählen, daß mit möglichst wenigen Meßpunkten eine eindeutige Diagnose gefunden werden kann. Jeder zusätzlich gemessene Meßpunkt erweitert die Systembeschreibung, worauf wieder der Diagnosealgorithmus aufgerufen wird. Auf diese Prozedur werden wir in diesem Kapitel nicht näher eingehen.

9.3 Modellbasierte Diagnose anhand eines Beispiels

Im folgenden wollen wir die Grundprinzipien der modellbasierten Diagnose an einem einfachen elektronischen Schaltkreis beschreiben. Als Diagnosealgorithmus können wir ein einfaches Modellgenerierungssystem verwenden, das in Prolog implementiert ist und auf einem vorwärtsverkettenden Metainterpreter basiert (siehe Kapitel 6). Auch das Verhalten des Schaltkreises wird durch (vorwärtsverkettende) Regeln beschrieben.

Als zu diagnostizierenden Schaltkreis verwenden wir den Schaltkreis, der in Abb. 9.2 beschrieben ist. Dieser Schaltkreis ist eines der

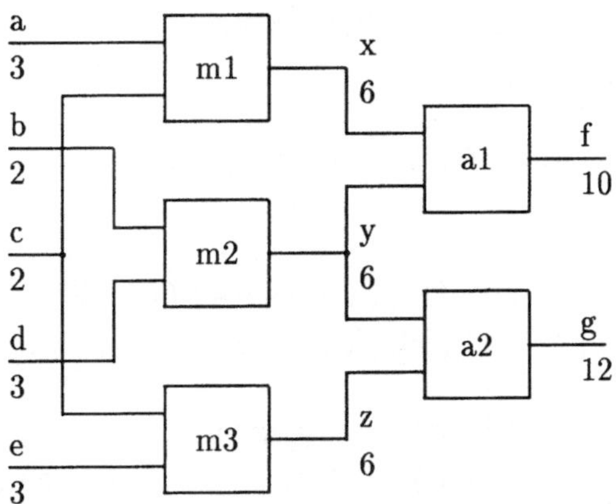

Abb. 9.2. Schaltkreis: *m*1, *m*2, *m*3 sind Multiplizierer, *a*1, *a*2 sind Addierer

meistverwendeten Beispiele in der Literatur über modellbasierte Diagnose. Er besteht aus drei Multiplizierern und zwei Addierern. Addierer liefern die Summe der Werte ihrer Eingänge an den Ausgang. Multiplizierer das Produkt. Die Zahlen in Abbildung 9.2 sind die Werte, die an den Meßpunkten *a* bis *f* beobachtet werden können.

Dieser Schaltkreis kann durch die Hornklausen in Beispiel 9.1 beschrieben werden. Dabei werden Verbindungen, Bauteiltyp und Verhalten der einzelnen Komponenten beschrieben. Da das System in Prolog beschrieben wird, können die entsprechenden System-Prädikate verwendet werden (*is*-Operator mit arithmetischen Operatoren).

Beispiel 9.1

```
type(M,multiplier) ∧ ok(M) ∧ val(in1(M),V1)
   ∧ val(in2(M),V2)  ∧ V3 is V1×V2
 → val(out(M),V3).
type(M,multiplier) ∧ ok(M) ∧ val(out(M),V3)
   ∧ val(in2(M),V2)  ∧ V1 is V3÷V2
 → val(in1(M),V1).
type(M,multiplier) ∧ ok(M) ∧ val(out(M),V3)
   ∧ val(in1(M),V1)  ∧ V2 is V3÷V1
 → val(in2(M),V2).
type(A,adder) ∧ ok(A) ∧ val(in1(A),V1)
   ∧ val(in2(A),V2) ∧ V3 is V1+V2
 → val(out(A),V3).
type(A,adder) ∧ ok(A) ∧ val(out(A),V3)
   ∧ val(in2(A),V2) ∧ V1 is V3−V2
 → val(in1(A),V1).
type(A,adder) ∧ ok(A) ∧ val(out(A),V3)
   ∧ val(in1(A),V1) ∧ V2 is V3−V1
 → val(in2(A),V2).

val(P,V1) ∧ val(P,V2) ∧ V1≠V2
 → false.

conn(P1,P2) ∧ val(P1,V) → val(P2,V).
conn(P1,P2) ∧ val(P2,Y) → val(P1,V).

type(m1,multiplier).  type(a1,adder).
type(m2,multiplier).  type(a2,adder).
type(m3,multiplier).
```

```
conn(out(m1),in1(a1)).   conn(in2(m1),in1(m3)).
conn(out(m2),in2(a1)).
conn(out(m2),in1(a2)).
conn(out(m3),in2(a2)).

conn(a,in1(m1)).   conn(x,out(m1)).
conn(b,in1(m2)).   conn(y,out(m2)).
conn(c,in1(m3)).   conn(z,out(m3)).
conn(d,in2(m2)).   conn(f,out(a1)).
conn(e,in2(m3)).   conn(g,out(a2)).

val(a,3).   val(f,10).
val(b,2).   val(g,12).
val(c,2).   val(x,6).
val(d,3).   val(y,6).
val(e,3).   val(z,6).
```

Die Prädikate haben folgende Bedeutung:

- $ok(C)$ ist wahr, falls der Bauteil C korrekt funktioniert. Es ist falsch, wenn C fehlerhaft ist.
- $val(P,V)$ besagt, daß am Ein- oder Ausgang P der Wert V beobachtet wird. Falls verschiedene Wertetypen (Spannung, Stromstärke) verwendet werden, kann dies durch Funktionssymbole ausgedrückt werden (z. B. $val(spannung(in1(a),hoch))$. Wir nehmen an, daß nur endlich viele verschiedene Werte an den Ein- und Ausgängen anliegen können. Eine neue Beobachtung wird durch ein neues $val(P,V)$ Fakt dargestellt. Wenn zum Beispiel $f = 10$ gemessen wird, stellen wir das durch $val(f,10)$ dar.
- $conn(X,Y)$ beschreibt eine (bidirektionale) Verbindung zwischen Ein- und Ausgängen (X und Y) zweier Komponenten (z. B. $conn(out(m1), in1(a1))$). Außerdem wird dieses Prädikat verwendet, um Ein- oder Ausgänge mit den Namen entsprechender Meßpunkte gleichzusetzen (z. B. $conn(a,in1(m1))$).
- $type(C,T)$ gibt an, welchen Typ T die Komponente C hat.
- $false$ gilt, wenn ein Widerspruch hergeleitet werden kann. In unserem Modell wird dieses Prädikat verwendet, um die Tatsache auszudrücken, daß in einem konsistenten Modell nur ein einziger Wert für einen Meßpunkt existieren kann. Andernfalls stimmt ein Wert, der durch eine Beobachtung festgestellt wurde, nicht mit dem vorhergesagten Wert überein. Eine konsistente Theorie kann dann nur erzeugt werden, wenn man eine oder mehrere Komponenten als fehlerhaft annimmt ($\neg ok(C)$) und ihr Verhalten dadurch unbestimmt wird.

Wenn alle Bauteile korrekt funktionieren, dann ist die Systembeschreibung inklusive der gemachten Beobachtungen konsistent mit der Annahme, daß alle Bauteile in Ordnung sind ($ok(c_i)$).

Falls wir *false* herleiten können, bedeutet das, daß beobachtete Werte nicht mit vorhergesagten Werten übereinstimmen. Wir müssen daher für eine geeignete Menge von Bauteilen annehmen, daß sie defekt sind. In unserem Modell drücken wird das durch $\neg ok(c_i)$ aus. Falls wir dann die strittigen Werte nicht mehr herleiten können und keinen Widerspruch mehr erhalten, haben wir ein konsistentes Modell. Diese Menge der als defekt angenommenen Bauteile ist dann ein möglicher Kandidat für eine Diagnose.

Im Extremfall können wir natürlich alle Bauteile als defekt annehmen, wodurch keine Vorhersagen mehr gemacht werden können und daher auch *false* nicht hergeleitet werden kann. Auch diese Menge aller Bauteile ist ein möglicher Kandidat für eine Diagnose. Es ist aber sinnvoll, nur minimale Kandidaten als Diagnosen zu bezeichnen, d. h. Kandidaten, die nicht Übermenge von anderen Kandidaten sind.

Wir definieren daher eine Diagnose als minimalen Kandidaten, d. h. als minimale Menge von defekten Bauteilen, die zu einem konsistenten Modell führen, in dem *false* nicht hergeleitet werden kann.

Formal können wir das wie folgt definieren. Gegeben seien

- *SD*, eine Systembeschreibung (ohne Beobachtungen)
- *OBS*, eine Menge von Beobachtungen
- *COMP*, eine Menge von Bauteilen

Definition 9.1 (Diagnose) Eine Diagnose für (*SD, OBS, COMP*) ist eine minimale Menge Δ von fehlerhaften Bauteilen, sodaß

$$SD \cup OBS \cup \{\neg ok(C) \mid C \in \Delta\} \cup \{ok(C) \mid C \in COMP - \Delta\}$$

konsistent ist.

In unserem Beispiel 9.1 ist eine mögliche Menge von Beobachtungen am Ende der Modellbeschreibung angegeben. Eine Diagnose für diese Beobachtungen ist [$a1$].

Im Normalfall werden die Beobachtungen dem System nicht alle auf einmal mitgeteilt, sondern das System schlägt optimale Messungen basierend auf den bisherigen Ergebnissen vor. Diese Messungen erweitern dann jeweils die Wissensbasis um neue Beobachtungen, die durch die *val*(P,V) Fakten dargestellt werden.

Das modellbasierte Diagnosesystem hat daher zwei Aufgaben:
1. Diagnosen müssen berechnet und ausgegeben werden. Eine mögliche Vorgangsweise ist die Ausgabe aller Diagnosen, nicht aber ihrer Obermengen (der möglichen Kandidaten). Die Diagnose wird beendet, falls nur mehr eine Diagnose möglich ist, die deutlich

wahrscheinlicher ist als die anderen Diagnosen (z. B. eine Einfachdiagnose und einige Mehrfachfehlerdiagnosen).

2. Es müssen Meßpunkte vorgeschlagen werden, die möglichst gut zwischen den verschiedenen Diagnosen differenzieren. Das Ziel dabei ist, mit möglichst wenigen Messungen auf eine eindeutige Diagnose zu kommen.

Lassen wir die Meßpunktauswahl außer acht und sehen uns den Ablauf einer solchen Diagnose an. Wir verwenden dabei unser Beispiel 9.1 mit der Abb. 9.2

Am Anfang messen wir eine Reihe von Werten, die noch keine Widersprüche erzeugen. Der Wert von a, d, und e werde mit 3 gemessen, der von b und c mit 2. Wir erhalten eine konsistente Menge von Fakten (für jeden Meßpunkt erhalten wir nur einen Wert), auch wenn wir alle $ok(C)$ Fakten als wahr annehmen. Wir können daher daraus schließen, daß der Schaltkreis fehlerlos ist.

Messen wir zusätzlich am Punkt f den Wert 10, erhalten wir einen Widerspruch (*false* kann hergeleitet werden), weil für f der Wert 12 vorhergesagt wird. Um diese Vorhersage zu vermeiden, müssen wir eine der Komponenten $m1$, $m2$, $a1$ oder eine Obermenge davon als fehlerhaft ansehen. Diagnosen sind daher [$m1$], [$m2$] und [$a1$].

Nach einer weiteren Messung ($g = 12$) können wir [$m2$] aus der Menge der potentiellen Diagnosen ausschließen. Diagnosen sind daher [$m1$], [$a1$], [$m2$, $m3$] und [$m2$, $a2$]. Bei den Doppelfehlerdiagnosen kompensieren sich die Fehler der beiden Defekte gegenseitig, sodaß an g wieder der richtige Wert anliegt.

Die Beobachtung $x = 6$ schließlich führt uns zu der Diagnose, daß $a1$ die fehlerhafte Komponente sein muß, da es als einzige Einfachfehlerdiagnose übrigbleibt. Zusätzliche Diagnosen sind [$m2$, $m3$] und [$m2$, $a2$].

Durch zusätzliche Messungen an y und z können auch noch beide Doppelfehlerdiagnosen mit Bestimmtheit ausgeschlossen werden. Dies ist jedoch im Normalfall nicht notwendig, da [$a1$] schon ohne diese Messungen eine deutlich höhere Wahrscheinlichkeit als die anderen möglichen Diagnosen hat und daher schon vorher mit ausreichender Wahrscheinlichkeit als endgültige Diagnose betrachtet werden kann.

In Abb. 9.3 sehen wir nochmals alle Diagnosen zu diesem Beispiel aufgelistet.

Die nach den Messungen immer wieder erforderlichen Konsistenztests können durch ein auf Logik basierendes System durchgeführt werden (Resolutionswiderlegungen, um Widersprüche herauszufinden oder Modellgenerierung, um gültige Modelle zu finden). Andere Möglichkeiten sind Constraint-Propagation-Systeme und Truth-

Messung	Diagnosen
$\emptyset$	[]
$f = 10$	$[[m1], [m2], [a1]]$
$g = 12$	$[[m1], [a1], [m2, m3], [m2, a2]]$
$x = 6$	$[[a1], [m2, m3], [m2, a2]]$

Abb. 9.3. Diagnosen abhängig von den gemessenen Werten

Maintenance-Systeme. Letztere generieren alle erwarteten Werte und speichern dabei jeweils die Voraussetzungen, auf denen diese Werte basieren. Diese Voraussetzungen können durch Messungen ungültig gemacht werden, wodurch sich andere Resultate ergeben (siehe auch Abschnitt 9.5).

Das Problem der optimalen Meßpunktauswahl kann durch verschiedene Heuristiken oder durch informationstheoretische Kostenfunktionen gelöst werden. Dabei sind jene Messungen zu bevorzugen, die im Durchschnitt am schnellsten zu einer eindeutigen Diagnose führen.

9.4 Verhaltensmodelle

Obwohl die Modellierung des korrekten Verhaltens eine der Hauptideen der modellbasierten Diagnose ist, ist es dennoch manchmal sinnvoll, zusätzliche Modelle (z. B. für fehlerhaftes Verhalten, physikalische Notwendigkeiten etc.) zu verwenden.

Beispiel 9.2 Wir werden im folgenden das in Kapitel 6 verwendete Beispiel verwenden, um auf einige mögliche Verhaltensmodelle näher einzugehen (dargestellt in Abb. 9.4).

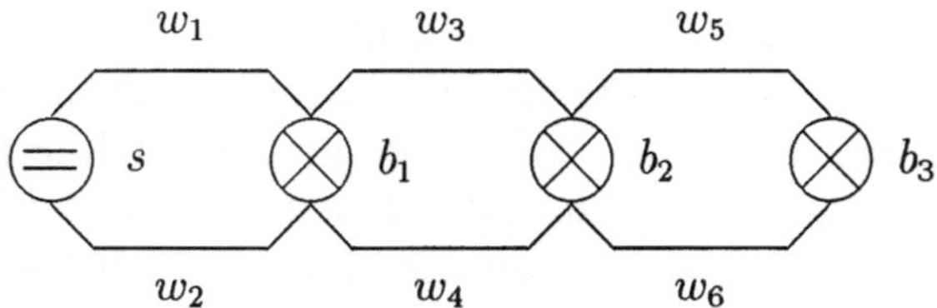

Abb. 9.4. Drei Glühbirnen und eine Batterie

Das korrekte Verhalten ist uns schon aus Kapitel 6 bekannt und kann wie folgt durch kausale Regeln und ihre Umkehrung beschrieben werden.

```
ok(C) ∧ type(C,bulb) ∧ val(port(C),+)
   → val(light(C),on).
```

```
ok(C) ∧ type(C,bulb) ∧ val(port(C),0)
  →val(light(C),off).

ok(C) ∧ type(C,bulb) ∧ val(light(C),on)
  → val(port(C),+).

ok(C) ∧ type(C,bulb) ∧ val(light(C),off)
  → val(port(C),0).

ok(C) ∧ type(C,supply)
  → val(port(C),+).
```

Nehmen wir nun an, daß die folgenden Beobachtungen gemacht wurden.

```
val(light(b₁),off).  val(light(b₃),on).
val(light(b₂),off).
```

Die minimalen Diagnosen, die gefunden werden, sind $[b_1, b_2]$ und $[s, b_3]$. Während die erste Diagnose nicht überrascht, scheint die zweite Diagnose intuitiv falsch zu sein, da wir von defekten Glühbirnen nicht erwarten, daß sie brennen.

Um diese Diagnose ausschließen zu können, müssen wir zusätzlich zum korrekten Verhalten angeben, welches Verhalten unmöglich ist. Das ist notwendig, da die Beschreibung des korrekten Verhaltens nicht den Fall ausschließt, daß eine Lampe defekt ist, aber trotzdem leuchtet.

```
type(C,bulb) ∧ val(light(C),on)
          ∧ val(port(C),0) → false.
```

In unserem Fall kann dieses Axiom der physikalischen Unmöglichkeit in eines der physikalischen Notwendigkeit umgeformt werden. Wir verwenden dabei die Tatsache, daß das Licht einer Lampe nur die Werte *on* oder *off* haben kann, und die Spannungsdifferenz entweder 0 oder + sein kann. Die folgenden zwei Regeln subsumieren übrigens Teile unserer Beschreibung des korrekten Verhaltens.

```
type(C,bulb) ∧ val(light(C),on)
          → val(port(C),+).
type(C,bulb) ∧ val(port(C),0)
          → val(light(C),off).
```

Um unmögliches Verhalten auszuschließen, können auch Fehlermodelle eingeführt werden, die den verschiedenen Fehlerzuständen außerdem noch Wahrscheinlichkeiten zuordnen können. Fehlermodelle erhöhen allerdings die Komplexität des Diagnoseprozesses im Gegensatz zu den rein negativen Axiomen der physikalischen Unmöglichkeit beträchtlich (weil die Fehlermodelle auch manche nicht-minimale Kandidaten ausschließen). In unserem Fall ergibt sich das folgende Fehlermodell, das ebenso wie die Axiome der physikalischen Unmöglichkeit und die der physikalischen Notwendigkeit die erste Diagnose ausschließt.

```
type(C,bulb) ∧ ab(C) → val(light(C),off).
```

Auch andere Arten von Wissen sind denkbar, darunter auch Alibi-ähnliche Regeln, mit denen ich auf die Korrektheit einer Komponente schließen kann. Diese Axiome legen fest, daß eine Komponente als korrekt angenommen werden muß (für die gegebene Menge von Meß-werten), wenn sie sich korrekt entsprechend ihrer Spezifikation verhält. Sie ändern nichts an den minimalen Diagnosen, beeinflussen jedoch die nicht-minimalen Kandidaten.

```
type(C,bulb) ∧ val(port(C),+)
              ∧ val(light(C),on) → ok(C).
type(C,bulb) ∧ val(port(C),0)
              ∧ val(light(C),off) → ok(C).
```

9.5 Weiterführende Literatur

Wer sich mehr in modellbasierte Diagnose vertiefen möchte, sollte sich [DH88] durchlesen, das einen guten Überblick über das Gebiet gibt. Formalere Arbeiten über die Grundlagen dieses Ansatzes stellen die Artikel [Rei87] und [dKW87] dar. [Rei87] beschreibt die Prinzipien modellbasierter Diagnose aufbauend auf logischen Formalismen. In [dKW87] wird die General Diagnostic Engine (GDE) vorgestellt, die ein ATMS (Assumption Based Truth Maintenance System) als Diagnosealgorithmus verwendet, sowie eine auf der Entropie und Fehlerwahrscheinlichkeiten basierende Heuristik für die Auswahl von optimalen Meßpunkten. Andere Arbeiten, die sich mit modellbasierter Diagnose beschäftigen, sind etwa [Gen84] und [Dav84].

Fehlermodelle wurden durch [SD89] und [dKW89] in die modellbasierte Diagnose eingeführt, Alibis durch [Rai89], physikalische Unmöglichkeit und Notwendigkeit durch [FGN90].

Wie alle Ansätze ist auch modellbasierte Diagnose kein Allheilmittel. Da ihre Basis das Modell des zu diagnostizierenden Systems ist, kommt es auf die Komplexität des Modells an, ob ein modellbasierter oder ein heuristischer Ansatz gewählt werden soll.

Ist das Modell einfach, kann eine Aufzählung aller möglichen Fehler (ein sogenanntes Fault-Dictionary) eine sinnvollere und vor allem effizientere Grundlage für die Diagnose sein als ein deskriptives Modell.

Es ist aber auch möglich, daß das Funktionieren der Komponenten durch so viele Faktoren beeinflußt wird, daß eine ausreichend genaue Simulation des Verhaltens dieses Systems entweder ein sehr umfangreiches Modell erfordert, oder überhaupt unmöglich ist. Auch in solchen Fällen ist es sinnvoller, Erfahrungen mit dem System selbst zu sammeln und diese in Form von heuristischen Regeln darzustellen.

Diese Komplexitätsschranke, oberhalb derer Systeme nicht mehr sinnvoll mit modellbasierter Diagnose zu behandeln sind, ist aber nicht fix, sondern hängt vom aktuellen Wissensstand auf diesem Gebiet ab. So beschäftigt sich zum Beispiel ein ganzer Forschungszweig (qualitatives Schließen) der AI mit der (symbolischen) Modellierung von komplexen technischen Systemen. Ein guter Überblick über dieses Gebiet wird in [For88] gegeben.

Auch eine hierarchische Gliederung des Modells kann einen bedeutenden Schritt vorwärts darstellen. Dabei werden auf einer höheren Abstraktionsstufe komplexere Komponenten als black box behandelt. Erst wenn der Fehler auf eine dieser Komponenten eingeschränkt werden kann, wird der Aufbau dieser Komponente näher berücksichtigt und der Fehler in den Subkomponenten gesucht.

Da nicht nur die Modellierung, sondern auch die Effizienz eines Diagnosesystems Probleme verursachen kann, ist die Wahl eines geeigneten Diagnosealgorithmus ebenfalls von Bedeutung.

Die bekannteste Technik ist die der ATMS (Assumption Based Truth Maintenance Systeme), die Mehrfachberechnungen vermeiden können. Nicht nur die Schlußfolgerungen selbst, sondern auch ihre Prämissen werden abgespeichert. Falls sich nun Annahmen ändern oder neue hinzukommen, müssen nicht alle Schlußfolgerungen neu abgeleitet werden. Es kann direkt bestimmt werden, welche Schlüsse noch gültig sind, welche nicht mehr, bzw. welche neuen Schlüsse gezogen werden können. Die Grundlagen eines ATMS werden in [dK86] beschrieben, seine Anwendung in der modellbasierten Diagnose in [dKW87].

Ein einfacher Diagnosealgorithmus in Prolog wird in Kapitel 6 gezeigt, der alle gezeigten Beispiele verarbeiten kann. Der Basisalgorithmus ist in [MB87] beschrieben, wie man ihn zur modellbasierten Diagnose verwenden kann in [FN90].

Zusammenfassung

Wesentlich in einem modellbasierten Diagnosesystem ist vor allem die Beschreibung des zu diagnostizierenden Systems durch ein (logisches) Modell, in dem das Verhalten des Systems spezifiziert ist. Obwohl in vielen Fällen nur das Verhalten von korrekten Komponenten des Systems beschrieben werden muß, können auch Verhaltensmodelle von fehlerhaften Komponenten sowie andere Modelle integriert werden.

Beobachtungen können zu Differenzen zwischen Modell und Wirklichkeit und damit zu einem inkonsistenten Modell führen. Diese Differenzen werden durch einen allgemeinen Diagnosealgorithmus ausgewertet, der versucht, durch eine Menge von Annahmen über die Fehlerhaftigkeit von Komponenten (= Diagnose) das Modell wieder konsistent zu machen. Eine Prozedur zur Optimierung der Meßpunkt- bzw. der Testselektion ergänzt das Diagnosesystem.

Die expliziten Verhaltensmodelle sowie die Trennung zwischen Diagnosewissen und Verhaltenswissen machen die Wartung eines modellbasierten Systems wesentlich einfacher als die Wartung eines heuristischen Diagnosesystems, die diese verschiedenen Arten von Wissen in einer Wissensbasis vermischt.

Literatur

[Dav84]   Randall, D. (1984): Diagnostic reasoning based on structure and behaviour. Artificial Intelligence 224: 347–410.

[DH88]   Randall, D., Hamscher, W. (1988): Model-based reasoning: Troubleshooting. In: Exploring Artificial Intelligence, chapter 8. Morgan Kaufmann, Los Altos, LA, pp. 297–346.

[dK86]   Kleer, J. de (1986): An assumption-based TMS. Artificial Intelligence 28: 127–162.

[dKW87]   Kleer, J. de, Williams, B. C. (1987): Diagnosing multiple faults. Artificial Intelligence 32: 97–130.

[dKW89]   Kleer, J. de, Williams, B. C. (1989): Diagnosis with behavioral modes. In: Proceedings of the International Joint Conference on Artificial Intelligence, Detroit, August 1989. Morgan Kaufmann, Los Altos, CA, pp. 1324–1330.

[FGN90]   Friedrich, G., Gottlob, G., Nejdl, W. (1990): Physical impossibility instead of fault models. In: Proceedings of the National Conference on Artificial Intelligence, Boston, August 1990.

[FN90]   Friedrich, G., Nejdl, W. (1990): MOMO – Model-based diagnosis for everybody. In: Proceedings of the IEEE Conference on Artificial Intelligence Applications, Santa Barbara, March 1990.

[For88]   Forbus, K. D. (1988): Qualitative physics: Past, present, and future. In: Exploring Artificial Intelligence, chapter 7. Morgan Kaufmann, Los Altos, CA, pp. 239–296.

[Gen84]   Genesereth, M. R. (1984): The use of design descriptions in automated diagnosis. Artificial Intelligence 24: 411–436.

[MB87]   Manthey, R., Bry, F. (1987): A hyperresolution-based proof procedure and its implementation in Prolog. In: Proceedings of the German Workshop on Artificial Intelligence, pp. 221–230.

[Rai89]   Raiman, O. (1989): Diagnosis as trial – the alibi principle. In: International Model-Based Diagnosis Workshop, Paris, July 1989.

[Rei87]   Reiter, R. (1987): A theory of diagnosis from first principles. Artificial Intelligence 32: 57–95.

[SD89]   Struss, P., Dressler, O. (1989): Physical negation – Integrating fault models into the general diagnostic engine. In: Proceedings of the International Joint Conference on Artificial Intelligence, Detroit, August 1989. Morgan Kaufmann, Los Altos, CA, pp. 1318–1323.

10. Expertendatenbanksysteme (EDS)

Michael Schrefl

> *„Mit dem Wissen wächst der Zweifel."*
> – *Goethe*

Expertendatenbanksysteme vereinen Konzepte von Datenbanksystemen und Expertensystemen. Zuerst werden die Charakteristika von Datenbanksystemen und Expertensystemen beschrieben und miteinander verglichen. Daraus ergeben sich sowohl Motivationen und Zielsetzungen einer Integration. Dafür wurden verschiedene Wege vorgeschlagen: (a) bestehende Systeme zu erweitern, (b) bestehende Systeme miteinander zu koppeln und (c) neue integrierte Systeme zu bauen.

10.1 Vergleich der Charakteristika von Datenbanksystemen und Expertensystemen

Bevor die gemeinsamen und unterschiedlichen Eigenschaften von Expertensystemen und Datenbanksystemen dargestellt werden, sollen die Zielsetzungen und Methoden der Expertensystem- und Datenbanktechnologie noch einmal kurz dargelegt werden.

Expertensysteme stellen Methoden zur Verfügung, um Wissen darzustellen und daraus Schlüsse zu ziehen. Die dafür entwickelten Konzepte, wie Darstellung von Wissen, Behandlung unvollständigen Wissens, Suchstrategien, Inferenzmechanismen wurden bereits in den vorgehenden Kapiteln ausführlich beschrieben.

Datenbanksysteme erlauben mehreren Benutzern, große Mengen beständiger Daten zuverlässig und gemeinsam zu verwalten. „Groß" meint in diesem Zusammenhang, daß der Arbeitsspeicher des Rechners zu klein ist, um die Daten in ihrer Gesamtheit aufzunehmen. Unter der „Beständigkeit" (*Persistency*) der Daten wird die Eigenschaft verstanden, daß die Daten von einer bis zur nächsten Benutzung erhalten bleiben. „Zuverlässigkeit" (*Reliability*) bedeutet eine Robustheit gegenüber Hardware- und Softwarefehlern: Ein Datenbanksystem besitzt die Fähigkeit, nach einem Systemabsturz wieder einen konsistenten Datenbankzustand herzustellen, wobei die Effekte bereits erfolgreich abgeschlossener Transaktionen erhalten bleiben (*Recovery*). „Gemeinsam" bedeutet, daß mehrere Benutzer gleichzeitig das Datenbanksystem verwenden können, ohne sich durch ihre Aktivitäten gegenseitig „störend" zu beeinflussen (*Concurrency Control*).

Eine weitere wesentliche Charakteristik moderner Datenbanken ist deren 3-Schichten-Architektur – internes Schema, konzeptuelles Schema, externes Schema – und die dadurch implizierte Datenunabhängigkeit. Das konzeptuelle Schema beschreibt in einem Datenmodell die logische Gesamtsicht der Daten aller Benutzer, unabhängig von Speicherstrukturen und Zugriffsmethoden. Diese werden im interen (oder physischen) Schema beschrieben. Ein externes Schema stellt einen Teil des konzeptuellen Schemas für einen bestimmten Benutzer in dessen Sicht dar. Durch die Trennung in eine physische und konzeptuelle Ebene werden Anwendungsprogramme weitgehend unabhängig von tatsächlichen Speicherstrukturen (*physische Datenunabhängigkeit*); durch die Trennung von externer und konzeptueller Ebene werden Anwendungsprogramme weitgehend unabhängig von Änderungen des Aufbaus der Datenbasis (*logische Datenunabhängigkeit*).

Datenbanken und Expertensysteme haben das gemeinsame Ziel, Ausschnitte der realen Welt zu modellieren. Unterschiedlich ist das Verhältnis zwischen allgemeinem und spezifischem Wissen. Datenbanken speichern meistens viele Einzelfakten (*extensionales Wissen*) von wenigen einfach strukturierten generischen Fakten (*intensionales Wissen*). Die wenigen generischen Fakten bilden das Datenbankschema, die unzähligen spezifischen Fakten dessen Extension. Im Relationenmodell zum Beispiel besteht das Datenbankschema aus einer Menge von Relationenschemata, die sich jeweils aus einer Menge von Attributen zusammensetzten. Üblicherweise gibt es zu jedem Relationenschema eine Relation mit sehr vielen Tupeln (extensionale Fakten), deren struktureller Aufbau dem des zugehörigen Relationenschema (generischer Fakt) entspricht. Expertensysteme speichern gleichfalls allgemeines Wissen (z. B.: in Form von Regeln), und spezifisches Wissen (z. B.: in Form von Fakten). Viele Expertensysteme sind jedoch auch in der Lage, komplex strukturiertes Wissen darzustellen und zu verwalten (siehe: Kapitel 2, Wissensrepräsentation). Dabei verschwindet zunehmend der Unterschied zwischen der Darstellung von extensionalem und intensionalem Wissen.

Während also Expertensysteme, im Gegensatz zu Datenbanksystemen, meist fähig sind, komplex strukturiertes Wissen darzustellen, verwalten sie dieses üblicherweise im Hauptspeicher. Die Beständigkeit der Daten wird dadurch erreicht, daß diese nur am Ende einer Sitzung auf Dateien geschrieben und zu Beginn einer neuen Sitzung zur Gänze in den Hauptspeicher gelesen werden. Darüber hinaus fehlt i.A. Expertensystemen die Fähigkeiten für ein Wiederaufsetzen nach einem Systemabsturz (Recovery) und/oder für die Synchronisation der Zugriffe mehrerer Benutzer (Concurrency Control). Dem gegenüber bieten Datenbanksysteme Werkzeuge, große Mengen von Daten effizient zu verwalten. Jedoch sind deren Modellierungsmöglichkeiten meist auf formatierte, einfach strukturierte Daten beschränkt; darüber hinaus fehlen ihnen Möglichkeiten zum intelligenten Verarbeiten und Abfragen der Daten.

In Summe betrachtet, ist es notwendig, Datenbanksysteme mit der Fähigkeit zu bauen, Schlüsse zu ziehen um intelligenteres Verhalten zu erreichen, und analog Expertensysteme, die große Datenmengen effizient verwalten, um auch umfassendere Probleme lösen zu können. Tabelle 10.1 enthält eine zusammenfassende Gegenüberstellung der Konzepte der Datenbank- und Expertensystemtechnologie (nach: Bobrow 1986).

Tabelle 10.1. Gegenüberstellung: Datenbanksystem Expertensystem

	Datenbanksysteme	Expertensysteme
	große Datenmengen	komplexe Daten
	Beständigkeit	Inferenz
	Recovery	unsicheres Wissen
	Synchronisation	kontrolliertes Suchen
Wesentlichster Mangel	Inferenz	große Datenmengen

Um die Fähigkeiten von Datenbanksystemen und Expertensystemen zu kombinieren, wurden folgende Wege vorgeschlagen: (i) bestehende Systeme zu erweitern, (ii) bestehende Systeme zu koppeln, und (iii) neue integrierte Systeme zu bauen. Im folgenden wollen wir die Alternativen überblicksartig betrachten.

10.2 Erweiterung existierender Systeme

Bei der Erweiterung existierender Systeme gibt es naturgemäß zwei verschiedene Ausgangspunkte. Erstens, die Erweiterung von Expertensystemen um Datenbankkonzepte und zweitens, die Erweiterung von Datenbanksystemen um Expertensystemkonzepte.

10.2.1 Erweiterung von Expertensystemen mit Datenbankkonzepten

Historisch gesehen hatten Expertensysteme eine kleine Wissensbasis, die zur Gänze im Arbeitsspeicher Platz fand. Als sich die Wissensbasen vergrößerten, wurden ‚virtuelle Speicher' verwendet, die nach außen hin einen größeren Arbeitsspeicher simulieren, in Wirklichkeit aber Seiten zwischen Arbeitsspeicher und Hintergrundspeicher hin- und herladen. Diese Strategie wird vor allem dann ineffizient, wenn häufig verschiedene Seiten referenziert werden (Nichtlokalität der Seitenreferenzen) und der Arbeitsspeicher zu klein ist, um die für eine Teilaufgabe benötigten Seiten (working set) zur Gänze aufzunehmen. Dies führt dann zu einer hohen Seitentauschfrequenz und dadurch zu einem schlechten Laufzeitverhalten.

Eine kurzfristige, effiziente Lösung besteht nun darin, Expertensysteme um spezialisierte Datenverwaltungsmodule zu erweitern. Diese übernehmen dann die Verwaltung großer Datenmengen auf dem Hintergrundspeicher. Für diese Lösung spricht, daß sie auf die Anforderungen eines speziellen Expertensystems und einer bestimmten Anwendung zugeschnitten und somit effizient realisiert werden kann. Dagegen spricht der Aufwand, Konzepte zu realisieren, die bereits von Datenbanksystemen standardmäßig zur Verfügung gestellt werden. Ein weiterer Nachteil ergibt sich dadurch, daß eine spezialisierte Datenverwaltung oft schwer modifiziert werden kann, um auch andere Anwendungen zu unterstützen.

10.2.2 Erweiterung von Datenbanksystemen mit Expertensystemkonzepten

Der Einfluß der Expertensystemforschung auf die Datenbankforschung schlägt sich auf mehrere Arten nieder. Zum einen wird versucht, Methoden der Expertensystemtechnologie zu verwenden, um Datenbanken mit ‚intelligenten Datenbank-Schnittstellen' auszustatten. Diese versuchen das Antwortverhalten eines Menschen nachzubilden. Eine Abfrage an eine Flugplandatenbank soll uns als kleines Beispiel dafür dienen: Ein Kunde will wissen, ob es am 12. 3. einen Flug von Wien nach New York gibt. Gibt es keinen Direktflug, würde ein herkömmliches Datenbanksystem „nein" als Ergebnis der Abfrage liefern, obwohl der Kunde mit Umsteigen in Frankfurt am 12. 3. nach New York fliegen könnte. Ein Schalterbeamter wird hingegen sinnvollerweise antworten, „nein, aber über Frankfurt". Genau dieses Verhalten erwarten wir von einer intelligenten Datenbank-Schnittstelle.

Zum anderen wird versucht Konzepte der Expertensystemtechnologie direkt in Datenbanksysteme zu integrieren. Als Beispiele dafür seien *semantische Datenmodelle* und *objekt-orientierte Datenbanken*, sowie um Regelsysteme erweiterte Datenbanken angeführt.

Semantische Datenmodelle

Semantische Datenmodelle, wie z. B. SDM (Hammer, 1981) oder IFO (Abiteboul, 1987), unterstützen die Modellierungskonzepte der Aggregation und Generalisation und kommen dadurch, soweit es die strukturelle Darstellung von Wissen betrifft, den Konzepten von Frames sehr nahe. Durch das Konzept der *Aggregation* werden verschiedene Eigenschaften eines Objektes, analog zu den Slots von Frames, zusammengefaßt. Durch das Prinzip der *Generalisation* können, analog zu den AKO-Slots (*A-Kind-Of*-Slots) von Frames, Eigenschaften von allgemeineren Objekttypen an speziellere Objekttypen vererbt werden.

Objektorientierte Datenbanksysteme

Objektorientierte Datenbanksysteme, wie z. B. Gemstone (Maier, 1986), ORION (Kim, 1988) und O2 (Banchilon, 1988) beschreiben Ausschnitte der Wirklichkeit mit Hilfe von *Objektklassen* (Objekttypen) und deren Instanzen (Objekte). Sie bieten neben den Konzepten der Aggregation und Generalisation auch die Möglichkeit, prozedurales Wissen in Form von *Methoden* zu modellieren. Vereinfacht dargestellt entspricht eine Objektklasse einem generischen Frame und ein Objekt einem individuellen Frame. Eine Objektklasse beschreibt die strukturellen und dynamischen Eigenschaften ihrer Instanzen durch eine Menge von Attributen (Feldern) und Methodendefinitionen (Operationen). Eine bestimmte Instanz nimmt für jedes Attribut eine andere Instanz als Wert an. Ein Attribut entspricht somit gewissermaßen dem value-facet eines Slots. Ein Objekt kennt die bei seiner Objektklasse definierten Methoden. Methoden realisieren damit dynamische Eigenschaften von Objekten, ähnlich den aktiven Werten (procedural attachment) in Frames.

Als Beispiel für eine Objekt-orientierte Datenbank wird in Abb. 10.1 die bereits aus Kapitel 2 bekannte Lotsenverwaltung mit Hilfe von O2 modelliert: Das generische Frame Schiff wird durch den Objekttyp SCHIFF dargestellt. Dieser beschreibt die Struktur seiner Instanzen in Form von Feldern (Prinzip der Aggregation). O2 ist streng typisiert, d. h. jedem Feld wird genau ein Objekttyp als Wertebereich zugeordnet. Im folgenden wird angenommen, daß für jedes Feld X eine Methode mit dem Namen X zum Lesen des Feldinhalts und eine Methode

```
new_type SCHIFF is
  {structure tupleof
     (Name    : STRING
      Reederei: REEDEREI
      BRT     : INT
      Geschw  : NAUTICAL_MILES_PER_HOUR
      Ladung  : LADUNG
      Versicherungsklasse : INTEGER ) }

new_type REEDEREI is {structure tupleof (Name: STRING)}

new_type TANKER is {supertype SCHIFF
    structure tupleof (Ladung: TANKER_LADUNG) }

new_type LADUNG  {structure tupleof (Name: STRING)}

new_type TANKER_LADUNG {supertype LADUNG   ...  }

new_type LOTSE is
   {structure tupleof
      (Name     : STRING
       Arbeitsstunden : INTEGER
       Belegt : BOOLEAN ) }

new_type DOKUMENT
    {structure tupleof
       (Uhrzeit: TIME )
     methods
       w_Uhrzeit returns TIME
          begin <self.Uhrzeit <- <SYSTEM Time>> end }

new_type LOTSENSCHEIN    {supertype DOKUMENT
    structure tupleof
       (Fahrzeug:   SCHIFF
        Beauftragt: LOTSE
        Anlegezeit: TIME )
    methods
       Neuer_Schein returns LOTSENSCHEIN
          begin <self w_Uhrzeit>;
              <self w_Fahrzg>;
              <self w_Beauftragt>
              return(<self>) end;
       w_Fahrzg returns SCHIFF
          begin <self.Fahrzeug <- <TERMINAL read ("Schiff")>
             return(<self>) end;
       w_Beauftragt returns LOTSE  begin ... end;
       Anlegen returns INTEGER
          begin <self.Anlegezeit <- <SYSTEM Time>>;
             <self.Beauftragt <- w_Arbeitsstunden(
                <<self.Beauftragt> Arbeitsstunden> +
                <self.Anlegezeit - self.Uhrzeit>)
             return(<self.Anlegezeit>) end }

object #Tanker-1   {instance-of: TANKER
    Name      : Esso Irland
    Reederei  : #Reederei-1
    BRT       : 102700
    Ladung    : #Ladung-1
    Versicherungsklasse: 6 }

object #Reederei-1   {instance-of: REEDEREI
    Name      : Exxon Shipping Co. }

object #Ladung-1   {instance-of: TANKER_LADUNG
    Name      : Rohoel }
```

Abb. 10.1. Lotsenverwaltung (vergleiche dazu: Framebeispiel in Kapitel 2)

mit dem Namen w_X zum Schreiben des Feldinhalts existiert. Zum Beispiel dient die Methode „Geschw" zum Lesen und die Methode „w_Geschw" zum Schreiben des Feldes „Geschw" des Objekttyps SCHIFF.

Das generische Frame Tanker wird durch den Objekttyp TANKER mit dem Supertyp SCHIFF (vergleiche: AKO-Slot) dargestellt (Prinzip der Generalisation). Der Wertebereich eines Feldes kann beim Subtyp auf einen Subtyp des Wertebereichs eingeschränkt werden (Überschreibung). Eine Instanz von TANKER, z. B. Tanker-1, besitzt die Eigenschaften von TANKER und erbt alle Eigenschaften des Supertyps SCHIFF. Die Ausprägung jedes Feldes ist ein Objekt, das eine Instanz des Wertebereichs darstellt.

In objektorientierten Modellen wird eine Operation über ein Objekt ausgeführt, indem diesem eine Nachricht geschickt wird (*message passing*). In O2 ist eine Nachricht wie folgt aufgebaut: ⟨Empfänger Methodenname (formale_Parameter)⟩. Beispiel: Durch die Nachricht ⟨x w_Name(„Esso Irland")⟩ erhält der Tanker x den Namen „Esso Irland". Durch den vordefinierten Befehl „x ← new(TANKER)" kann ein neuer Tanker erzeugt und der Variable x zugewiesen werden.

Die Nachrichten, die den Instanzen eines Objekttyps bekannt sind, werden in Form von Methoden beim Objekttyp beschrieben. So wurde zum Beispiel für den Objekttyp LOTSENSCHEIN die Methode „Anlegen" definiert. In der Implementierung einer Methode bezieht sich die Variable „self" auf den Empfänger der Nachricht. Betrachten wir dazu die Implementierung von „Anlegen": Durch die Nachricht „⟨self. Anlegezeit ← ⟨SYSTEM Time⟩⟩" wird die aktuelle Zeit mittels einer Nachricht an das System ermittelt und dem Feld „Anlegezeit" des Lotsenscheins, der die Nachricht „Anlegen" empfangen hat, zugewiesen.

Betrachtet man das Beispiel im Detail, so erkennt man, daß die dynamischen Aspekte von Objekten, die in Frames mit Hilfe von Aktiven Werten (procedural attachment) modelliert werden, in einer objektorientierten Repräsentation mit Hilfe von Methoden dargestellt werden. Somit vereinen objektorientierte Datenbanksysteme grundlegende Aspekte von Frames mit traditionellen Datenbankkonzepten, wie Concurrency Control und Recovery.

Um Regelsysteme erweiterte Datenbanksysteme

Ein Ansatz, Regeln und Aktive Werte (procedural attachment) in ein Datenbanksystem zu integrieren wird in POSTGRES (Stonebraker 1986) verfolgt. Der Ausgangspunkt dieses Systems war das relationale Datenbanksystem INGRES. Vereinfacht gesagt besteht

```
Relation:
   SCHIFF (Name, Ladung, Versicherungsklasse)

Regeln:
   replace demand SCHIFF(Versicherungsklasse=5)
      where SCHIFF.Ladung="Rohoel"
   replace demand SCHIFF(Versicherungsklasse=6)
      where SCHIFF.Name="Esso Irland")
```

Abb. 10.2. Regeln in POSTGRES

die wesentliche Erweiterung darin, Prozeduren und Regeln als Werte von Attributen zu speichern. Das kurze Beispiel in Abb. 10.2. soll diesen Ansatz verdeutlichen. Die erste Regel besagt, daß Schiffe, die Rohöl geladen haben, in die Versicherungsklasse 5 eingestuft werden; die zweite Regel, daß das Schiff „Esso Irland" in der Versicherungsklasse 6 versichert wird. Um Konflikte zwischen mehreren anwendbaren Regeln zu lösen (z. B.: „Esso Irland" hat „Rohöl" geladen), können für Regeln Prioritäten vergeben werden. Darauf soll hier aber nicht näher eingegangen werden.

10.3 Kopplung unabhängiger Systeme

Der Ansatz, unabhängige Systeme zu koppeln, wird oft mit Prolog-Systemen und Datenbanksystemen verfolgt. In Ceri (1989) werden eine Reihe solcher Kopplungen detailliert beschrieben und gegenübergestellt. Hier soll nur ein kurzer allgemeiner Überblick gegeben werden.

Die enge Verwandtschaft der grundlegenden Konzepte von Prolog und relationalen Datenbanken legen eine Kopplung nahe. Tabelle 10.2 stellt diese Konzepte und deren Verwandtschaft überblicksmäßig dar. Andererseits ergeben sich auch einige Schwierigkeiten, die aufgrund unterschiedlicher Verarbeitungsweisen entstehen. In Prolog wird ein Fakt nach dem anderen betrachtet (*Tupel-orientierte Verarbeitung*).

Tabelle 10.2. Relationale Datenbanken vs. Logische Programmierung (aus: Ceri 1989)

Relationale Datenbanken	Logische Programmierung
Relation	Prädikat
Attribut	Argument eines Prädikats
Tupel	Fakt
Sicht	Regel
Abfrage (Query)	Aussage (Goal)

Hingegen stellen in relationalen Datenbanken Mengen von Tupeln (Relationen) Einheiten der Bearbeitung dar (*Mengen-orientierte Verarbeitung*). Außerdem ist das Ergebnis einer Abfrage in Prolog im allgemeinen von der Anordnung der Regeln und Fakten abhängig (prozedurale Verarbeitung). – Anmerkung: In dem in Kapitel 5 dieses Buches vorgestelltem Prolog ist die Reihenfolge von Fakten und Regeln weitgehend bedeutungslos. – Hingegen sind relationale Datenbanksprachen, wie z. B. SQL, nicht prozedural und das Ergebnis einer Abfrage ist unabhängig von der Anordnung der Tupel in einer Relation.

Diese und weitere Inhomogenitäten zwischen Prolog und Relationalen Datenbanken haben zur Entwicklung von Datalog geführt. Die wesentlichen Eigenschaften von Datalog und Prolog werden in Tabelle 10.3 gegenübergestellt. Datalog unterstützt im Unterschied zu

Tabelle 10.3. PROLOG vs. DATALOG (aus: Ceri 1989)

PROLOG	DATALOG
Tiefensuche (depth first)	Breitensuche (breath first)
tupelorientiert	mengenorientiert
ordnungsabhängig	ordnungsunabhängig
spezielle Prädikate	keine speziellen Prädikate
Funktionssymbole	keine Funktionssymbole

Prolog eine mengenorientierte, ordnungsunabhängige Verarbeitung. Um eine vollständige, nicht-prozedurale Verarbeitung zu gewährleisten, gibt es im Gegensatz zu Prolog keine Systemprädikate um den Verarbeitungsablauf (z. B.: Backtracking) zu kontrollieren. Weiters stehen keine Funktionssymbole zur Verfügung. Funktionssymbole in Prolog dienen gewöhnlich dazu, rekursive Funktionen oder komplexe Datenstrukturen zu definieren. Letztere werden in Datalog nicht benötigt, da Tupel in Relationalen Datenbanken gewöhnlich flach und unstrukturiert sind. Es sei darauf hingewiesen, daß durch diese Beschränkungen Datalog die Mächtigkeit einer allgemein verwendbaren Programmiersprache einbüßt.

Bei der Kopplung unabhängiger Systeme können im weiteren zwei Alternativen unterschieden werden, die lose Kopplung und die enge Kopplung.

Bei der *losen Kopplung* ist die Schnittstelle zwischen den beteiligten Systemen genau definiert; einem System ist außer der Schnittstelle nichts über die Operationen des anderen bekannt. Falls ein System bereits vor der Kopplung existiert, wird es nicht verändert. Beide Systeme behalten ihre Eigenständigkeit auch nach der Kopplung.

Bei der *engen Kopplung* hat zumindest ein System „Wissen" über das „Innenleben" des anderen Systems, sodaß spezielle Zugriffsmethoden zur Verbesserung der Laufzeiteffizienz zur Verfügung gestellt werden können. So ist z. B. dem Expertensystem bekannt, wann und wie es die Datenbank konsultieren kann. Dadurch wird eine Optimierung der Schnittstelle möglich.

Bei der Kopplung von Prolog und Datenbanken kann der Unterschied zwischen loser und enger Kopplung noch genauer charakterisiert werden:

Bei der losen Kopplung ist die Interaktion zwischen dem Prolog-System und dem Datenbanksystem unabhängig vom aktuellen Inferenzprozeß. Typischerweise wird die Kopplung beim Übersetzen (bzw. Laden) des Prologprogramms durchgeführt, indem die möglicherweise relevanten Fakten aus der Datenbank geholt werden. Da die Kopplung bereits beim Übersetzen (bzw. Laden) festgelegt wird, wird dieser Fall auch als *statische Kopplung* bezeichnet.

Bei der engen Kopplung wird die Interaktion zwischen dem Prolog-System und dem Datenbanksystem vom Inferenzprozeß gesteuert. Dabei werden jene Fakten aus der Datenbank abgerufen, die zur Beantwortung eines aktuellen Goals oder Subgoals benötigt werden. Da in diesem Fall zur Laufzeit entschieden wird, welche Fakten aus der Datenbank abgerufen werden, wird auch von *dynamischer Kopplung* gesprochen.

Bei näherer Betrachtung zeigt sich, daß im Fall einer losen Kopplung weniger Abfragen ausgeführt werden als im Falle einer engen Kopplung: Jedes Prädikat, bzw. jede Regel, wird zur Übersetzungszeit für sich alleine und nur einmal betrachtet. Dagegen kann bei der engen Kopplung zur Laufzeit jedes Prädikat, bzw. jede Regel, öfters betrachtet werden. Hingegen sind Abfragen in lose gekoppelten Systemen weniger selektiv als Abfragen in eng gekoppelten Systemen. Dies ist damit begründet, daß zur Übersetzungszeit die Variablen noch nicht instantiiert, d. h. an Konstante gebunden sind.

Bei der losen Kopplung werden alle Abfragen a-priori durchgeführt. Dadurch werden unter Umständen auch Daten aus der Datenbank geladen, die in einer bestimmten Ausführung des Prologprogramms nie benötigt werden. Im Unterschied dazu werden bei der engen Kopplung nur relevante Abfragen gestellt. Daraus ergibt sich, daß im allgemeinen bei loser Kopplung mehr Hauptspeicher benötigt wird als bei enger Kopplung.

Der Unterschied bei der Laufzeiteffizienz zwischen lose und eng gekoppelten Systemen ist nicht anwendungsunabhängig feststellbar. Im allgemeinen wird in beiden Fällen ein virtueller Speicher verwendet, um einen scheinbar größeren Hauptspeicher zur Verfügung zu stellen.

Bei der engen Kopplung müssen aufgrund der größeren Datenmenge öfter Seiten zwischen dem Hauptspeicher und dem Hintergrundspeicher ein- und ausgelagert werden (dies erfolgt automatisch durch die virtuelle Speicherverwaltung). Andererseits werden bei der engen Kopplung häufiger Abfragen gestellt, die je nach dem Grad der Integration von Prologsystem und Datenbanksystem mit einem entsprechenden Aufwand behaftet sind. Letztlich muß daher das Verhältnis zwischen verfügbarem Hauptspeicher und gewünschter Ausführungszeit abgewogen werden.

In der Tabelle 10.4 wird der Vergleich zwischen loser und enger Kopplung zusammenfassend dargestellt.

Tabelle 10.4. Lose Kopplung vs. Enge Kopplung (aus: Ceri 1989)

Lose Kopplung	Enge Kopplung
weniger Abfragen	mehr Abfragen
allgemeinere Abfragen	selektivere Abfragen
alle Abfragen einmal	relevante Abfragen
mehr Hauptspeicher nötig	weniger Hauptspeicher nötig

10.4 Integrierte Systeme

Die bisher besprochenen Ansätze gingen zur Integration von Experten- und Datenbanksystemen von bestehenden Systemen aus: Datenbanksysteme wurden um Expertensystemkonzepte erweitert, Expertensysteme wurden mit Datenbankkonzepten ergänzt, und Datenbanksysteme wurden mit Expertensystemen gekoppelt. Missikoff und Wiederhold (1986) haben den Weg vorgeschlagen, neue integrierte Systeme zu bauen und diese als Expertendatenbanksysteme (EDS) zu bezeichnen. Die zuvor beschriebenen Ansätze wären dann als Wegbereiter für solche Systeme zu sehen. Die von Missikoff und Wiederhold angeführten Kriterien für diese Systeme bilden den Abschluß des Kapitels. Die Kriterien beziehen sich im wesentlichen auf bereits früher im Buch dargelegte Konzepte und werden deswegen hier nur kurz dargelegt.

(1) Anwendungsunabhängigkeit

Ein EDS sollte nicht bloß auf eine einzige spezielle Anwendung zugeschnitten sein, sondern allgemein verwendbar sein und ein weites Spektrum verschiedener Anwendungen abdecken.

(2) Anwendungswissen

Das Wissen über ein bestimmtes Anwendungsgebiet muß vom EDS selbst verwaltet werden, und soll nicht durch außerhalb des EDS liegende Prozeduren erfolgen.

(3) Erweiterbarkeit

EDSe sollen den Wissenserwerb und die Änderung von Wissen unterstützen. Wissen in seinen verschiedensten Formen, wie Regeln, Fakten und Heuristiken, muß wie Daten und Schemata eines modernen Datenbanksystems erweiter- und modifizierbar verwaltet werden können.

(4) Deduktionsfähigkeit

Die Deduktionsfähigkeit ist der wesentlichste Beitrag der Expertensystemtechnik. Ein EDS beinhaltet die Fähigkeit zur Inferenz, wie sie von fortschrittlichen Expertensystemen zur Verfügung gestellt wird.

(5) Alternative Strategien

Zum Unterschied zu den meisten existierenden Expertensystemen sollen EDS verschiedene alternative Suchstrategien zur Verfügung stellen. Dabei ergibt sich die Notwendigkeit zu entscheiden, welche Suchstrategie für welches Problem am besten geeignet ist. Dieses Wissen kann etwa in Form von Metaregeln kodiert werden, die dann den Einsatz der verschiedenen Suchstrategien koordinieren sollen.

(6) Manipulation von unsicherem Wissen

Ein EDS muß unsicheres Schließen unterstützen. Nicht nur Schlußregeln sollen mit einer bestimmten Unsicherheit behaftet werden können, sondern auch Fakten sollen als unsicher eingestuft werden können.

(7) Erklärungsvermögen

Das System muß eine Erklärungskomponente besitzen. Diese soll sowohl den Ablauf des Inferenzprozesses eines Problems erklären, als auch dessen Ergebnis.

(8) Mehrplatzfähigkeit

Genauso wie Datenbanksysteme sollen EDS mehreren Benutzern gleichzeitig, u. U. für verschiedene Anwendungen, zugänglich sein. Um dies zu erreichen, ist es notwendig das Konzept von „Benutzersichten" aus dem Gebiet der Datenbanken einzuführen. Das Erstellen und Verwalten von „Benutzersichten über Wissen" wird jedoch noch viel schwieriger sein als das Verwalten von „Benutzersichten über Daten", wie sie durch die externen Schemata von Datenbanksystemen gegeben sind. Benutzersichten und Mehrplatzfähigkeit eines EDS werden es dann aber mehreren Spezialisten gestatten, unabhängig voneinander kooperativ an einem Problem zu arbeiten.

Zusammenfassung

Wir haben uns in diesem Kapitel mit Fragen und Lösungsansätzen beschäftigt, wie Expertensystemkonzepte und Datenbankkonzepte miteinander integriert werden können. Während Expertensysteme Methoden zur Verfügung stellen, komplex strukturiertes Wissen darzustellen und Schlüsse zu ziehen, fehlt ihnen im allgemeinen die Fähigkeit, große Datenmengen effizient, beständig und zuverlässig zu verwalten. Diese Fähigkeiten werden von Datenbanken zur Verfügung gestellt, welche im allgemeinen aber nicht fähig sind, komplex strukturiertes Wissen zu verwalten und Schlüsse zu ziehen. Um Expertensystem- und Datenbanksystemtechnologie zu verbinden, wurden verschiedene Wege vorgeschlagen: Expertensysteme um Datenbankkonzepte zu erweitern, Datenbanksysteme um Expertensystemkonzepte zu erweitern, Datenbanksysteme und Expertensysteme miteinander zu koppeln, und zuletzt, neue integrierte Systeme zu bauen.

Literatur

Abiteboul, S., Hull, R. (1987): IFO: A Formal Semantic Database Model. ACM Transactions on Database Systems 12(3): 525–565.

Bancilhon, F., et al. (1988): The Design and Implementation of O2, an Object-Oriented Database System. In: Dittrich, K. S. (ed): Advances in Object-Oriented Database Systems. Springer Lecture Notes in Computer Science. Springer, Berlin Heidelberg New York, pp. 1–22.

Bobrow, D. (1986): Concluding Remarks from the Artificial Intelligence Perspective. In: Brodie, Mylopolous (eds.) Knowledge Based Management Systems. Springer, Berlin Heidelberg New York, pp. 569–573.

Ceri, S., Gottlob, G., Tanca, L. (1989): Logic Programming and Databases. Springer, Berlin Heidelberg New York.

Kim, W., et al. (1988): Integrating an Object-Oriented Programming System with a Database System. In: Proceedings OOPSLA'88, pp. 142–152.

Hammer, M., McLeod, D. (1981): Database Description with SDM: A Semantic Database Model. ACM Transactions on Database Systems 6(3):351–381.

Maier, D., et al. (1986): Development of an Object-Oriented DBMS. In: Proceedings OOPSLA'86, pp. 472–486.

Missikopff, M., Wiederhold, G. (1986): Towards a Unified Approach for Expert and Database Systems. In: Kershberg (ed.) Expert Database Systems, Proceedings from the First International Workshop on Expert Database Systems. Benjamin/Cummins Publishing Company, Inc., Menlo Park.

Stonebraker, M., Rowe, L.A. (1986): The Design of POSTGRES. In: Proceedings ACM SIG-MOD-Conference, 1986, pp. 340–355.

Vassiliou, Y. (1985): Integrating Database Management and Expert Systems. In: Blaser, A., Pistor, P. (eds.) Datenbanksysteme für Büro, Technik und Wissenschaft. Informatik Fachberichte Nr. 94. Springer, Berlin Heidelberg New York, pp. 147–160.

Sachverzeichnis

Norbert E. Fuchs

Kurs in Logischer Programmierung

(Springers Angewandte Informatik)

1990. XI, 224 Seiten.
Broschiert DM 53,–, öS 370,–
ISBN 3-211-82235-6

Preisänderungen vorbehalten

Das Buch ist eine Einführung in die logische Programmierung in der Form eines Kurses, in dem die Grundlagen der logischen Programmierung, die logische Programmiersprache Prolog und ihre Programmierpraxis, sowie einige Anwendungen vorgestellt werden.
Nach einer kurzen Begriffsbestimmung der logischen Programmierung wird das sogenannte reine Prolog als Programmiersprache anhand von Beispielen eingeführt. Die logischen Hintergründe werden dabei nur angedeutet. Anschließend werden die Erweiterungen vorgestellt, die Prolog zur vollen Programmiersprache machen. Es folgen etablierte Programmiertechniken, die Prolog wie jede andere Programmiersprache besitzt. Mit diesen Vorkenntnissen ist es nun leichter, die theoretischen Grundlagen der logischen Programmierung zu verstehen. Es wird gezeigt, wie Logik zur Wissensdarstellung und zur Ableitung von weiterem Wissen verwendet werden kann. Ferner wird der Weg von der Prädikatenlogik zur logischen Programmiersprache Prolog nachvollzogen. Den Schluß bilden Anwendungen aus den Gebieten wissensbasierte-Systeme und Computerlinguistik.

Springer-Verlag Wien New York